I0410640

LA TÉCNICA LEGISLATIVA EN MÉXICO Y SUS CRITERIOS

INDICE

La Técnica Legislativa en México y sus criterios

I.   Introducción y acercamiento metodológico

Uno de los elementos del Estado de derecho, adicional al del pleno respeto de los derechos humanos, es la congruencia entre su forma constitucional, material y formal; es decir, que la vida democrática formal existente en la Constitución y en las leyes se refleje en la vida exterior y real de los ciudadanos y del Estado mismo. Una de las premisas básicas de esta forma de gobierno es la división de poderes,[1] en la cual el Poder Ejecutivo se encarga de administrar, el Poder Judicial de aplicar las leyes y el Poder Legislativo del proceso de creación de la norma, entre otras atribuciones.[2] El Poder Legislativo, dentro del Estado mexicano, está representado a nivel federal por el Congreso de la Unión, el cual se conforma por la Cámara de Senadores y la Cámara de Diputados; y en sus recesos por la Comisión Permanente; y a nivel local, por las legislaturas de los estados y la Asamblea Legislativa de la Ciudad de México.

Un Poder Legislativo que cuenta con dos cámaras, como el de la nación mexicana, se denomina bicameral; es decir, que son dos los órganos o dos cámaras que lo representan, estas son la Cámara de diputados y la Cámara de Senadores. Algunas de las ventajas principales del sistema bicameral son:

I)   Se genera una retroalimentación entre ambas Cámaras[3];

II) Se logra legitimar la institución representativa en la medida en que se tiene voluntad popular más completa, y

III) Se contempla una estructura interna acorde a las funciones que debe realizar, todo lo cual permite consolidar la estructura de un sistema bicameral simétrico.

Adicionalmente, permite:

---

[1] Anselmino, Valeria L, "La División de separación de Poderes (de la Teoría clásica a lo que ocurre en la realidad)", en *Anales de la Facultad de Ciencias Jurídicas y Sociales,* México, año 13, núm. 46, 2016, p.191.

[2] Constitución Política de los Estados Unidos Mexicanos, artículos 49, 50, 80, 94, 73 y 76, publicada en el Diario Oficial de la Federación, el 5 de febrero de 1917, última reforma publicada el 6 de junio de 2019.

[3] *Cfr.* Garita, Alonso Arturo, *et. al.*, *La Función Legislativa en el Senado de la Republica,* 1a. ed., México, Ediciones Mesa Directiva, 2015, p.18.

I)   Mejor calidad en el proceder legislativo;

II)   Evitar los excesos de la mayoría y mayor reflexión, y

III)   Mayor negociación del producto al tener más participantes.

Es importante destacar que los legisladores de la Cámara de Senadores representan a las entidades federativas, eligiéndose dos por mayoría y uno por primera minoría, quienes duran seis años en el cargo y pueden reelegirse por dos periodos consecutivos, asimismo 32 de lista nacional. Entre las facultades exclusivas más importantes se encuentran:[4]

I)   Analizar la política exterior;

II)   Ratificar los nombramientos que el Ejecutivo haga de los empleados superiores y del Secretario de Relaciones Exteriores;

III) Declarar cuando los poderes de una entidad federativa hayan desaparecido, y

IV) Designar a los ministros de la Suprema Corte de Justicia de la Nación.

A su vez, la Cámara de Diputados está conformada por un diputado por distrito electoral, los cuales son trescientos, y doscientos más se eligen según el principio de representación proporcional[5], duran en su cargo tres años y tienen facultades exclusivas como:[6]

I)   Aprobar anualmente el Presupuesto de Egresos de la Federación;

II)   Revisar la Cuenta Pública del año anterior;

III) Aprobar el Plan Nacional de Desarrollo;

IV) Ratificar al Secretario del ramo en materia de Hacienda, y

V)   Designar, por el voto de las dos terceras partes de sus miembros presentes, a los titulares de los órganos internos de control de los organismos con autonomía reconocida en esta Constitución que ejerzan recursos del Presupuesto de Egresos de la Federación.

---

[4] Constitución Política de los Estados Unidos Mexicanos, *op. cit.* artículo 76.
[5] Al respecto, *véase* Sartori, Giovanni, *Ingeniería constitucional comparada*, 1a. ed., trad. de Roberto Reyes Mazzoni, México, Fondo de Cultura Económica, 2011.
[6] Constitución Política de los Estados Unidos Mexicanos, *op. cit.*, artículo 73.

La función legislativa, conforme a la Constitución Política de los Estados Unidos Mexicanos, está contenida en el artículo 73, referente al Congreso de la Unión; en el artículo 74, relativo a las facultades de la Cámara de Diputados; y en el artículo 76, que establece las facultades de la Cámara de Senadores. De entre las facultades concedidas a esos órganos parlamentarios destaca la de legislar, mediante la cual se pretende ajustar los derechos de los gobernados, con el fin de garantizar su sana convivencia y libre desarrollo en sociedad, teniendo así un impacto significativo en los derechos humanos,[7] ya que todas las autoridades mexicanas tienen el deber de respetarlos, protegerlos, promoverlos y garantizarlos.[8] Lo anterior, a partir de la reforma del 10 de junio del 2011, la cual armoniza al sistema jurídico mexicano con los tratados internacionales en la materia.[9]

Ambas Cámaras, al ser órganos de derecho parlamentario, se encuentran obligadas a comprender y usar correctamente la técnica legislativa como herramienta fundamental en sus actividades soberanas.

Los productos que emergen del Poder Legislativo son las leyes mismas que, en caso de presentar errores técnicos y falta de sustento formal, se traducen en una gobernanza defectuosa que genera un sinfín de controles constitucionales para su modificación, gastándose tiempo, recursos, cohesión social y muchas otras situaciones en perjuicio del país.

Estos errores pueden prevenirse con una técnica legislativa adecuada, pero, aun así, pueden existir otras causas y factores que erosionan la técnica legislativa y formación adecuada de las leyes en México. Causas como la evolución y el impacto de los agentes privados y externos a los órganos legislativos, las fuerzas económicas, factores internacionales y factores políticos sobre los jurídicos, justamente es parte de la evolución y descentralización de la forma de hacer leyes en México.

---

[7] *Cfr.* Morales Vega, Gabriela y Campos Serrano, Carolina, *Derechos Humanos y la Interpretación de la Corte en México*, 1a. ed., México, Dofiscal, 2018, p.4.
[8] *Cfr. Ibídem,* p.11.
[9] *Cfr.* Levi Obregón, Gonzalo, "El cambio de paradigma del estado legislativo al constitucional en México", en *Argumentum*, Brasil, vol. 19, núm. I, enero-abril 2018, pp. 211-235

Los avances democráticos y transiciones políticas han derivado en que una diversidad de actores y factores incidan en la producción legislativa y toma de decisiones políticas, es decir con la agenda del estado, estos actores y factores son múltiples, opositores políticos, miembros de la sociedad civil organizada, miembros de la iniciativa privada, sindicatos obreros y patronales, sujetos de derecho internacional, entre muchos otros factores, como la aparición del uso de redes digitales que solo hace aumentar la complejidad de este fenómeno de descentralización política. Todo lo anterior tiene un impacto positivo y negativo en la formación de normas.

De forma concreta, la hipo tesis del siguiente estudio afirma, que la técnica legislativa en México ha evolucionado y tomando mayor importancia en los últimos tiempos, pues antes no era un tema atractivo ni relevante para la formación de leyes ni para su estudio académico. Lo anterior debido a que la toma de decisiones políticas y la formación de leyes estaba centralizada por el estado, frecuentemente encarnado en el proyecto político del partido y titular del Ejecutivo en turno, por lo que era el mayor y a veces el único factor decisivo e influyente en la producción de normas, por lo que los demás factores o actores tenían muy poca incidencia en los consensos, la formación técnica de las normas y negociaciones.

Un ejemplo cuantitativo de lo anterior es el muestreo de iniciativas que el Poder Ejecutivo ha mandado, así como el grado de aprobación y de desecamiento, de las mismas, se ha tomado de los sexenios correspondientes al año 2000 a la fecha, los datos son los siguientes:

I) Las correspondientes al periodo presidencial de 2000-2006: fueron aprobadas y publicadas en el Diario Oficial de la Federación 124 iniciativas (74.70%); pendientes en comisiones 13 (7.83%); con dictamen 2 (0.6%), y desechadas 28 (16.87%).

II) Las correspondientes al periodo presidencial de 2006-2012: fueron aprobadas y publicadas en el Diario Oficial de la Federación 105 iniciativas (79.55%); pendientes en comisiones 9 (6.82%), y desechadas 18 (13.64%).

III) Las correspondientes al periodo presidencial de 2012-2018: fueron aprobadas y publicadas en el Diario Oficial de la Federación 99 (79.84%); pendientes en comisiones 10 (8.06%); con dictamen 11 (8.87%); desechadas 3 (2.42%), y atendidas 1 (0.81%).

IV) En el actual periodo presidencial de 2018-2024, hasta el día de hoy:[10] fueron aprobadas y publicadas en el Diario Oficial de la Federación 10 (58. 82%); pendientes en comisiones (5.88%), y con dictamen 6 (35. 29%)[11]

Si los anteriores datos los contrastamos con el periodo anterior a la transición, es decir el comprendido del año 1994-2000, veremos que en este último el Poder Ejecutivo Federal envió del total de iniciativas el equivalente al 81.9%, con un rango de aprobación de sus iniciativas presentadas del 98.4%[12], podremos afirmar que existe una diferencia de rangos de aprobación y de surgimiento de las iniciativas respecto de la centralización y descentralización del Poder Ejecutivo. Dando así un cambio de época donde el motor legislativo ya está en manos de diferentes actores y no se centra en el titular del Ejecutivo Federal, tema que se planteara de forma profunda en el presente estudio.

Tras este fenómeno, cada vez es más complejo producir una norma en consenso, de forma efectiva y sobre todo con una mejor calidad jurídica posible. Por ello la necesidad de plantear un precedente teórico y práctico que unifique criterios de técnica legislativa que le dé una estructura básica a las normas en México que mejoren las dinámicas democráticas en México, dando la posibilidad de que todos los factores y actores participen en la producción de leyes bajo los mismos criterios. Esto es necesario para establecer una base general, objetiva y fundamental de criterios sobre técnica legislativa que deben observarse en el proceso legislativo, que permitan disminuir considerablemente las deficiencias de carácter jurídico,

---

[10] Al momento de llevar a cabo esta investigación no concluye el sexenio comprendido del año 2018-2024, por lo que los datos ofrecidos están incompletos, pero es importante señalar el avance comparado con los demás datos.

[11] Datos obtenidos del Sistema de Información Legislativa (SIL), sitio web disponible en el siguiente enlace: http://sil.gobernacion.gob.mx/Reportes/AsuntosLegislativos/home.php?TipoReporte=1

[12] *Cfr.* Algazi Béjar, Luisa "¿Quién legisla en México? Descentralización y proceso legislativo" en *Revista Mexicana de Sociología 74*, México, núm. 4, octubre-diciembre 2012, pp. 619-647.

lingüístico y estructural en diversos documentos, lo que no solo permitiría perfeccionar el proceso de creación de normas por los órganos parlamentarios, sino que también ayudaría a generar diversas disposiciones de carácter general con un mayor grado de completitud, coherencia y consistencia dentro del propio sistema jurídico mexicano.

Por ello, el uso de la técnica legislativa es de suma importancia, puesto que ya no solo es la herramienta principal para la elaboración de normas ordinarias en el Congreso, sino también lo es del orden constitucional y convencional mexicano. Por ello, la función de legislar en México se ve inmersa en un cambio de paradigma legislativo provocado por las realidades tecnológicas del constitucionalismo.

Actualmente, no existen fuentes bibliográficas ni instrumentos institucionales que ayuden a solucionar los problemas de técnica legislativa que se presentan en la praxis parlamentaria que se vive dentro del Congreso de la Unión, particularmente en el Senado de la Republica, lo que repercute innegablemente en una falta de certeza y determinación sobre los criterios que han de observar y cumplir los diversos órganos de la Cámara Alta en la elaboración de la documentación legislativa correspondiente.

Aunado a lo anterior, existen varias fuentes bibliográficas y académicas que solo se quedan a un nivel descriptivo del conocimiento de la norma, incluso, muchas otras que, si bien es cierto doctrinalmente han sido un hito y una base o punto de partida,[13] también lo es que actualmente se han mostrado con un carácter anacrónico o bien, rebasadas por las nuevas necesidades políticas y jurídicas.

Es por lo anterior que se presenta este documento, cuyo objetivo reside en fungir como una guía teórico-práctica para resolver los problemas cotidianos que se presentan en las actividades, tanto de los legisladores como de otros operadores del derecho parlamentario, a partir tanto de una sólida base doctrinal como empírica,

---

[13] Al respecto, *véase* Bentham, Jeremy, *Tácticas Parlamentarias*, 1a. ed., México, LXVII Legislatura Cámara de Diputados, 2015.

que se encuentra enriquecida con la experiencia actual y práctica del Senado de la República.

Se decidió construirlo a partir de una visión tridimensional del derecho, donde el plano filosófico <<teórico, doctrinal>> se conjuga con el plano positivo; es decir, la ley, la norma y la jurisprudencia; robusteciendo su análisis al añadir el plano real como lo es el sociológico, práctico y dinámico.[14]

Lo anterior, tomando en cuenta que actualmente el derecho, tanto en su estudio como en su práctica, no puede estudiarse desde una sola arista y de forma insuficiente, no puede quedarse en una simulación epistemológica sino complementarse[15] con el devenir fáctico.

En este orden de ideas, hay que distinguir entre la actividad y la realidad parlamentarias. La actividad parlamentaria es el conjunto de todas las facultades que por ley tiene el Poder Legislativo; por su parte, la realidad parlamentaria es el actuar cotidiano, real y fáctico del Poder Legislativo. Esta última, no puede conducir o guiar toda la actividad parlamentaria,[16] pues los acuerdos, negociaciones, cabildeo y presiones externas no pueden regularse por una norma debido a su carácter dinámico, contingente e imprevisible, se encuentran en el mundo de lo material y no en el mundo del deber ser. Sin embargo, que la práctica pueda actuar de forma autónoma de la norma no quiere decir que la supere, que no la necesite, ni mucho menos que la viole, ya que todo acto de cualquier autoridad, incluyendo el Poder Legislativo, debe garantizar el orden constitucional y tener como fin el mejoramiento de las condiciones de vida de los gobernados.[17]

Se hace hincapié en la cuestión del mundo del ser y de la práctica cotidiana, de la realidad parlamentaria, ya que su fundamentación y planteamientos teóricos

---

[14] *Cfr.* Reale, Miguel, *Teoría Tridimensional del Derecho*, 1a. ed., México, Tecnos, 1997.
[15] *Cfr.* Acosta, Joaquín, "Interpretación Constitucional: entre legicentrismo, neoconstitucionalismo y constitucionalizacion", en *Revista del Instituto de Ciencias Jurídicas de Puebla*, México, año X, núm.37, enero-junio, p.96.
[16] *Cfr.* Grim, Dieter, *Constitucionalismo y Derechos Fundamentales*, 1a. ed., México, Trotta, 2012, p.32.
op. cit., p.8.
[17] *Cfr.* Harmut, Maurer, *Derecho Administrativo Alemán*, 1a. ed., México, Trotta, 2012, p.8.

se encuentran sobradamente estudiados, puesto que existen diversas fuentes doctrinales y académicos de donde se alimenta esa arista del derecho parlamentario. La virtud de este esfuerzo surge de la necesidad de sistematizar, a través de un manual, la práctica real y actual del proceso legislativo en el Senado de la República.

El objetivo general del trabajo será establecer criterios unificados y mínimos de técnica legislativa para su aplicación en el sistema normativo mexicano. Los objetivos específicos serán los siguientes:

I)   Ubicar la técnica legislativa doctrinalmente en el derecho mexicano;

II)   Establecer la problemática actual y situación de la técnica legislativa en México;

III)   Proponer criterios mínimos teóricos de técnica legislativa en México;

IV)   Ejemplificar la aplicación de los criterios mínimos teóricos de técnica legislativa, formulados en el presente estudio;

V)   Identificar los errores comunes que desprenden los diversos documentos legislativos en México, y

VI)   Brindar conclusiones y proyecciones de técnica legislativa en México.

Otra consideración metodológica de este trabajo es hacer hincapié que su naturaleza multidisciplinar tiene por objeto formar una dogmática del sistema y lógica interna del derecho, es decir formar reglas formales de la formación de leyes; a su vez, también pretende realizar conclusiones empíricas para explicar fenómenos legislativos y políticos que dan origen al objeto de estudio: la técnica legislativa y su aplicación en el sistema normativo mexicano.

Se emplearon las siguientes técnicas para la elaboración del presente estudio:

I)   *Conceptual.* Cuyo objetivo es clasificar los conceptos para llegar a definiciones precisas;

II)   *Sistemática.* Que nos ayuda a ordenar y relacionar los conocimientos obtenidos en sus diversos campos de aplicación;

III) *Inductiva.* Para analizar las situaciones que se presenten en el desarrollo del tema y obtener conclusiones generales y específicas sobre la aplicación de la técnica legislativa; nos servirá especialmente en la parte teórica del trabajo para que, de forma cualitativa, analizar el problema de descentralización legislativa y llegar a soluciones particulares en los documentos legislativos.

IV) *Deductiva.* Para analizar los documentos legislativos en específico para que de forma cuantitativa reflejen la relación con el fenómeno de descentralización, nos servirá en la parte práctica del presente trabajo;

V) *Comparativa.* Que se utiliza para estudiar supuestos diferentes y determinar sus coincidencias e interrelaciones entre las disposiciones a reformar;

VI) *Contra-Inductiva.*[18] Para dotar de flexibilización al análisis de las situaciones empíricas y cotidianas que son de carácter emergente, contingente y de constante dinamismo;

VII) *Fenomenológica.* Que permitirá describir las situaciones tal y como han sucedido en la práctica parlamentaria del Senado de la República, sin darles tintes subjetivos ni prejuzgar;

VIII) *Analítico.* Con la finalidad de examinar los textos jurídicos de acuerdo con las hipótesis del proyecto de decreto o reforma planteadas, y

IX) *Lógico-lingüística.* Por el que se dilucidarán los elementos y principios lógicos de la técnica legislativa, para plasmarlos con orden y claridad.

Para definir el método para abordar el siguiente estudio, se muestran los pasos concatenados que se llevaran a cabo para producir el presente documento y que se reflejaran en el contenido:

---

[18] Al respecto, *véase* Feyerabend, Paul, *Tratado contra el Método*, 1a. ed., Madrid, Tecnos, 1975, p.13.

1. En primer lugar, tendremos que establecer la ubicación, relación, diferencias y naturaleza epistemológica de la técnica y el derecho, para ubicar dentro de la rama del derecho parlamentario a la técnica legislativa como nuestro objeto de estudio;

2. Posteriormente, establecer el planteamiento del problema a en torno al objeto de estudio, esto es la problemática de la producción legislativa y la falta de criterios unificados de técnica legislativa, esto se hará de forma cuantitativa y cualitativa, de forma histórica, mostrando la evolución de la producción legislativa.

3. Sentar las bases teóricas y tecnológicas de los criterios mínimos de técnica legislativa con un marco teórico sobre los indicadores, criterios, elementos y herramientas, que se utilizan para la creación de normas.

4. Con las anteriores bases teóricas, establecer los criterios unificados de técnica legislativa.

5. Exponer ejemplos de aplicación de los criterios de técnica legislativa en diversos documentos legislativos emanados del Senado de la República.

6. Señalar los errores más comunes relacionados con la técnica legislativa

7. Llegar a conclusiones que sirvan para investigaciones futuras y proyecciones sobre el tema de la técnica legislativa.

La estructura del presente documento constara de una principal división de tres partes: la primera donde se contendrán los presupuestos teóricos y metodológicos del estudio, una parte del marco teórico de los criterios de técnica legislativa, y una tercera parte de aplicación práctica de técnica legislativa.

La *Primera Parte: Presupuestos Teóricos y Metodológicos,* se compondrá de dos capítulos, el *Capítulo 1. La técnica y el Derecho,* ubicaremos doctrinalmente la ubicación de la técnica en el derecho de forma general, para posteriormente, en el mismo capítulo ubicar a la técnica legislativa y su relación con las ramas del derecho y la ciencia social. El *Capítulo 2. La técnica legislativa en México* planteara el problema de la técnica legislativa en México de forma amplia, y la situación actual, que da origen al presente estudio.

La *Segunda Parte: Criterios de Técnica Legislativa,* se compondrá de igual manera de dos capítulos, el *Capítulo 3. Nociones y criterios de técnica legislativa,* donde se establecerán los principales conceptos de técnica legislativa, así como la composición de las normas, los órganos legislativos de México, la naturaleza del proceso legislativo en México y la relación del principio de seguridad jurídica y la técnica legislativa. En el *Capítulo 4. Redacción del Dispositivo Normativo,* se asentará la guía de los criterios y argumentación jurídica que determinan la producción de una norma, en sus fases prelegislativa y legislativa, así como ejemplificar el correcto uso de la técnica legislativa con base a la experiencia en el Senado de la República.

La *Tercera Parte: Técnica Legislativa Aplicada,* constará de tres capítulos, el *Capítulo 5. Técnica Legislativa Aplicada en diversos documentos legislativos,* mostrara el reflejo de los criterios antes mencionados en el trabajo con documentos legislativos oficiales, ubicando los elementos, comentándolos y analizándolos, así como realizar una crítica; en el *Capítulo 6. Errores comunes de Técnica Legislativa,* se mostrarán ejemplificados los errores más comunes de técnica legislativa, tanto errores sustantivos, los cuales son los que están contenidos en los documentos, como los errores procedimentales, que son los relativos al trámite, la forma de proceder y el erróneo uso de los instrumentos legislativos y de casos concretos, y en el *Capítulo 7. Consideraciones Finales,* se hará una retroalimentación de todos los temas vistos, así como se darán las conclusiones generales y especificas del presente trabajo.

Asimismo las fuentes bibliográficas, la legislación consultada, la jurisprudencia del Poder Judicial de la Federación, los sitios consultados en línea, y los anexos se ubicaran en el final del documento con sus propios apartados, para que el trabajo quede fundamentado y se pueda tener referencia de este precedente así como se agregara el apartado de anexos, donde todos los documentos, ejemplos, tablas, graficas, que por practicidad no están contenidos en el cuerpo del documento estarán contenidos para su consulta.

Para concluir esta introducción, cabe señalar, que este documento puede ser utilizado y consultado tanto por legisladores y personal de apoyo técnico jurídico de cualquier órgano parlamentario, así como por cualquier persona que tenga la intención de introducirse al derecho parlamentario o que pretenda perfeccionar y ampliar su análisis sobre la materia. Se han revisado los principales campos de aplicación de la técnica legislativa, por lo que se puede afirmar categóricamente que este documento será de gran utilidad para la difusión del arte de legislar, pues rescata valiosas experiencias que permitirán dimensionar porqué el derecho parlamentario se encuentra a la vanguardia jurídica, ubicándolo en un lugar esencial dentro de las ciencias jurídicas y dentro de las conformaciones de la vida democrática de la nación mexicana.

PRIMERA PARTE: PRESUPUESTOS TEÓRICOS

CAPÍTULO 1. La Técnica y el Derecho

1.1. Del derecho y la técnica

Las discusiones jurídicas sobre la naturaleza del derecho son basta, nos interesan las conceptualizaciones y definiciones del derecho y técnica, ya que una vez definidas las entrelazaremos. Las primeras definiciones del derecho van relacionadas con el iusnaturalismo y los derechos naturales y de una cosmovisión religiosa, es decir explicaban el funcionamiento de la conducta por mandato divino e innato, [19] como por ejemplo la clásica definición de Ulpiano *"la justicia es la constante y perpetua voluntad de dar a cada uno su propio derecho"*[20], teniendo en cuenta que para Ulpiano el vocablo "derecho" es *directus*, es decir, recto, igual sin torcerse,[21] esto de una manera filosófica espiritual de la virtud de cada quien.[22] En este punto no existía la relación de la técnica y el derecho, pues todo el conocimiento, incluyendo el social estuvo contenido y concentrado con las elites pastorales, religiosas y no seculares.[23]

El cambio de esta concepción del derecho y del conocimiento en general, fue un giro hacia el humanismo, históricamente celebre y entrado el siglo XVIII, nos referimos al movimiento de la ilustración y las consecuencias del antropocentrismo, lo anterior trajo consigo que apareciera una sistematización de todo el conocimiento humano.[24] Esta forma de ver el conocimiento se puede definir como *"conjunto de saber científico que supone un sistema de saberes, ciertos y probables, respecto de un determinado sector de objetos de la realidad universal, a los que es posible acceder a través de una adecuada fundamentación metodológica"*[25]. En otras

---

[19] Al respecto, *véase* Cariola, Agatino "El Derecho Natural y la Historia. La afirmación de la libertad de conciencia en el Estado Democrático", en *Revista de Estudios Políticos* (Nueva Época), México, núm. 116, abril-junio, 2002, pp. 107-143.

[20] *Cfr.* Shiavone, Aldo, *Ius la invención del Derecho en Occidente*, trad. Germán Prósperi, Buenos Aires, Ed. Ariana Hidalgo, 2009, p. 477.

[21] Diccionario de la Lengua Española, Edición del Tricentenario, actualización 2018, consultado el 06-08-19 en línea: http://lema.rae.es/drae2001/srv/search?id=hIh6tqjTwDXX2HZmVhhU.

[22] *Cfr.* Rodríguez Ruiz, Virgilio, "Santo Tomás de Aquino en la Filosofía del Derecho", en *En-Claves del Pensamiento,* México, año X, núm. 19, enero-junio, 2016, pp. 13-40.

[23] *Cfr.* Cariola, Agatino, *op. cit.,* p.122.

[24] Cfr. *Ibídem*, p.112.

[25] Álvarez Gardiol, Ariel, *Introducción a una teoría general del derecho. El método jurídico*, Buenos Aires, Textos Jurídicos, 1975, p.3.

palaras, el saber científico, no es otra cosa que un sistema de decisiones metodológicas, en el que se insertan datos en la realidad.[26]

Esta concepción del derecho se extendió a través de escuelas académicas y con la secularización de las instituciones, así como la separación de la iglesia y el estado. El paso del derecho natural al derecho científico tiene relación con la aparición del positivismo, una doctrina científica y sociológica que sostiene que el método científico de observación, experimentación y comprobación es el único capaz de ser verdadero, y que, a fin de superar toda forma de especulación, toda realidad humana debe ser comprendida y comprobada científicamente.[27]

A raíz del nuevo paradigma ilustrado positivista, el derecho unifico su concepto y es visto como un sistema científico social, separado de por la separación estricta del derecho de la ética, moral y religión, y en la independencia de toda consideración valorativa, limita al derecho a un análisis de las interrelaciones lógicas de las normas jurídicas, reduciéndose así a las normas jurídicas.[28]

Uno de los mayores exponentes de esta corriente de iuspositivismo, es el jurista alemán Hans Kelsen que define al derecho como un sistema social (científico) que tiene por objeto de estudio a la norma jurídica.[29] Aquí es donde ya podemos observar que el positivismo jurídico observa a la norma como un dispositivo tecnológico social, es decir, la norma se produce con un grado de técnica, siendo un instrumento y de forma general una técnica social de control de la conducta humana.[30]

---

[26] *Cfr.* Guinbourg, Ricardo, "El sexo de los ángeles, el constructivismo en las ciencias sociales", en *Abeledo Perrot, Lecciones y Ensayos*, Buenos Aires, núm. 67, 2003, p. 97.

[27] *Cfr.* González, Alberto Matías y Hernández Alegría, "Positivismo Dialéctica materialista y fenomenología: tres enfoques filosóficos del método científico y la investigación educativa" en *Revista Actualidades Investigativas en Educación*, vol. 14, núm. 3, septiembre-diciembre, 2014, pp. 1-20.

[28] *Cfr.* Mabel García, Silvana, "El Derecho como ciencia", en *Invenio*, Argentina, vol. 14, núm. 26, junio, 2011, pp. 12-38.

[29] *Cfr.* Kelsen, Hans, *Teoría Pura del Derecho, trad.* Roberto Vernengo, México, Universidad Nacional Autónoma de México, 2a. ed., 1982, p. 95.

[30] Cfr. Bunge, Mario, "El Derecho como técnica social de control y reforma" en *Isonomía*, Perú, núm. 13, octubre, 2000, pp. 121-137.

Un teórico del derecho que comparte esta visión moderna del sistema jurídico es García Máynez, el cual menciona que *"el derecho es un conjunto de normas, preceptos imperativo-atributivos, es decir, de reglas, que, además de imponer deberes, a conceden facultades"*[31], desde esta visión, el Derecho no es mas que el aglomerado de normas jurídicas, lo cual pone en manifiesto el carácter técnico del derecho contemporáneo, al ser la norma un dispositivo formado por la técnica.

La palabra técnica deviene del latín *technicus*, y este, a su vez, del griego *technikos*, del término *techne* cuyo significado es "arte".[32] Es decir, es lo perteneciente a las aplicaciones de las ciencias y las artes. En este sentido, y tomando en cuenta que el derecho es una ciencia social[33] que necesita de la técnica, es válido desprender que la norma se compone por enunciados y es una forma de expresión del lenguaje, de ahí su carácter técnico.

Una concepción semántica de las normas es la que son el contenido de enunciados que expresan lo que es obligatorio, prohibido o permitido, es decir que en su descripción tienen un hecho o presupuesto, una hipotesis, y una consecuencia respecto de esta hipotesis o conducta.[34] La norma se compone principalmente de un enunciado en un lenguaje determinado.

La enunciación no es más que la referencia a un objeto fabricado, esto es cuando el sujeto hablante se inserta en un objeto abstracto de manera permanente y al mismo tiempo inserta al otro por medio de un proceso discursivo, es decir un proceso de comunicación.[35] La comunicación es una técnica para expresar las

---

[31] García Máynez, Eduardo, Introducción al estudio del Derecho", México, 23a. ed., Porrúa, 1974, p. 37.
[32] Diccionario de la Lengua Española, Edición del Tricentenario, actualización 2018, consultado el 06-08-19 en línea: https://dle.rae.es/?id=ZlkyMDs .
[33] *Cfr.* Witker, Jorge, "Las Ciencias Sociales y el derecho" en *Boletín Mexicano de derecho comparado*, México, vol. 48, núm. 142, ene-abr, 2015, pp. 340-358.
[34] *Cfr.* Sieckmann, Jan, "La Norma Jurídica" en Fabra Zamora, Jorge Luis y Rodríguez Blanco, Verónica (coord.), Enciclopedia de Filosofía y Teoría del Derecho, México, vol. II, Universidad Nacional Autónoma de México, 2013, p. 896.
[35] *Cfr.* Yáñez, Adelso, "El enunciado y el contexto enunciativo: hacia la pragmática", en Comunicación, Costa Rica, año 11, núm. 002, enero-junio, 2000, pp. 1-18.

necesidades, deseos, intenciones y objetos abstractos a la realidad, es decir un acercamiento de posturas perceptivas.[36]

No obstante, tendremos que aclarar de manera profunda y precisa la ubicación de la técnica legislativa y el derecho para comprender el enfoque formal y empírico de esta obra dentro de una rama especifica del derecho como lo es el derecho parlamentario, al estudiar y determinar la organización y funcionamiento del parlamento,[37] es necesario que se aplique cierta técnica correcta y eficiente, en todas las funciones parlamentarias: legislar, debatir, redacción de leyes y, por supuesto, la intercomunicación y negociación política y democrática.

Así, que en el siguiente apartado ahondaremos en el carácter del derecho como ciencia social y como técnica.

1.1.1. Naturaleza del derecho como ciencia social

Tendremos que distinguir que incluso dentro de la tradición positivista de las normas, existe un carácter empírico de estudiar los fenómenos, relaciones, conductas que impactan en el mundo del hecho y del acontecimiento.[38] Esta interrelación va encaminada sobre la teoría de los mundos del ser y deber ser:

a) El mundo del ser. Es todo aquello que acontece en la realidad sensitiva y palpable a través de una objetivación física., ósea los fenómenos que se concretizan en la naturalidad y realidad, como tal, solo es perceptible a través de una interpretación intelectual de dichos fenómenos, si a través de un método se puede estudiar y lograr un patrón entre los hechos y supuestos, se puede formular una ley natural o científica que determine la secuencia, causas y efectos de estos hechos; y

b) El mundo del deber ser. Es todo aquello creado por el hombre en su abstracción mental para conceptualizar, nombrar, explicar o

---

[36] *Cfr.* Brönstrup, Celsi y Godoi, Elena, "Comunicación, lenguaje y comunicación organizacional", en *Signo y Pensamiento*, Colombia, vol. XXVI, núm. 51, julio-diciembre, 2007, pp. 26-37.
[37] *Cfr.* Cervantes Gómez, Juan Carlos, *Derecho Parlamentario*, 1a. ed., México, Serie Roja, 2012, p.11.
[38] *Cfr.* Mabel García, Silvana, *op. cit.*, p. 17.

crear distinciones en su campo de actuación, las reglas y normas que aquí se crean y ejecutan son de carácter artificial y fácticas, están en constante cambio y solo rigen el comportamiento voluntario del ser.[39]

Bajo estas dos concepciones, tradicionalmente se afirma que el derecho pertenece puramente al mundo del deber ser,[40] el derecho puede actuar en una u otra bajo los supuestos de hecho jurídico y acto jurídico. El hecho jurídico es un acontecimiento en el mundo del ser, que trae consigo consecuencias formales jurídicas, como puede ser la muerte de una persona que desencadena derechos sucesorios, y un ejemplo del acto jurídico es la celebración de un contrato donde se quieren las consecuencias jurídicas y se contraen de forma voluntaria.[41]

En este orden de ideas, la ciencia del derecho tiene parte de ciencias causales basadas en la experiencia, de otro lado la lógica y la matemática como doctrina de las formas puras de los cuerpos y de los números.[42]

Según la concepción positivista, lo único que es accesible al conocimiento científico, prescindiendo de la lógica y la matemática, son los hechos perceptibles junto con la "legalidad", corroborable experimentalmente, que en ellos se manifiesta. En este planteamiento aparece decisivo el modelo de las ciencias naturales "exactas". En esto el positivismo es "naturalismo". Por tal motivo, la Ciencia del Derecho ha de ser elevada a una "ciencia verdadera" fundamentándola, lo mismo que la ciencia natural, sobre hechos indubitables.[43]

Pero incluso, estos hechos indubitables, pueden llegar a ser hechos originados en el mundo del deber ser, es decir, los hechos creados artificialmente pueden ser tratados como hechos naturales con rango de fuerza, y en especial en

---

[39] *Cfr.* Vidal Castillo, Abril, "Ser y Deber ser del Derecho en las concepciones del ser y del valor de la Persona Humana", España, en *Dianet,* 1967, pp. 120-148.
[40] *Cfr. Ibídem,* p. 120.
[41] *Cfr.* Cariota, Ferrera, El Negocio Jurídico, Madrid, Aguilar, 1956, p. 3.
[42] *Cfr.* Mabel García, Silvana, *op. cit.,* p. 18.
[43] Cfr. *Ídem.*

las ciencias jurídicas, esto es importante, puesto que las normas tienden a crear realidades a través del lenguaje.[44]

Otro enfoque que tiene el derecho respecto a la norma es si se analiza desde el punto de vista de las normas que regulan la conducta, o las conductas a las que se aplica la norma, esto es conocido como estática y dinámica del derecho respectivamente.[45] La estática jurídica, estudia al conjunto de normas positivizado con sus características, su lógica interna, su técnica contenida y su validez; por otro lado; la dinámica jurídica se encarga de observar a las normas en movimiento, esto es su aplicación, producción, fines perseguidos, y su efectividad y eficacia.[46]

Aunque parezca que el derecho como técnica solo se circunscriba a la estática jurídica, lo cierto es que hay múltiples técnicas dentro de los procesos de producción de normas y aunque no se ven reflejadas en el producto final, lo cierto es que también suponen el manejo de técnicas, lo anterior, a causa de que el derecho regula su propia producción.[47]

Entonces entendemos a la ciencia del derecho, con un carácter dual, tanto formal, como empírico, donde el carácter formal y lógico tiende a explicar y crear reglas de sus normas y funcionamiento, y el carácter empírico explicar los distintos acontecimientos y consecuencias de los hechos jurídicos.

En este orden de ideas, el derecho en sus orígenes tenía una carga filosófica y ética palpable, sin establecer un sistema jerarquizado y organizado, posteriormente fue clasificado como una ciencia lógica y esto conllevo a observar cierta técnica para su producción, aplicación y observación, sin embargo al aplicarse en el campo social, tuvo un carácter dinámico, es por ello que el jurista Miguel Reale menciona la concepción del derecho como una unidad, compuesta de tres aspectos, es decir un ser ontológico tridimensional:[48]

---

[44] *Cfr.* Sánchez Sandoval, Augusto, Epistemologías y sociología jurídica del poder, México, Universidad Nacional Autónoma de México, 2012, p. 45.
[45] *Cfr.* Kelsen, Hans, *op. cit.,* p. 83.
[46] *Cfr. Ibídem*, p. 84.
[47] *Cfr. Ídem.*
[48] *Cfr.* Reale, Miguel, *op. cit.,* p. 89.

a) Elemento del valor o axiológico: es la característica que une al derecho y la moral, todos los valores éticos, con raíces naturalistas, que actúan bajo el derecho como una filosofía de vida, una búsqueda de la virtud y mejoramiento de la ética personal de cada hombre, relacionada con la idea de justicia.[49]

b) Elemento del hecho o sociológico: es la visión del derecho como hecho de impacto social, este elemento requiere atender la realidad social, aunque se ha identificado como *iusrealismo,* lo cierto es que es el componente dinámico del derecho, y considera que es parte fundamental que el derecho actúe de forma eficaz sobre las exigencias de la sociedad actual.[50]

c) Elemento de la forma o lógico: son todos los elementos derivados del positivismo, es decir, los componentes del derecho como una ciencia social, con su metodología, objetiva, lógica y formal, en este elemento es donde el derecho es altamente técnico, y en las sociedades actuales es el componente esencial para producir una norma jurídica.[51]

El esquema de la anterior visión del derecho puede tener tres intersecciones entre los distintos elementos, toda vez, que los elementos lógicos, sociológicos y axiológicos pueden interactuar sin constituir un derecho ontológico, inclusive sin estar positivizado, las intersecciones secundarias son las siguientes:

d) Elemento lógico-axiológico: aquí subyacen las normas con carácter éticos y morales, las cuales se justifican no por la instauración o aceptación social, sino por el valor de su validez tras un examen de lógica, en este sentido, es la ética en su forma de disciplina;

e) Elemento lógico-sociológico: se refiere a las normas que constituyen "normas de juego", es decir, reglas instructivas que fundamentan una relación social bajo un régimen de lógica, como, por ejemplo, normas de etiqueta, normas de lenguaje, normas de gramática y redacción, es decir las que utiliza la sociedad sin un carácter axiológico ni jurídico, pero si cargadas de técnica.E

---

[49] *Cfr.* Reale, Miguel, *op. cit.,* p. 64.
[50] *Cfr. Ibídem,* p. 25.
[51] *Cfr. Ibídem*, p. 32.

f) Elemento axiológico-sociológico: son las normas que regulan el comportamiento en sociedad, las normas sociales, que carecen de coacción. Pero que fundan su validez en convencionalismos sociales.

Se tiene así una visión integral de lo que es el derecho, para esquematizarlo se observara el siguiente esquema, donde se ubica el derecho con sus componentes o aristas.

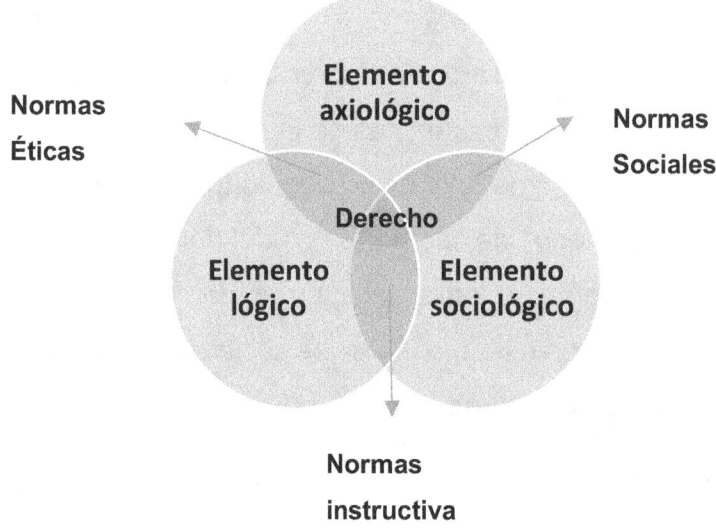

Esquema 1. Tridimensionalidad del Derecho. Elaboración propia.

Es importante señalar, que estas tres aristas forman al derecho de forma completa e integral, y que aunque haya existido conflicto entre los positivistas y naturalistas del derecho, también de nada importa imponer una visión universal de cualquiera de las dos opciones si no se atienden las necesidades sociales por medio **de** la norma, como también lo es enarbolar solo los textos jurídicos desapegándose de la realidad o erosionando los valores sociales de cualquier comunidad, por ello esta visión otorga los componentes necesarios para identificar al derecho como una disciplina pluriformativa y que tiene varios orígenes y visiones a través de la historia.[52]

---

[52] *Cfr.* Reale, Miguel, *op. cit.,* p. 28.

Para ejemplificar lo anterior, mencionaremos que el derecho *iuspositivista* tuvo un gran auge en el siglo XX, a contrario del naturalismo que predominaba en la escolástica medieval, y que a raíz de los procesos de globalización de la última mitad del siglo XX y que se acentuaron en mayor medida en el siglo XXI, se produjeron nuevas formas de mirar el derecho que trae consigo elementos tanto positivistas como naturalistas, como por ejemplo la visión de los derechos humanos y fundamentales, que recoge elementos naturalistas pero siempre bajo el orden normativo positivo, o la visibilizacion del pluralismo jurídico, que supone un relajamiento a la norma escrita frente las costumbres de los pueblos y que es palpable en la situación de los derechos de los pueblos originarios o en el derecho de gentes en el derecho internacional.[53]

Aunque en la creación de normas y la aplicación de la técnica jurídica, cobra mayor importancia la lógica del sistema normativo y el carácter positivo, también es cierto que una norma que deja observar el plano axiológico y sociológico es poco eficaz y obsoleta, como también que para la creación de una norma existen etapas para atender dichas aristas. La ciencia del derecho también puede verse como técnica en general aun tratándose de asuntos ajenos al positivismo jurídico, metodología del derecho, filosofía del derecho o incluso hasta en la sociología del derecho.[54]

1.1.2. El derecho como técnica

El derecho y cualquier ciencia a partir de la visión humanista contemporánea, puede ser tratada como una técnica, ya sea para "mejora del mundo" o <<*Weltverbesserung*>> o bien, para la "mejora de uno mismo" <<*Seltbstverbesserung*>> estas formas, operan como técnicas políticas y técnicas de cuidado de sí, pero ambas tienen el mismo fin: explicar cómo los hombres se gobiernan unos a otros y a sí mismos.[55] Un trabajo sociológico, filosófico y científico

---

[53] Al respecto, *véase* Méndez Díeguez, Yurisander, "El Derecho y su correlación con los cambios de la sociedad" en *Derecho y Cambio social*, Perú, año 8, núm. 23, 2011, pp. 1-28.
[54] *Cfr.* Giuliani, Alessandro, "¿Ciencia o Técnica del Derecho?" en *Dialnet*, Italia, 1955, pp. 245-280.
[55] *Cfr.* Gómez Castro, Santiago, "Sobre el concepto de antropotécnica en Peter Sloterdijk" en *Revista de Estudios Sociales*, España, núm. 43, agosto 2012, pp. 63-73.

que comenzó con Friedrich Nietzsche[56], continuo con Michel Foucault[57], pero se concretó en el siglo XX con Arnold Gehlen[58], tradición que ha sido recogida contemporáneamente por Peter Sloterdijk[59], que es quien vincula el sentido de técnica como un amplio margen de todo actuar social.

Para explicar esta generalidad de la técnica en las ciencias sociales, expondremos el origen de esta, desde la visión de la antropología filosófica de Arnold Gehlen, el autor alemán parte de la idea que el hombre es un "ser deficitario" <<*Mängelwesen*>>[60], orgánicamente desvalido, no estando por naturaleza de órganos especializados para adaptarse de forma eficiente al medio ambiente, no tiene órganos de ataque, órganos de defensa ni de huida, por ejemplo, el pelaje para la intemperie, garras, alas para volar, entre otros.[61]

A consecuencia de estas faltas, el hombre se auxilia de la única característica diferenciadora el *"logos"*[62], es decir de la razón, sus procesos cognoscitivos, deviniendo en un ser cultural, creando su medio ambiente artificial, el cual le permite sobrevivir con cierta independencia del mundo orgánico con el que compensa su deficiente equipamiento orgánico.[63]

Justamente, ia técnica aparece para poder construir este ambiente artificial, como ya se mencionó, la técnica es destreza, la competencia, el entrenamiento y la habilidad alcanzada por los hombres y que constituye su segunda naturaleza.[64]La técnica, en este caso, no son herramientas fabricadas por el hombre, sino el conjunto de acciones, coordinadas, estratégicas, reglamentadas y orientadas al logro de una finalidad precisa. La técnica es un producto directo de la inteligencia

---

[56] Al respecto, *véase* Nietzsche, Friedrich, *Genealogía de la Moral*, México, Alianza Editorial, 2011.
[57] Al respecto, *véase* Foucault, Michel, *La verdad y las formas jurídicas*, Brasil, Gedisa, 2001.
[58] Al respecto, *véase* Gehlen, Arnold, *El hombre, su naturaleza y su lugar en el mundo*, 2a. ed., Salamanca, Ediciones Sígueme, 1987.
[59] Al respecto, *véase* Sloterdijk, Peter, *Has de cambiar tu vida: sobre antropotécnica*, trad. Pedro Madrigal, España, Pre-textos, 2013.
[60] *Cfr.* Gehlen, Arnold, *op. cit.,* pp. 10-15.
[61] *Cfr. Ibídem,* p. 17.
[62] Diccionario de la Lengua Española, Edición del Tricentenario, actualización 2018, en línea: https://dle.rae.es/logos
[63] *Cfr.* Gómez Castro, Santiago, *op. cit.,* p. 65.
[64] *Cfr. Ídem.*

del hombre que le sirve para disponer del entorno y someterlo a sus necesidades vitales. No es, entonces, que el hombre haga uso de la técnica, sino que es el hombre un animal técnico, la técnica es algo constitutivo del ser humano, llegando a desarrollarla y evolucionar al homo sapiens.[65]

Asimismo, los ambientes artificiales son lo que Peter Sloterdijk denomina esferas, es decir entornos artificialmente producidos,[66] estos entornos incluyen toda mejora sobre uno mismo y sobre el espacio que ocupa, incluye la cultura como una forma de distanciamiento de la naturaleza. toda sociedad es un proyecto antropotécnico, en el sentido que de extraer de sí misma la protección por la cual ella misma se hace posible. Los hombres habitan en ese espacio que ellos mismos crean, en este sentido, todas las sociedades son proyectos tecnológicos.

Ahora bien, si toda esta genealogía del comportamiento humano deriva de la técnica, podemos comenzar a ubicar tecnologías en específico, tales como las técnicas individuales y las sociales. Antes, nos hemos referido a la mejora de uno mismo, esto en un plano interior, no social, inaccesible para el derecho, es más adecuado referirse a estas técnicas como la religión, esoterismo, espiritualidad e incluso la psicología en algún punto, como lo es el psicoanálisis[67], pero por no tratarse de interés del presente estudio, ahondaremos en las técnicas para mejorar a otros, es decir las comprendidas en el aspecto social, todo este conjunto de técnicas a nivel social, se les denominara "antropotécnicas".[68] Estas técnicas las identifico Foucault como el ejercicio hacia las poblaciones por parte del gobierno denominándolo "biopolítica",[69] por otro lado también se les ha denominado "psicopolítica"[70], en cualquier caso son técnicas sociales para producir ciertas conductas.

---

[65] Cfr. Gehlen, Arnold, op. cit., p. 183.
[66] Cfr. Gómez Castro, Santiago, op. cit., p. 66.
[67] Cfr. Gómez Castro, Santiago, op. cit., p. 67.
[68] Cfr. Sloterdijk, Peter, op. cit., p. 19.
[69] Al respecto, véase, Foucault, Michel, El nacimiento de la biopolítica, México, Fondo de Cultura Económica, 2004, p. 17
[70] Al respecto, véase, Byung Chul, Han, Psicopolítica, Alemania, Herder, 2014, p. 25

En un principio, la horda como dispositivo social organizado, reproducía estas antropotécnicas a través de enseñanzas y mitos, primordialmente religiosos y místicos, a través de leyendas y narrativas de cosmovisión[71], enseñaban algunas virtudes necesarias, principalmente, para sobrevivir y lograr reproducirse.

Con el advenimiento del sedentarismo, se encontraron nuevas formas de convivencia, la propiedad privada, inicio de las familias monogámicas, entre otras cosas; las comunidades humanas inician el proceso de construcción de su cultura, teniendo como efecto un mecanismo de selección[72], comparando los hábitos y conductas de los integrantes sociales, independientemente que esto sea originado por jerarquías de poder, económicas, raciales, étnicas, de lenguaje, genero u otras, lo cierto es que se seleccionan algunas conductas consideradas peligrosas y se desinhiben, y las conductas benéficas se estimulaban, estas conductas formaban a un ser capaz de vivir civilizadamente, estos filtros antropotécnicos son las normas que constituyen el derecho.[73]

En palabras de Sloterdijk, las normas son "*técnicas que, a través de la repetición y automatización, capacitan a los hombres a amansar sus pasiones animales*"[74], los encargados de distribuir estas conductas entre los hombres es el estado, la autoridad, los encargados de aplicar las leyes.

En un principio, las normas como técnicas se aplicaban conforme a la estructura de poder jerarquizada, elitista, siendo las castas superiores <<monarcas, nobleza, clero, militares>> quien legislaba de forma autocrática al estado, estos son los fundamentos del absolutismo.[75] En este tema conforme a la antropotécnica, Sloterdijk menciona:

"*El gobernante platónico sólo encuentra la razón de ser de su gobierno en un saber propio de reyes en materia de crianza, es decir, en un saber experto de*

---

[71] *Cfr.* Gómez Castro, Santiago, *op. cit.,* p. 66.
[72] *Cfr. Ibídem,* p. 68.
[73] *Cfr.* Sloterdijk, Peter, *Esferas II*, Madrid, Siruelas, 2004, p. 277.
[74] Sloterdijk, Peter, *Sin salvación: tras las huellas de Heidegger*, Madrid, Ediciones Akal, 2011, p. 53.
[75] Al respecto, *véase* Hobbes, Thomas, *El Leviatán*, México, Fondo de Cultura Económica, 2008, p. 233., y Platón, Aristocles, *Diálogos IV: La República*, trad. Conrado Eggers Lan, Madrid, Gredos, 1988, p. 48.

lo más inusual y de lo más juicioso. Aquí surge el fantasma de una monarquía de los expertos cuyo fundamento jurídico sea el conocimiento acerca de cómo se puede organizar y agrupar a los hombres de la mejor manera. La antropotécnica real requiere que el político sepa entretejer del modo más efectivo las propiedades de los hombres voluntariamente gobernables que resulten más favorables a los intereses públicos"[76]

El autor hace mención acertadamente, que el derecho en su origen era elitista, decidido por mandato divino hacia el más capaz, ya sea un individuo, como en el caso de la monarquía, como a un grupo, como la aristocracia, pasaran muchos cambios sociales para que el conocimiento y la técnica sea democratizada, y con esto el derecho mismo. Que las conductas seleccionadas sean por el interés político de una elite o no, no es tema de discusión, sin embargo, se afirma que las conductas son decididas colectivamente, ya sea mediante autocracia o democracia, puesto que la colectividad o el Estado es el que decide que conductas se han de seguir, o en los casos de los estados autoritarios o de máxima punibilidad, solo castigaran las malas conductas y no se referirán a las buenas conductas, Sloterdijk señala en esta cuestión que:

"El hombre de Estado tiene que desenmarañar y excluir a las naturalezas inadecuadas antes de comenzar a tejer el estado con las adecuadas. Solo con las naturalezas restantes, nobles por origen y voluntarias, se podrá crear el buen Estado".[77]

En este orden de ideas, la técnica del derecho como actualmente se conoce, evoluciono junto con la democratización y el advenimiento de la edad moderna, el derecho sufrió cambios fundamentales su técnica de igual manera, esto a partir de la construcción y consolidación del Estado Nación durante los siglos XVI Y XVII.[78]

---

[76] Sloterdijk, Peter, *Normas para el parque humano*, trad. Teresa Rocha Barco, 4a. ed., Madrid, Siruela, 2006, p. 80-81.
[77] *Cfr. Ibídem,* p. 82
[78] *Cfr.* Gómez Castro, Santiago, *op. cit.,* p. 69.

La caída del absolutismo y la imposición del proyecto político del humanismo trajo consigo las nuevas técnicas del derecho, hicieron de la producción de normas algo masivo, pues mientras en la edad antigua las normas eran elitistas y dirigidas solo a un grupo de personas, en la edad moderna están dirigidas a las masas, este proceso democrático tuvo a un nuevo actor como órgano encargado de producir las normas: el Parlamento, el cual encarna la representación del pueblo

Con el proyecto del humanismo *"los sujetos virtuosos son producidos a partir de prácticas racionales"[79]*, estas prácticas son el diseño de las normas, en este proceso el derecho adquiere un carácter especial, puesto que, al contener ya todos los enfoques mencionados «sociológicos, filosóficos, y positivos», solo falta englobarlos todos desde un punto de vista técnico, es decir, el "como", justamente con una serie de reglas formales para la construcción de normas, así el derecho es visto de manera general como una técnica social y formal.

El derecho a su vez también ha evolucionado su nivel de técnica y su auxilio de otras técnicas contemporáneas, cabe señalar las técnicas digitales y de la información con el derecho.

Actualmente son tres grandes campos de la informática aplicada al derecho:

I)   Informática jurídica documental: son las tecnologías digitales y de sistemas que permiten el tratamiento automatizado de las fuentes del conocimiento jurídico a través de las bases de datos de documentación legislativa, jurisprudencial y doctrinal;

II)   Informática jurídica de gestión: esta facilita conocer los procesos de organización de la infraestructura o medios instrumentales con los que se gestiona el derecho, tareas rutinarias y de administración, y

III)   Informática jurídica decisional: es la informática que permite acceder más ágilmente a las fuentes de producción jurídica a través de la elaboración

---

[79] *Cfr.* Sloterdijk, Peter, Has de cambiar tu vida, *op. cit.,* p. 463.

informática de los factores lógico-formales que concurren en un proceso legislativo y en la decisión judicial.[80]

Estas técnicas de información y programación para el derecho han evolucionado hasta situarse en futuras proyecciones que sin duda alguna tendrán impacto, ya se habla en la programación exclusiva para ciertos ordenadores con relación en el proceso de redacción de textos jurídicos <<*Drafting*>>, al proceso de toma de decisiones <<*Sentencing*>>, y al proceso de ejercicio de la profesión de abogado <<*Lawyering*>>. [81]Así que el derecho se transforma en una disciplina transversal social, que combina tanto las ciencias exactas de la lógica y las ciencias sociales como la sociología.

Ya hemos establecido la relación de la técnica y el derecho, y establecido la visión del derecho como técnica, sin embargo, también han surgido otras denominaciones para esta ciencia social técnica, tales como disciplina o arte, indiscutiblemente, aunque en el contenido se le denomine indistintamente con estos vocablos, habrá que precisar a que se refieren estas dos acepciones y sus diferencias si las hay con relación al campo del derecho y la técnica.

1.1.3. ¿El derecho como arte?

La relación entre el derecho y el arte versa sobre la interpretación, es decir, el carácter subjetivo del interprete al extraer el conocimiento del dispositivo jurídico como objeto observado. Dicho carácter subjetivo se refiere también a la aplicación final del objeto jurídico.[82]

La actividad interpretativa es necesaria para "conocer" el derecho, porque la interpretación forma parte de su realidad; construimos el objeto cuando lo conocemos, es un acto valorativo influenciado por la concepción del mundo del interprete y finalmente, por sus sensibilidades.[83] Existen algunas visiones del

---

[80] *Cfr.* Belloso Nuria, Martin, "Entre la Ciencia y la técnica del Derecho ¿Hacia una Hermenéutica telemática?", en *Anales de la Cátedra Francisco Suarez*, Castilla, núm. 47, 2013, pp. 139-161.
[81] *Cfr. Ibídem,* p. 144.
[82] Al respecto, *véase* Pettruti, Carlos Enrique, "El arte del Derecho", en *Revista Derecho y Ciencias Sociales*, Córdoba, núm. 2, 2010, pp. 22-32.
[83] *Cfr. Ibídem,* p. 25.

derecho natural donde se quiere desapegar al derecho de la ciencia y darle un enfoque más flexible[84], como en los inicios del derecho romano, Publio Iuvencio Celso define al derecho como *"arte de lo equitativo y lo bueno"*[85] no solo como normas y reglas, sino que es una *praxis;* la visión del derecho como "hacer", como "arte", o, como "arte del derecho".[86]

De igual manera que pasa con el vocablo de la técnica, la palabra latina "ars" o "artis", procede del griego "techne".[87] Actualmente se diferencian la palabra técnica del arte, puesto que la primera se relaciona con la producción intelectual, y la segunda con lo estético, moral y emotivo.[88] Sin embargo, ha de mantenerse el concepto originario de la palabra, entendida como una virtud, como disposición y habilidad para el hacer, lo que rige tanto para la actividad estética, como la jurídica pues ambas implican una producción con una visión personal dentro del ámbito de la cultura.[89]

Con la idea de interpretación, se ligan símbolos, signos, gestos, ideas y realidades del mundo objetivo y subjetivo, dentro de una nueva versión producida por el intérprete, la interpretación está unida a la esencia del *logos*, la razón y la humanidad.[90] No puede haber conocimiento de un objeto sin una interpretación de este; según Martín Laclau, interpretar: *"no es otra cosa que tener contacto con una realidad cognoscible y sacar a la luz el sentido oculto de la misma".* [91] Precisamente los *"inter-pres"*, eran en la antigua Roma los augures de develar el futuro "desentrañando", extrayendo de la oscuridad, las vísceras de los animales.[92]

---

[84] Al respecto, *véase* Kirchmann, Julius, *La jurisprudencia no es ciencia*, Madrid, colección civitas, 1949, p. 45.

[85] Al respecto, *véase* Parra Marín, María Dolores, "Problemática en torno a las fuentes en el Derecho Romano clásico, referencia especial a Publio Iuvencio Celso-Hijo" en *Anales de Derecho*, Murcia, núm. 23, 2003, pp. 225-238.

[86] *Cfr.* Pettruti, Carlos Enrique, *op. cit.,* p. 26.

[87] Diccionario de la Lengua Española, Edición del Tricentenario, actualización 2018, consultado el 06-08-19 en línea: https://dle.rae.es/arte

[88] *Cfr.* Pettruti, Carlos Enrique, *op. cit.,* p. 26.

[89] Cfr. *Ibídem,* p. 27.

[90] *Cfr. Ibídem,* p. 28.

[91] Laclau, Martín, "El problema filosófico de la interpretación en la actualidad", en *Anuario de filosofía jurídica y social*, Buenos Aires, núm. 9, 1989, pp. 203-215.

[92] *Cfr.* Pettruti, Carlos Enrique, *op. cit.,* p. 25.

Como señala Díaz-Picazo la expresión latina *"inter-pres"* <<entre-partes>> procede de la griega *"meta-fraxtes",* más allá de las partes, para referirse a quien se coloca entre los individuos, a quien intermedia para hacer conocer a cada uno de ellos lo que el otro ha dicho o está diciendo.[93]Interprete es por ello la palabra para referirse a quien se sitúa entre dos personas que se comunican en lenguajes distintos.[94]

También se refiere a un intérprete como aquel que ejecuta una obra literaria <<actor>> o musical <<músico>>, entendiendo como tanto uno como el otro "median" entre la obra del compositor y el público u auditorio.

Siempre hay una etapa en el proceso de conocimiento en el cual se debe "traducir" una significación, para reconstruir el objeto en el plano perceptivo propio y así interiorizar el concepto abstracto <<como en una ecuación>>, explicar el fenómeno <<como en un proceso natural>> o comprender el objeto <<como en una obra artística>>. De la misma forma que en el ámbito jurídico, resulta inevitable que la actividad interpretativa para adecuar las normas a las situaciones concretas, en el ámbito artístico, resulta inevitable la influencia de la vivencia del interprete sobre la obra.

Jerome Frank en su artículo "Palabras y Música, Algunas observaciones sobre la interpretación de las leyes", menciona de forma ilustrativa el paralelismo que ubica entre la música y el derecho, según él, es la flexibilidad que se presenta en ambas situaciones al momento de interpretar, lo que hace que la naturaleza interpretativa del derecho sea más similar al arte que a la ciencia.[95]Pues la relación entre compositor e interprete, es parecida a la vinculación entre legislador y el juez; ya que el primero realiza la composición del dispositivo jurídico, y el segundo efectiviza el derecho a través de sus decisiones derivadas de la interpretación de la ley, también, de la misma forma que un producto artístico no existe hasta que es puesto a disposición o interpretado, como por ejemplo en la música, el derecho no

---

[93] *Cfr.* Díaz-Picazo, Luis, *Experiencias jurídicas y de derecho*, Barcelona, Ariel, 1983, p. 225.
[94] *Cfr.* Pettruti, Carlos Enrique, *op. cit.,* p. 26.
[95] *Cfr.* Jerome, Frank, "Palabras y Música, Algunas observaciones sobre la interpretación de las leyes" trad. Roberto Vernengo, en *Colombia law review*, núm. 47, 1947, pp. 30-51.

es vinculante hasta que una autoridad lo aplique o sancione para su entrada en vigencia.[96]

Por otro lado, la perspectiva estética del derecho planteada por Ronald Dworkin explica que las proposiciones jurídicas no son íntegramente descriptivas, sino que es necesario considerar la expresión de lo que su vocero quisiera lo que la ley fuese, por ello hay un alto grado de interpretación valorativa.[97]

Para Dworkin, desde la perspectiva estética la actividad del interprete consiste en revelar el significado, como en una obra de arte. En cierta forma, interpretando se está participando en la creación de una obra artística, agrega este autor que ninguna valoración estética puede ser "demostrada" como verdadera o falsa, pero sí que toda valoración del arte está vinculada con la intención del autor.[98]

En el momento de dictar sentencia, dice Dworkin, el juez forma parte de una cadena de función de normas y principios que subyacen decisiones adoptadas por los jueces en el pasado <<como pasa, por ejemplo, en el *common law*>> y como eslabón de esta compleja cadena, tiene la responsabilidad de hacer progresar la historia hacia el futuro.[99]

La interpretación artística es una empresa estética, la interpretación jurídica es una empresa política. Así estima Dworkin que la política, el arte y el derecho se unen en su filosofía[100], la influencia de la política será abordada más adelante a profundidad. Por ahora concluiremos que el derecho como arte, se aprecia en su objeto final con la relación a su interprete, por su parte, la técnica con las formas, herramientas y el proceso de creación de este objeto, así que, algunas veces se usan indistintamente, pero debemos tener en cuenta las anteriores precisiones.

Para concluir este apartado, señalaremos puntualmente las siguientes diferencias entre el derecho como ciencia, como técnica y como arte:

---

[96] *Cfr.* Pettruti, Carlos Enrique, *op. cit.,* p. 28.
[97] *Cfr.* Dworkin, Ronald, "Como el Derecho se parece a la literatura" en *Las Leyes y el Derecho, Harvard University Press,* Cambridge, 1987 pp. 143-166.
[98] *Cfr. Ibídem,* p. 149.
[99] *Cfr. Ibídem,* p. 151.
[100] *Cfr. Ibídem,* p. 143

I) El derecho como ciencia: conocimientos teóricos de los principios y posibilidades aplicables al caso del derecho, así como la metodología y comprobación mediante técnicas y bajo un régimen lógico racional;

II) El derecho como técnica: conjunto de principios, reglas y métodos que facilitan la creación y aseguran la realización de las normas jurídicas mediante el ejercicio racional y lógico;

III) El derecho como arte: es la forma y perspectiva de interpretar un objeto jurídico determinado, contribuyendo a este un carácter subjetivo a su aplicación o forma final.

1.1.4. Lo Político sobre lo jurídico y lo técnico

Para abordar el extenso y polémico tema de la política y su uso en las técnicas del derecho retomaremos algunos puntos importantes de la comparación entre el arte y derecho de Ronald Dworkin revisado anteriormente. La importancia del pensamiento sobre la filosofía del derecho de Dworkin radica en sus posturas sobre la aplicación del derecho de los jueces y las causas que generan dicha decisión, temas que, por su trascendencia son equiparables al trabajo del legislador o técnico del derecho en el sentido de producción de las leyes, ya que ellos no pueden evitar lo político tal y como lo entiende la teoría política.[101]

Dentro de la teoría política podemos encontrar defunciones aplicadas al tratamiento de los debates y conflictos, como por ejemplo las tratadas por Carl Schmitt, el comienza con las distinciones en el terreno de la moral, es decir, el bien y el mal, lo bello y lo feo, lo beneficioso y lo perjudicial[102], de lo anterior concluye, la distinción política, la cual *"es aquella a la que pueden reducirse todas las acciones y motivos políticos es el criterio de amigo/enemigo"*[103], dicha distinción, se refiere a la construcción de valores de forma negativa, es decir el enemigo, no es cualquier competidor o adversario: el enemigo es otro, un extraño que representa la negación del propio modo de existencia, y, en consecuencia, hay que rechazarlo o combatirlo

---

[101] *Cfr.* Dworkin, Ronald, *op. cit.,* p. 143.
[102] *Cfr.* Schmitt, Carl, *El concepto de lo político*, Madrid, Alianza Editorial, 1998, p. 56.
[103] *Cfr. Ibídem,* p. 63.

para mantener la propia forma de vida, de ahí procede la guerra y enemistad, ya que es la negación ontológica de un ser distinto.[104]

La visión política de Schmitt es la del conflicto reduccionista a la guerra, la de los enemigos irreconciliables y la de la imposición de la voluntad propia sobre al del otro, una lucha de autoconsciencias de dominación, no obstante, la política tiene muchas otras aristas, de hecho, la evolución del sentido y concepción de la política ha ido cambiando con la pacificación de las relaciones políticas y el uso de la diplomacia.[105]

Por otro lado, Robert Lechner, concibe la política de una forma constructiva, puesto que plantea que el objetivo de la política es la construcción del orden social, el cual se logra a partir de elaborar alternativas posibles tendientes a la transformación de las condiciones de vida actuales, con visiones de algún proyecto o idea utópica o una constitución ideal de las relaciones humanas, concepción política que va acompañada con la visión subjetiva.

Estas dos visiones opuestas de la política tienen su punto coincidente es que ambas son la forma de resguardar el orden existente y mejorarlo, lo cual, sin duda traerá conflictos entre los distintos individuos organizados, aun así, no tenemos resuelto el problema de definir a la política. Tendremos que definir el concepto de política que nos sea útil para relacionarlo con el derecho y la técnica.

El origen etimológico de la palabra "política" viene del latín *politicus* y este del griego *politikós* que significa comunidad organizada en la ciudad, que originalmente significaba plaza fortificada o muro, en la antigua Grecia la política se refiere a los asuntos de la *polis*, a los intereses compartidos y en la actualidad se tiene la noción de político como *"arte o traza con que se conduce un asunto o se emplean los medios para alcanzar un fin determinado"*.[106] Los romanos sustituyen

---

[104] *Cfr.* Schmitt, Carl, *op. cit.,* p. 65.

[105] *Cfr.* Jiménez, William Guillermo, "El concepto de política, y sus implicaciones en la ética pública: a partir de Carl Schmitt y Norbert Lechner" en *Revista del CLAD Reforma y Democracia*, Venezuela, núm. 53, junio, 2012, pp. 215-238.

[106] Diccionario de la Lengua Española, Edición del Tricentenario, actualización 2018, consultado el 06-08-19 en línea: https://dle.rae.es/pol%C3%ADtico

el término política por el de *Res pública*, señalando el carácter público del ámbito propio de la política: política es la cosa pública<<los asuntos del pueblo>>, la cual trasciende los intereses particulares de los ciudadanos.[107]

Al final de la Edad Media, y con la aparición del Estado moderno, se construyen las categorías antinómicas de Estado <<representando todo lo público>> y sociedad <<uniendo todo lo privado>>.[108] A partir de ese momento, la política empieza a asociarse con la noción de poder ejercido sobre individuos y sociedad: la política como un tipo de conocimiento técnico-científico para adquirir y mantener el poder político mediante el gobierno de territorios y personas; entonces la concepción sobre la política cambia de significado, abandonando paulatinamente la anterior idea.[109]

Jürgen Habermas presenta estas concepciones de la siguiente manera:

I)   La concepción clásica de la política: desde Aristóteles hasta Tomás de Aquino. Aquí, la política es continuidad de la ética, pues hay una necesaria relación entre la *polis* y la formación de ciudadano virtuoso y la vida buena, y

II) La concepción moderna de la política: se refiere a la *praxis*, no a la *techné*; finalmente, la política está en el campo de la *episteme* o saber riguroso propio de la ciencia. La concepción moderna empieza con Maquiavelo y se sofistica con Hobbes en adelante. En primer lugar, la política abandona su conexión con la ética; en segundo lugar, la política se orienta como saber técnico para la correcta organización del Estado y su gobierno; en tercer lugar, la política se entiende como la posibilidad de construir un campo de conocimientos ciertos o infalibles sobre la esencia de las leyes y las convenciones sociales.[110]

---

[107] *Cfr.* Jiménez, William Guillermo, *op. cit.,* p. 210.
[108] *Cfr. Ibídem,* p. 211.
[109] *Cfr. Ídem.*
[110] *Cfr.* Habermas, Jürgen, "La doctrina clásica de la política y su relación con la filosofía social", en Habermas Jürgen, *Teoría y praxis,* Barcelona, Ediciones Atlaya, 1994, pp.50-67.

Posteriormente los orígenes de las visiones políticas de Schmitt se pueden remontar a Maquiavelo, donde se prescinde de la organización de la sociedad y dirige su atención, exclusivamente, a la técnica del mantenimiento y conquista del poder. *El estado de guerra general y, en principio, insuperable, se considera de aquí en adelante como el presupuesto fundamental de la política.*[111] El Estado es Estado al máximo en el estado de lucha. La política es el arte, susceptible de ser investigado y aprendido, de una estrategia, permanentemente ejercida tanto en el interior como en el exterior, para la imposición del propio poder.[112]

Esta forma de comprender la política, como técnica encaminada al perfeccionamiento del ejercicio del poder, ha sido asimilada y reproducida por la mayor parte de la intelectualidad moderna, así como por la propia Ciencia Política; por ello, detrás de las diferentes teorías sobre el poder, lo que subyace es una discusión sobre la política. Un concepto integral de la política podría ser del siguiente tenor: la política es una aspiración humana de trascendencia que se concreta en una serie de actividades tendientes a asignar y decidir fines y objetivos colectivos, mediante una confrontación o disputa de propuestas.[113]

Norberto Bobbio, en sus estudios sobre las relaciones entre poder y derecho, entre legitimidad y legalidad, no considera la discusión sobre la política vinculada a la ética, y, en cambio, concentra su atención en el estudio de aquel tipo de poder que ha logrado legitimarse y concretarse en un precepto jurídico; se plantea el problema para el hombre moderno de obedecer a otro hombre, pues cada uno se encuentra con igual título para ejercer el poder y el gobierno, ya que el hombre es racional e igual en naturaleza.[114]

Guglielmo Ferrero, por su parte, afirma que el vínculo entre el poder y el derecho, cuando aquel formula sus *"principios de legitimidad"*, los cuales tienen la función de convertir una relación de mera fuerza en una relación de derecho.

---

[111] *Cfr.* Jiménez, William Guillermo, *op. cit.,* p. 217.
[112] *Cfr. Ibídem,* p. 218.
[113] *Cfr.* Jiménez, William Guillermo, *op. cit.,* p. 220.
[114] *Cfr.* Bobbio, Norberto, *Origen y fundamentos del poder político,* México, Grijalbo, 1985, pp. 22-23.

Ferrero, presenta la legitimidad del poder como la única garantía de persistencia, duración y continuidad de una dominación por muchos años, e igualmente la concibe como una forma de obediencia basada en la aceptación o consentimiento social de los gobernados respecto de los gobernantes; la liga de manera tal que la legitimidad se construye sobre la idea de prescripción secular de la memoria histórica; es decir, con el respaldo del paso del tiempo.[115]

Ferrero formula las cuestiones más importantes de los fundamentos y origen de la legitimidad, su genealogía, cuestiones ligadas sobre la naturaleza humana: ¿Por qué unos hombres mandan y otros tienen el deber de obedecer? ¿Por qué se obedece? ¿Qué significa la soberanía del pueblo? entre todas las desigualdades humanas, ninguna tiene tanta necesidad de justificarse ante la razón como la desigualdad establecida por el poder.[116] Por lo anterior, el derecho permite que una situación de hecho o de dominio se convierta en una situación de derecho: "*Solo la justificación, cualquiera que ésta sea, hace del poder de mandar un derecho y de la obediencia un deber, es decir, transforma una relación de mera fuerza en una relación jurídica*".[117]

Podemos comprender la política únicamente como actividad para el ejercicio del poder político, aunque esta concepción es negativa, debido a que reduce lo político al campo de la imposición y el domino de unos sobre otros; por ello, muchas veces se identifica la política con el uso técnico del poder. Esta es una aproximación propia de las ciencias sociales interesadas en la construcción de un conocimiento más analítico, descriptivo y sistemático, antes que en un saber prescriptivo o normativo.[118] El rescate de la visión ética de la política conlleva una revalorización de esta, la pone en un punto más alto dentro del esquema axiológico humano, pues

---

[115] *Cfr.* Ferro Martínez, Hernán, "Los principios de la legitimidad política (Ferrero y los genios invisibles de la ciudad)" en *Revista Diálogos de Saberes*, Colombia, julio-diciembre, 2009, pp. 201-211.
[116] *Cfr.* Ferrero, Guglielmo, *Los genios invisibles de la ciudad*, trad. Eloy García, España, Tecnos, 1998, p. 357.
[117] *Cfr.* Bobbio, Norberto, *op. cit.*, p. 29.
[118] *Cfr.* Jiménez, William Guillermo, *op. cit.*, p. 220.

la política deja de ser un simple medio para ejercer el poder político y pasa a transformarse en un fin en sí mismo: la política como realización humana.[119]

El Senado de la República es un órgano eminentemente político, toda vez que se encarga de la determinación de política nacional y selección de instrumentos para alcanzarla, es decir, legisla y decide sobre acciones puntuales que deben desarrollarse; condicionando la acción del gobierno para determinados fines y estableciendo obligaciones por cumplir,[120] como, por ejemplo analizar la política exterior desarrollada por el Ejecutivo; ratificar nombramientos de funcionarios titulares de diversos órganos del gobierno; autorizar la salida de tropas nacionales fuera de los limites del país; resolver cuestiones políticas que surjan entre los poderes de una entidad federativa; erigirse en jurado de sentencia para conocer en juicio político; autorizar los convenios amistosos que celebren sobre sus respectivos limites las entidades federativas; entre otras funciones políticas.[121] En este sentido la política juega un papel predominante sobre lo jurídico y lo técnico en el senado, puesto que las situaciones que trata el órgano parlamentario impactan en muchos intereses e incluso contrarios; no solo reformas trascendentes, sino de los nombramientos de funcionarios clave en la vida pública de México, entonces, si bien es cierto, que se debe aplicar técnica y fundamentar las decisiones bajo el estricto principio de legalidad, también lo es que la actividad política desgastan las practicas parlamentarias, las modifican y las flexibilizan.[122]

En este orden de ideas, es muy ilustrativa la Teoría General de Sistemas de Niklas Luhmann, esta nos ayudara a entender las relaciones entre los aspectos políticos y jurídicos de la sociedad. Según Niklas Luhmann los sistemas sociales funcionan a través de comunicaciones entre sus agentes, así se distinguen, el

---

[119] *Cfr.* Grim, Dieter, *op. cit.,* p.32.

[120] Al respecto, *véase* Pedroza de la Llave, Susana Thalía, *El Congreso de la Unión: integración y regulación*, Universidad Nacional Autónoma de México, México, 1997, pp. 239-241.

[121] Constitución Política de los Estados Unidos Mexicanos, publicada en el *Diario Oficial de la Federación* el 5 de febrero de 1917, ultima reforma publicada el 20 de diciembre de 2019, articulo 76.

[122] Al respecto, *véase* Berizonce, Roberto Omar, "El principio de legalidad formal bajo el prisma de la Constitución "normatizada" en *Revista del Instituto Colombiano de Derecho Procesal*, núm. 40, junio de 2015, pp. 1-20.

sistema social económico, el sistema social jurídico y el sistema social político,[123] teniendo las siguientes características:

I) **Sistema social económico:** se compone del mercado, los procesos económicos, las fuerzas de producción, y las clases sociales, su comunicación se da a través de producción-gasto, dependiendo de las necesidades de este gasto y producción se toman las decisiones políticas;

II) **Sistema social jurídico:** se compone del poder judicial, los abogados, los operadores del derecho, jueces, autoridades jurisdiccionales y las normas positivas que rigen el ordenamiento jurídico, su comunicación es binaria y dicotómica, bajo el esquema de legal-ilegal, valido-invalido, legitimo-ilegitimo, permitido-no permitido, etc., su función es legitimar las decisiones políticas.

III) **Sistema social político:** este se compone de todos los actores con toma de decisión en la sociedad, de un cumulo de intereses e influencias, puede estar concentrado o desconcentrado, esto depende de muchos otros factores, su comunicación se proyecta a través de las decisiones que se toman que también son influenciadas por los otros sistemas.[124]

Si existe una subordinación total o parcial sobre un sistema u otro, depende del ambiente, el contexto histórico, el grado de concentración política , entre otros aspectos, al ser un tema complejo, no afirmaremos la subordinación de un sistema a otro totalmente, lo cierto es que los sistemas se entrelazan influyendo sus actuaciones entre las comunicaciones de uno y otro, a este enlace Luhmann llama "acoplamiento estructural", es importante recalcar, que entre mayores actores políticos es mayor el grado de complejidad para la toma de decisiones y entre más altos sean los intereses, el sistema político toma mas importancia que el jurídico, así como puede pasare de forma viceversa entre los tres sistemas.[125]

---

[123] *Cfr.* Urteaga, Eguzki, "La teoría de sistemas de Niklas Luhmann", en *Revista Internacional de Filosofía*, Málaga, vol. XV, 2010, pp. 301-317.
[124] *Cfr Ídem.*
[125] *Cfr. Ibídem*, p. 312.

Un fenómeno que toma significado bajo la visión de la Teoría General de Sistemas Sociales es el del carácter político de los órganos legislativos, ya que muchas veces, se "sacrifica" el orden jurídico por la política, o bien, toma mayor importancia esta última, sin mencionar que la política se enfrenta a situaciones que no están reguladas, dando pie a jurisprudencia o legislación para rellenar dichas lagunas de actuación. El carácter flexible y cambiante del aspecto político del órgano legislativo es una de las razones por las que necesita criterios unificados de procedimientos que rijan su actuar.

Una disciplina que estudia estas relaciones y fenómenos, reconciliando la política y el derecho, es la *Política Jurídica*, a primera vista podría afirmarse que este termino es un oxímoron, sin embargo, se trata del estudio de los juicios de valor sobre el derecho que deben emitirse en un ámbito conceptual distinto al del derecho, pero que se estudian como consecuencias del derecho mismo[126] Como en el caso del positivismo, la política jurídica separa el derecho de las cargas axiológicas, pero no lo ve como un derecho puramente científico, sino que acepta los factores políticos alrededor de él, es un término medio entre el naturalismo, sociología jurídica y el positivismo jurídico.[127]

La política jurídica, pone en manifiesto la confianza en la norma positiva promulgada y por ende en el poder soberano detrás de esta, pero afirma la posibilidad de que la norma positivada no atienda en todos los casos exactamente a la solución que se apegue a justicia, y para buscar ese factor flexible que llegue a ser más justo conforme al caso, se auxilia de los factores políticos y de negociación. Así que esta teoría política-jurídica tiene un gran impacto en los sistemas donde las decisiones judiciales tienen una importancia en el sistema de justicia, tales como en el *common law,* lo anterior es aplicable a los órganos legislativos por ser centros de negociación política y al estar en un régimen legal-constitucional.[128]

---

[126] *Cfr.* Marcia López, Rafael, "Sobre Política Jurídica" en *Revista Telemática de Filosofía del Derecho*, México, núm. 9, 2005/2006, pp. 267-277.
[127] *Cfr. Ibídem.* p. 271.
[128] *Cfr. Ibídem.* pp. 275-276.

Finalmente, entendemos que la política tiene una primacía sobre el rigor jurídico en el actuar de las autoridades legislativas, y que por ello no va contra el principio de legalidad, puesto que esto es reconocido incluso a otras autoridades, como en el caso de las autoridades administrativas y la discrecionalidad. Es inevitable que, en ciertas funciones, el órgano legislativo tenga que ingeniar las acciones a seguir para cumplir sus fines, el debate parlamentario, el cabildeo, las relaciones con otros poderes, la actuación de diversos actores políticos, la descentralización de las decisiones legislativas, así como las transiciones políticas abonan a que el actuar político tenga relevancia sobre lo jurídico y técnico en la actuación de los órganos legislativos.[129]

Pero a mayor flexibilización, y para evitar excesos, se necesitan mayores herramientas que doten de rigor y bases mínimas o criterios de actuación al quehacer legislativo, por ello el uso del derecho constitucional, derecho parlamentario y de la técnica legislativa es imprescindible, la técnica del derecho aplicada al actuar de los órganos parlamentarios en sus diversas funciones.

1.2. La técnica legislativa como herramienta del derecho

1.2.1. Concepto de técnica legislativa

Para llegar a un consenso sobre el concepto de "técnica legislativa" dividiremos nuestro objeto de estudio en sus dos conceptos: técnica y legislativa. Como ya se mencionó anteriormente, la palabra técnica deriva del sustantivo latino *technicus:* "*técnico especialista"* del griego *tekhnikos* de "*arte o destreza".* Según la acepción primera del Diccionario Real de la Lengua Española, la técnica es un adjetivo que significa "perteneciente o relativo a las aplicaciones de las ciencias y las artes".

El origen del término de técnica legislativa aparece por primera vez en una serie de estudios sobre la codificación del código civil francés, acuñado en el título de la obra "*La Technique Légilsative dans la Codification Civile Moderne"* por el

---

[129] *Cfr.* Marcia López, Rafael, *op. cit.,* p. 277.

jurista Francois Gény.[130] Desde su aparición, la técnica legislativa en sentido estricto se refería a la composición y redacción <<*drafting*>> de leyes y disposiciones jurídicas

Por otra parte, la palabra legislativa es un adjetivo que alude a un conocimiento especializado referente a las aplicaciones y aspectos prácticos que son necesarios en la redacción, composición y elaboración de las leyes.

El autor Eliseo Muro Ruiz define que la técnica legislativa se concibe como: *"el conjunto de factores para la estructuración de proyectos de ley y el uso del lenguaje apropiado en la ley"*,[131] y, según este mismo autor, la norma posee un signo político, ideología e intereses, y uno técnico, la claridad de su redacción, lenguaje, estructura lógica, la inserción armónica dentro del sistema legal;[132] no se puede distinguir el derecho de la política y de la filosofía para su instrumentalización.

El objeto de la técnica legislativa está comprendido en dos partes: la general y la especial. En la primera, su contenido está formado por:

I) Los temas referentes a la estructuración, composición y sistemática de las leyes y disposiciones jurídicas en general, y

II) Los temas relativos al lenguaje legal <<*legal writting*>> que se consideran tienen una relativa autonomía y especificidad.

En la segunda, que es la parte especial, se consideran los criterios que deben observarse para elaborar los diversos tipos de disposiciones legales, entre los que se pueden mencionar las leyes procesales; las económicas, así como las que tienen por objeto introducir reformas a normas ya existentes.[133]

Por su parte Manuel Atienza matiza una división de la técnica legislativa y distingue cinco modelos, ideas o niveles de racionalidad para la elaboración legislativa:

---

[130] Gény, Francois, "La Technique Législative dans la Codification Civile Moderne", en *Le Code Civil 1804-1904*, Francia, Livre du Centenaire, 1904.
[131] Muro Ruiz, Eliseo, *op. cit.*, p.15.
[132] *Cfr.* Muro Ruiz, Eliseo, *op. cit.* p.16.
[133] Berlín Valenzuela, Francisco, *et. al., Diccionario Universal de Términos Parlamentarios*, 2a. ed., México, Cámara de Diputados LVI Legislatura, 1998, p.720.

I)   **La racionalidad comunicativa o lingüística:** se refiere a la capacidad de transmitir con fluidez un mensaje al receptor, en este caso el legislador debe ser capaz de transmitir la ley al gobernado;

II) **La racionalidad jurídico-formal:** se trata de la forma lógica en que la nueva ley ha de insertarse armoniosa y sistemáticamente al ordenamiento jurídico;

III) **La racionalidad pragmática:** puesto que la conducta de los gobernados debe adaptarse a la norma, esta debe ser lo bastante realista, adecuada, plausible y apropiada;

IV) **La racionalidad teleológica:** pues debe existir un equilibrio entre los fines sociales perseguidos y los métodos o formas para alcanzarlos, y

V)   **La racionalidad ética:** las normas para buscar la integralidad deben ser susceptibles de reflejar los valores y justificaciones éticas dentro del contexto histórico y político de cada sociedad.[134]

En el anterior sentido, la ciencia jurídica y técnica legislativa sistematizan el material didáctico con implicaciones en el trabajo legislativo, con el objeto de optimizar los valores y fines de las normas, a través de las decisiones políticas expresadas en las leyes; las cuestiones técnico-jurídicas con un enfoque de sensatez legislativa, tendientes a incrementar la certeza del derecho para el ciudadano y para los encargados de aplicarlo, con el objetivo de fomentar el Estado de derecho.

La técnica legislativa, al ser un instrumento primordial para la creación de normas, se nutre de ciencias auxiliares para su correcta aplicación, como lo son: la sociología, el análisis económico del derecho, la ciencia política y cuestiones de historiografía. Sin embargo, la mayor parte de las leyes bien escritas y estructuradas deben partir de la racionalidad teleológica y la lógica jurídica.

---

[134] Al respecto, *véase* Atienza, Manuel, "Razón práctica y legislación" en *Revista Mexicana de Estudios Parlamentarios*, México, primera época, vol. I, núm. 3, septiembre-diciembre 1991, pp. 9-31.

Por último, para distinguir, existe una técnica legislativa interna y una técnica legislativa externa.[135] La primera, comprende todos los instrumentos de elaboración, integración formal, estructura interna y el desarrollo material de la ley; la segunda, comprende el contexto del cual se legitima la ley, la estructura, organización, funcionamiento del Poder Legislativo y los procedimientos legislativos durante todo el proceso legislativo.

También hay otros conceptos que son afines al concepto de técnica legislativa, uno de ellos es la lógica parlamentaria. La lógica parlamentaria puede definirse como *"una serie de reflexiones útiles no sólo en las artes oratorias del sistema parlamentario, sino en las practicas diarias políticas de cada persona"*[136], estas reflexiones son un método para defender bien toda clase de causas, sin dársele un ardite de la excelencia o de perversidad de lo defendido o atacado por la oratoria.[137] Tras esta definición de la lógica parlamentaria, suele definirse como una lógica política, ya que las cámaras del parlamento se conducen de una forma particular a la hora de tomar decisiones, así, nos damos cuenta que estas son tomadas por personas con intereses específicos, percatándonos de la necesidad de dotar de lógica sus acciones, que son impulsadas por intereses muy definidos.[138]

Por otro lado, Hamilton define a la técnica legislativa como un conjunto de principios jurídicos, postulados constitucionales, conocimientos de la legislación vigente, experiencias parlamentarias, debe sumar los usos, costumbres, practicas y precedentes del derecho reglamentario que las asambleas han acordado a lo largo de su historia como poder legislativo. Así la técnica legislativa es un concepto omnicomprensivo, que toma conocimientos propios de la lógica y la lingüística, esto anterior no impide que la ley obedezca más a cuestiones políticas que a cuestiones de forma y lingüísticas.[139]

---

[135] *Cfr.* Grosso Marina, Beatriz, *et. al., Técnica Legislativa: Marco Teórico*, Corte Interamericana de Derechos Humanos, 2006, p.4.
[136] Hamilton, William Gerard, *Lógica Parlamentaria*, Senado de la República, México, 2007, p. 10.
[137] *Cfr. Ibídem,* p. 14.
[138] *Cfr. Ibídem,* p. 16.
[139] *Cfr. Ibídem,* p. 17.

Entonces también la técnica legislativa se concibe como la observancia de los principios básicos del sistema constitucional, que funda la validez del orden jurídico dentro del cual se integran las normas, tiene primordial naturaleza jurídica porque muchos de sus principios y reglas se contemplan en preceptos o artículos de diversa jerarquía legal. Todo lo anterior, deberá ser explicado y resuelto desde diferentes campos del conocimiento jurídico, político, económico, administrativo, parlamentario, de derecho internacional público y privado, ya que, por necesidad lógica, debe ser objeto de técnica legislativa. Lo cual deberá ceñirse a los procedimientos escritos y orales que den certeza y seguridad jurídica, ya que esto constituye una garantía para los gobernados. De ahí que sea necesario que la ley reúna todos los aspectos técnicos que se requiere para su elaboración.[140]

1.2.2. La técnica legislativa y el Derecho Parlamentario

Para ubicar la técnica legislativa en la ciencia del derecho, debemos definir que el derecho parlamentario, como tal, es una rama del derecho constitucional, este último lo define Elisur Arteaga como: *"la rama del derecho que analiza la estructura, el funcionamiento, las facultades y las atribuciones de los entes, poderes y órganos, centrales y federales, previstos en la constitución política"*[141]. En este sentido, el derecho constitucional estudia la organización política del estado mexicano. Lo relativo a la nacionalidad, ciudadanía, extranjería, instituciones y procesos electorales y otros temas, como el respectivo a los Poderes de la Unión, teniendo en cuenta que el Poder Legislativo es el pilar de la regulación parlamentaria en México, el derecho constitucional por medio del derecho parlamentario se encarga también del funcionamiento del Poder Legislativo.[142]

El Legislativo ocupa un lugar importante porque la vida constitucional sería inconcebible sin parlamento. Basta con recordar que las luchas entre legislativo y ejecutivo protagonizaron los primeros momentos de la historia de la Constitución durante el siglo XVII inglés.[143] En *lato sensu* podemos responder que son órganos

---

[140] *Cfr.* Hamilton, William Gerard, *op. cit.,* p. 19.
[141] Nava Arteaga, Elisur, *Derecho Constitucional*, 3a. ed., México, Oxford, 2011, p. 2.
[142] *Cfr. Ibídem.* p. 1.
[143] *Cfr.* Menaut Pereira, Antonio Carlos, *Lecciones de Teoría Constitucional*, México, Porrúa, 2005, p. 125.

colegiados, que representan a los ciudadanos, titulares del poder legislativo, que participan en la dinámica constitucional por medio de la legislación, la deliberación y el control ejecutivo.[144]

Francisco Berlín Valenzuela, señala que el derecho parlamentario, en sentido estricto, puede ser definido como el *"conjunto de normas con que son regidas las actividades internas de las asambleas legislativas de los estados, en lo referente a su organización, funcionamiento, facultades, deberes, privilegios para sus miembros y relaciones entre otros grupos políticos que lo integran."*[145] Este concepto, corresponde con el Parlamento en el que las tareas legislativas son las más importantes.

Por su parte, Silvano Tosi, señala que el derecho parlamentario en sentido restringido es el estudio del conjunto de relaciones político-jurídicas que se desarrollan al interior de las asambleas y, más precisamente, como aquella parte del derecho constitucional que se refiere a la organización interna y al funcionamiento del parlamento.[146]

Finalmente, Fernando Santaolalla, menciona que el derecho parlamentario es el conjunto de normas que regulan la organización y funcionamiento de las cámaras parlamentarias, entendidas como órganos que asumen la representación popular en un Estado constitucional y democrático de derecho y el ejercicio de sus funciones supremas.[147]

Las definiciones del derecho parlamentario planteadas comparten algunos elementos en común, con lo cual podemos afirmar, que el derecho parlamentario rige al interior de los parlamentos y en las materias que comprende; así como la organización y funcionamiento del parlamento, así como sus actos de autoridad

---

[144] *Cfr.* Menaut Pereira, Antonio Carlos, *op. cit.,* p. 125
[145] Berlín Valenzuela, Francisco, *Derecho Parlamentario*, México, Fondo de Cultura Económica, 2000, p. 33.
[146] *Cfr.* Tosi, Silvano, *Derecho Parlamentario Argentino*, Buenos Aires, Ediciones Ciudad Argentina, 1997, p. 19.
[147] *Cfr.* Santaolalla, Fernando, *Derecho Parlamentario Español*, Madrid, Espasa Calpe, 1990, p. 30.

especiales, denominados actos parlamentarios, tanto legislativos como no legislativos.[148]

Cabe señalar brevemente algunas precisiones en relación con los actos parlamentarios, pues justamente de estos se desprende el uso de la técnica legislativa. Los actos parlamentarios son todos aquellos actos de autoridad emanados por el Congreso General o cualquiera de sus cámaras en ejercicio de sus atribuciones como autoridad constitucional, es decir investido con los poderes de diputado, senador o titularidad de un órgano parlamentario.[149]

Pueden distinguirse los actos parlamentarios legislativos y los actos parlamentarios no legislativos. Los actos parlamentarios legislativos o de producción de normas, son aquellos en los que la declaración de voluntad del agente se dirige a imponer una conducta o supuesto hipotético caracterizado por el carácter general de su cumplimiento, generalidad que se refiere no tanto a sus destinatarios, cuanto a la abstracción del supuesto que hace su cumplimiento se prolongue indefinidamente cuantas veces se produzca el supuesto hipotético descrito por la norma. Este tipo de regulación o norma puede realizarse hacia el exterior o concretarse en el ámbito estricto del Congreso. En el primer caso estaremos ante los actos parlamentarios legislativos, que responden a la función de creación legislativa; si, por el contrario, emite normas que regulan su propio actuar interno, estaremos ante actos parlamentarios legislativos internos.[150]

Por otro lado, los actos parlamentarios no legislativos son aquellos que realizan diversas acciones llevadas a cabo exclusivamente por el Congreso y sus cámaras, pero que no constituye la creación de normas, pueden clasificarse dentro de los actos administrativos, sin embargo, el órgano parlamentario puede emitir dichos actos de forma colegiada, como los nombramientos, ratificaciones, acuerdos, y punto de acuerdo; así como los hay individuales emitidos por diputados y

---

[148] *Cfr.* Cervantes Gómez, Juan Carlos, *op. cit.,* p. 11.
[149] *Cfr.* Jauregui Serrano Pérez, Nicolás, "Hacia una teoría de los Actos Parlamentarios", en *Revista de Derecho Político*, núm. 9, primavera 1981, pp. 67-85.
[150] *Cfr.* García Martínez, María Asunción, *Serie IV Monografías núm. 10: El procedimiento legislativo*, Madrid, Congreso de los Diputados, 1987, p. 90.

senadores; como por ejemplo los votos particulares, reservas de ley; de igual manera hay actos mixtos entre los individuales y colegiados, como los emitidos por comisiones y grupos parlamentarios.[151]Más adelante en el presente estudio se ahondara en la naturaleza de los actos parlamentarios, por ahora, afirmamos que para el diseño, redacción, tramite, elaboración y aplicación correcta, valida y eficaz de todo acto parlamentario, ya sea legislativo y no legislativo, se utilizara la técnica legislativa como herramienta principal.

Es por ello, que la técnica legislativa es la técnica especifica del derecho parlamentario para la elaboración de los actos que emanan del parlamento, como técnica del derecho, deviene del derecho constitucional y de este al derecho parlamentario aplicado.

Para esquematizar y resumir la ubicación de la técnica legislativa con los temas teóricos tratados en el presente capitulo, se muestra un esquema donde puede sintetizarse y observarse de forma gráfica los elementos antes mencionados:

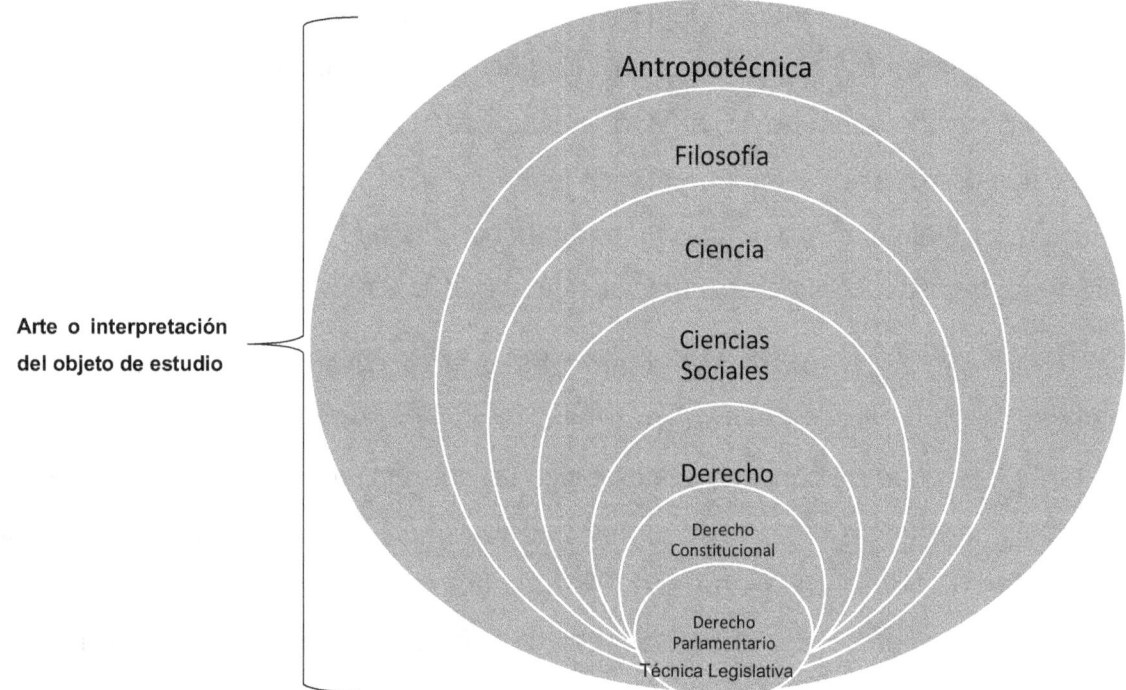

Esquema 2. Ubicación del Derecho, ciencia, filosofía y técnica legislativa. Elaboración propia.

---

[151] *Cfr.* García Martínez, María Asunción, *op. cit.,* p. 91.

1.2.3. ¿Técnica legislativa o técnica normativa?

En la doctrina no existe una clara diferencia entre la técnica legislativa y la técnica normativa; sin embargo, las distinciones derivan de los vocablos de "norma" y "legislativa", teniendo en cuenta que la palabra norma suele usarse en dos sentidos: uno amplio, *Latu sensu*, y otro estricto, *Stricto sensu*.

El sentido amplio es aplicado a toda regla de comportamiento humano, sea obligatoria o no obligatoria, y se clasifica en dos grandes grupos: normas técnicas y normas éticas.[152] Estas últimas, comprenden a las morales, la costumbre, el trato social, las jurídicas, la religión; las normas técnicas son las reglas que sirven a la persona para la realización material de un objeto, no son de carácter obligatorio sino potestativo.

El sentido estricto corresponde a que impone deberes o confiere derechos. Es decir, entonces, que las normas no son estrictamente jurídicas, siendo esta distinción importante.

Como ya se dijo, la palabra legislativa hace referencia a la función legislativa de un Estado. Teniendo en cuenta lo anterior, también a su vez la distinción de los dos conceptos; el de técnica legislativa y técnica normativa muchas veces se usa de forma unívoca, y también depende de la región o sistema normativo; es así que, por ejemplo, en el sistema jurídico español se reconoce como técnica normativa: todas las herramientas para producir todo tipo de las directrices que abarcan toda la actividad de los órganos colegiados del gobierno Ejecutivo; propuestas de acuerdo; proyectos de real decreto; de real decreto legislativo; de real decreto ley y anteproyectos de ley, sin merma alguna, obviamente, de las potestades de las Cortes Generales, y, además, en todo lo que sea posible, a las disposiciones y actos administrativos de los órganos de la Administración General del Estado que se publiquen en el diario oficial del Estado.[153] Podemos afirmar que es la misma función

---

[152] *Cfr*. Reyes Mendoza, Libia, *Introducción al estudio del derecho*, 1a. ed., México, Red Tercer Milenio, 2012, p.13.
[153] *Cfr*. Ministerio de la Presidencia, Gobierno de España, *Directrices de Técnica normativa*, 2a. ed., España, Ministerio de España, 2006, p.9.

que en el caso mexicano se conoce como legislativa, cuando es utilizada por el Poder Legislativo.[154]

Otro elemento que contribuye a la confusión de los términos de legislación y normatividad es en lo referente a los conceptos de norma y ley con relación a la perspectiva, esto es si se observan estos conceptos desde un punto de vista divergente entre ciencias sociales y ciencias naturales, o bien desde un punto de vista formal de la filosofía del derecho.

Desde el punto de vista de divergencia entre ciencias sociales y ciencias naturales, la ley es vista como la explicación comprobable y certera de un fenómeno o proceso natural, y la norma la producida por el orden social imperante, no puede ser comprobable fuera del contexto donde fue creada, ya que el orden social es dinámico. Por otro lado, desde el punto de vista formal de la filosofía del derecho, la ley es el derecho positivo, coercitivo y obligatorio, creado por la sociedad mediante su soberanía, y la norma, por su parte, suele identificarse como la norma social, sin fuerza coercitiva, que implica un convencionalismo social, pero no es

La técnica legislativa tiene que ser una herramienta de prevención contra conflictos normativos, a diferencia de la técnica jurisprudencial, que es una herramienta de solución de conflictos normativos. Los conflictos normativos se plantean a partir de la duda sobre si existe la posibilidad de que en un orden jurídico sean simultáneamente aplicables a un mismo caso dos o más normas, y que entre estas pueda producirse una contradicción, en virtud de lo cual solamente una de ellas puede ser aplicada; en un sistema jurídico también aparecen colisión entre normas, antinomia, contradicción, vulneración, infracción, etcétera.[155]

Entonces, concluimos que toda técnica legislativa es una técnica normativa puesto que se trata del diseño de normas, en específico jurídicas; pero, no obstante, no toda técnica normativa es técnica legislativa, esta puede ser utilizada en todo

---

[154] *Cfr.* Ubertone, Fermín, "La calidad del texto normativo", en *La calidad de la función Legislativa (Un aporte para el debate)*, Córdoba, Congreso Argentino de Administración Pública, Sociedad Gobierno y Administración Pública, 2003.

[155] Al respecto, *véase* Huerta Ochoa, Carla, *Conflictos Normativos*, 2a. ed., México, Instituto de Investigaciones Jurídicas, 2017, p. 120.

tipo de normas y no solo a las producidas por la función legislativa del Estado. Por ejemplo, en el diseño de Normas Mexicanas y Normas Oficiales Mexicanas, las cuales no tienen un procedimiento legislativo como las Leyes Nacionales, Generales, Reformas de Ley, Reformas Constitucionales e iniciativas de Ley, pero que, sin embargo, deben cuidar su contenido y calidad, puesto que será una norma jurídica con carácter positivo.[156]

---

[156] García Máynez, Eduardo, *Introducción al estudio del derecho*, 53ª ed., México, Porrúa, 2002, pp. 79-90.

CAPÍTULO 2. La técnica legislativa en México

2.1. La problemática de la producción legislativa en México

La producción legislativa en México siempre ha sido difusa,[157] esto debido al sistema político mexicano, clasificado como Sistema Presidencialista. Los congresos y órganos legislativos no determinan de forma total la producción legislativa, sino que ejercen un control del desempeño legislativo y presupuestal del Poder Ejecutivo.[158]

Desde la constitución de 1917, la estructura del sistema presidencial puro no tuvo matices de control parlamentarios reales, sino solo formales, toda vez que de ninguna forma el Poder Ejecutivo queda subordinado al Poder Legislativo.[159]No obstante, durante todo el desarrollo de la historia política de México se ha oscilado entre el Presidencialismo y el Parlamentarismo, bajo la óptica de que en un sistema Parlamentario se ha visto mayor expresión política y descentralización de la toma de decisiones.[160] Que los Congresos, Federal y locales, en los últimos años estén ejerciendo facultades de producción legislativa que van más allá del control, demuestra que de facto la forma de gobierno en México está transitando a un régimen semi-presidencialista, en donde la facultad de producción de normas está dividida entre los Poderes Legislativo y Ejecutivo.[161] Hasta 1997, el Congreso Federal y los locales no ejercían cabalmente las facultades asignadas en los artículos del 73 al 76 constitucional, debido, como es sabido, a un partido hegemónico que funcionaba como correa de transmisión del poder presidencial.[162]

Desde 1997, los legisladores han comenzado de manera gradual a ejercer sus facultades de elaborar leyes, y también las de incidir en el presupuesto y en la Ley de Ingresos de la Federación, ámbitos esenciales para el gobierno de una nación. El incremento del protagonismo político de los congresos aun no se ha

---

[157] *Cfr.* Nava Arteaga. Elisur, *Derecho Constitucional, op. cit.,* p. 151.

[158] *Cfr.* Ehrman, Roberto, "Perspectivas sobre la investigación legislativa en México", en *Pluralidad y consenso,* núm. 20, agosto, 2012, pp. 35-41.

[159] *Cfr.* Ramírez Tena, Felipe, *Derecho Constitucional Mexicano,* México, Porrúa, 1972, pp. 249 y 257.

[160] *Cfr.* Carpizo, Jorge, *El presidencialismo Mexicano,* 1a. ed., México, Siglo veintiuno, 1978, p.32.

[161] *Cfr.* Ehrman, Roberto, *op. cit.,* p. 36.

[162] *Cfr. Ídem.*

traducido en una mayor profesionalización de los trabajos legislativos, en efecto, el funcionamiento y la estructura institucional del parlamento padecen de muchos problemas, debido a que fueron concebidos plenamente en un sistema presidencialista, fungiendo como órganos políticos, un instrumento del régimen en el poder.[163]

Entre los problemas destacados, se encuentra la aparente desvinculación de los trabajos académicos de los órganos parlamentarios, puesto que, estos últimos tienen su propia lógica y funcionamiento, propios, las razones de este distanciamiento se deben específicamente a que:

I) No existe un servicio civil de carrera en los órganos parlamentarios, que favorezca la permanencia y profesionalización de los funcionarios de apoyo a las labores legislativas, lo cual favorece la precariedad y la politización de los órganos técnicos del parlamento;

II) La selección de los cargos dentro de los órganos parlamentarios suele tener una dimensión política, que a su vez va emparejada con los intereses del Ejecutivo;

III) Los legisladores no recurren a los profesionales calificados de forma oficial por cuestiones de protagonismo político, la contratación de profesionales muchas veces cumple la calidad formal, pero tiene metodologías diversas, difusas, no unificadas y desapego a la realidad jurídica, política y social, problema que se resolvería si fuera el legislador en sí, quien desempeñe el trabajo técnico legislativo;

IV) Respecto de los tiempos requeridos para el desarrollo de los proyectos e investigaciones de ley, muchas veces son muy cortos, puesto que, se solicitan datos y cifras en un tiempo muy ajustado, no coincidiendo los tiempos requeridos para una investigación con los del calendario legislativo, por tener que cumplir, una investigación seria, los criterios de calidad de la norma, sin embargo, tal situación no parece ser del interés del Poder Legislativo, y

---

[163] *Cfr.* Ehrman, Roberto, *op. cit.,* p. 37.

V) El proceso de descentralización de la producción legislativa no ha sido uniforme ni total, lo que crea una conflagración de fuerzas políticas que con su pluralidad ya no dejan el diseño de leyes al Ejecutivo, creándose un caos en cuanto a criterios de las normas, puesto que rompe la tradición de legislación en México.[164]

Lo anterior produce como resultado que el desarrollo de las investigaciones sea insuficiente, desde el punto de vista técnico, para cubrir las necesidades reales de la agenda legislativa.

La problemática de la producción legislativa, requiere de mucha tecnificación y profesionalización, una base sólida de donde se pueda asentar el debate político plural, se requiere dar mayor autonomía a los institutos de investigación y órganos técnicos de los congresos, implementar el servicio civil de carrera, la obligación de los legisladores novatos y sin experiencia a tomar cursos de técnica legislativa, para que se valorice y se entienda el trabajo de los legisladores, reformar los reglamentos para integrar a estos los criterios técnicos de forma obligatoria. En resumen, se debe garantizar el desempeño de la producción legislativa en México.

Desde la LVII Legislatura, y tomando en cuenta solo el Congreso General, se ha visto un incremento de manera exponencial la producción legislativa, como ejemplo se muestra la siguiente tabla, que cuenta con los datos de las iniciativas presentadas, aprobadas y su porcentaje, así como los legisladores respectivos:

Legislatura	Ejecutivo			Congresos Locales			Legisladores		
	Presentadas	Aprobadas	%	Presentadas	Aprobadas	%	Presentadas	Aprobadas	%
LVII	56	50	89	35	7	20	667	144	22
LVIII	86	72	84	98	19	20	1459	351	24
LIX	77	60	77	129	24	18	2733	599	22
LX	71	56	78	109	16	15	4133	456	11
LXI	53	41	77	93	7	7.5	4893	591	12

Tabla 1. Datos de incremento de producción legislativa. Datos obtenidos en la pagina de Sistema de Información Legislativa (SIL), disponible en línea en: http://sil.gobernacion.gob.mx/portal

---

[164] *Cfr.* Ehrman, Roberto, *op. cit.,* pp. 37-39.

Los datos mencionados, muestran el enorme crecimiento de la producción legislativa, lo que supone la enorme presión que tiene el poder legislativo, y en especial los encargados del apoyo legislativo, lo cual se traduce en ingobernabilidad. Por ello la solución es unificar los criterios de técnica legislativa. El análisis del estado del arte de la legislación es lo que Atienza denomina *"análisis del tipo interno de legislación"*,[165] y como señala: la creación legislativa como *"un proceso de interacción entre distintos elementos y puede examinarse entre diferentes perspectivas de racionalidad".*[166] Atienza señala el enfoque del nuevo institucionalismo, este es útil para captar las complejas y múltiples relaciones de los espacios públicos y privados de la creación de instituciones formales o reglas jurídicas, que restringen y definen en cierta medida el modelo de desarrollo económico y político.

Las instituciones han sido definidas como *"las reglas del juego en una sociedad, es decir las limitaciones ideadas por el hombre que dan forma a la interacción humana. Por consiguiente, estructuran incentivos en el intercambio humano, sea político, social o económico".*[167]Son a estas instituciones formales a las cuales estaremos haciendo referencia, son consideradas como tales, por que se expresan en normas jurídicas, creadas por órganos competentes. Se tratan de construcciones sociales en las que se establecen limitaciones y las condiciones en que algunos individuos se les prohíbe, faculta o permite realizar ciertas conductas.

Como se observa la relevancia de estas instituciones consiste en que son el medio para determinar que pueden hacer las organizaciones, el Estado y los individuos. La manera en que se conducirán las relaciones la distribución de las autoridades, la participación de los ciudadanos, la repartición de los recursos y la asignación de derechos de propiedad, depende de quien tiene capacidad para formularlas y para diseñar las organizaciones facultadas de aplicarlas y a su vez, garantizar los valores implícitos a las mismas, no es suficiente, concretarse, por un

---

[165] Atienza, Manuel, "Contribuciones para una teoría de la legislación", en *Doxa*, España, núm. 6, 1989, pp. 385-403.
[166] *Ídem.*
[167] Reyes Rodríguez, Mondragón, "El proceso de producción legislativa. Un procedimiento de diseño constitucional" en *Isonomía,* México, núm. 13, octubre, 2000, pp. 191-204.

lado, a razones de técnica legislativa, o bien, hacerlo sobre razones de técnica-política, sino que el proceso de diseño y producción legislativa esta influido por el modelo del sistema jurídico existente y las características del sistema político es fundamental para entender al ordenamiento legislativo.[168]

El proceso de producción de leyes, como objeto de estudio, se ha definido como una serie de interacciones que tienen lugar entre los autores de normas, los destinatarios o las personas a las que la ley está dirigida, el sistema jurídico o el conjunto normativo del que forma parte la nueva ley: *"los fines, objetivos o metas que se persiguen con la elaboración de las leyes y valores que justifican dichos fines".[169]* Estas interacciones llevan a posiciones tanto de carácter político como estrictamente legislativo, por lo que es importante tener en mente los dos tipos de problemas en la actividad legislativa, los políticos y los técnico-legislativos.

Los primeros, como destacan Alchourrón y Bulygin, están vinculados con cuestiones de carácter valorativo sobre decisiones de política en general, que expresan la persecución de ciertos fines, valores y la formación de incentivos para inducir a estrategias concretas de intercambio político y económico. Loa segundos, de carácter legislativo, están asociados con usos lingüísticos, es decir a cuestiones de técnica en general.[170]

A partir de estas consideraciones sobre la producción normativa e incorporando las reglas sobre la organización y funcionamiento de los órganos legislativos, así como los costos implícitos al conjunto normativo y los incentivos y estrategias que de este se desprende, es factible interpretar y orientar el estudio de la creación de leyes como un proceso de diseño institucional que vincula dos aspectos ya mencionados, el político y lo jurídico.[171] Por lo que hace a los actores que participan de dicho proceso, la calidad de los emisores y los receptores de la ley viene dada por normas jurídicas y arreglos políticos, los cuales vienen a ser

---

[168] *Cfr.* Reyes Rodríguez, Mondragón, *op. cit.,* 195.
[169] *Cfr.* Atienza, Manuel, *op. cit.,* p. 19.
[170] Al respecto, *véase* Alchourrón y Bulygin, Introducción a la Metodología de las Ciencias Sociales y Jurídicas, Buenos Aires, Astrea, 1993.
[171] *Cfr.* Reyes Rodríguez, Mondragón, *op. cit.,* 194.

substanciados en un cumulo de intereses defendidos por sus respectivas competencias y facultades, por tanto participan tanto en la esfera política como en la jurídica.[172]

Por otra parte, los actores responsables del diseño del sistema jurídico y los gobernados actúan bajo incentivos y estrategias, persiguiendo fines concretos, Su conducta esta restringida por el marco normativo en vigor, que es un bien público sobre el que pueden llevarse a cabo procesos de intercambio. Por tanto, en aras de maximizar la influencia sobre la creación de normas, los gobernados demandaran ciertas instituciones, con las cuales esperan obtener beneficios y reducir costos de transacción y quienes crean las leyes proveerán de aquellos arreglos institucionales que permitan mantener el orden público dentro del cauce acordado para el desarrollo económico, político y social. Los poderes del Estado trataran de alcanzar sus objetivos a los costos mas bajos posibles, pero también buscaran maximizar su estabilidad y poder público, toda esta lucha de intereses bajo la óptica del régimen presidencial mexicano.[173]

Lo anterior mencionado, puede esquematizarse en el siguiente cuadro, donde se muestran los incentivos, instituciones formales e informales de la creación legislativa:

Procesos de producción legislativa	
Aspectos políticos	Aspectos jurídicos
• Técnicos legislativos o autores de normas • Gobernados a los que se dirige la ley	
• Incentivos y estrategias de intercambio o cabildeo legislativos • Fines, objetivos o metas que se persigue con la elaboración de las leyes • Valores que justifican dichos fines	• Conjunto de normas jurídicas que regulan la estructura, funcionamiento y operación de los legitimados jurídicamente para legislar • Sistema jurídico del que forman parte las instituciones formales, y la técnica legislativa

---

[172] *Cfr.* Reyes Rodríguez, Mondragón, *op. cit.,* 195.
[173] *Ídem.*

Variables desde las cuales puede estudiarse cada uno de los elementos que intervienen en el proceso legislativo	
Instituciones formales e informales sobre:	• Régimen de gobierno y sistema político • Proceso formal legislativo y la existencia o no de directrices legislativas • Composición del Congreso General o Parlamento, así como sus facultades y organización • Prácticas de negociación entre actores involucrados
Actores y sus preferencias	• Los legitimados para iniciar y/o aprobar normas • Esquemas de división de poderes y relación entre Legislativo, Ejecutivo y Judicial • Participación de los tres órdenes de gobierno • Actores privados con influencia en la agenda legislativa • Destinatarios de las normas jurídicas

Cuadro 1. Procesos de producción legislativa. Modificado y tomado de Reyes Rodríguez, Mondragón, "El proceso de producción legislativa. Un procedimiento de diseño constitucional" en *Isonomía,* México, núm. 13, octubre, 2000, pp. 191-204.

Para entender la problemática de la producción de normas, tenemos que comprender el papel de los actores y de las instituciones en el proceso de creación de norma en México a través de su historia, hasta la actualidad, es por ello que en el desarrollo del presente capitulo se analizara el desarrollo de este tema, probando la hipotesis del problema de la crisis técnica actual de la creación de normas en México.

En este orden de ideas, realizaremos el análisis respectivo bajo los siguientes indicadores, esto parra determinar el nivel de descentralización de la normatividad y sus consecuencias en la gobernabilidad y la consistencia en el sistema jurídico. Los indicadores y su contenido son los siguientes:

Indicador	Contenido
Diversidad de Actores/ Concentración del Ejecutivo	Este indicador nos servirá para diferenciar y enumerar los actores que influyen en la creación de normas, en este sentido, tendrán un sentido dicotómico, entre los actores que están bajo el poder político o influencia del ejecutivo, los que forman oposición, o bien ausencia de estos y concentración del Poder Ejecutivo en la creación de normas.
Nivel de completitud, coherencia y consistencia	Este indicador estará dirigido a las normas, se analizará el nivel de completitud, es decir que, en la medida de lo posible, cada caso concreto este normado; la coherencia es la armonía entre los valores, principios, reglas y procedimientos de la unidad del sistema jurídico, y la consistencia la cual es la ausencia de antinomias jurídicas y si es el caso, que el sistema jurídico contemple reglas de clausura para darles resolución.
Problemas de lenguaje y nivel técnico de las normas	Se refiere a la calidad de la sintaxis, ortografía, redacción, uso de símbolos y síntesis de las normas, así como el adecuado uso de los tipos de normas y sus caracteres técnicos
Autonomía y Derechos Humanos	Este indicador mostrara el equilibrio entre los Poderes de la Unión, órganos autónomos constitucionales, así como la observancia de los compromisos internacionales en materia de derechos humanos.

Estos indicadores son a los que someteremos varias normas en su contexto histórico, para observar la evolución de la producción de normas, y el estado actual del sistema normativo mexicano. No obstante, previamente debemos enumerar a los actores que inciden en el procedimiento legislativo en México.

2.2. Actores legislativos en México

2.2.1. Órganos legislativos mexicanos

En el sistema jurídico mexicano existe un poder legislativo genérico y abstracto, que no ha sido atribuido en su totalidad a un solo poder ni podrá serlo, ese poder general comprende todas las manifestaciones de autoridad con fuerza de observancia obligatoria, tales como las leyes, decretos, acuerdos, bandos, reglamentos y demás actos generales de autoridad.[174] En este contexto el poder legislativo genérico tiene diversas manifestaciones, estas son las reformas constitucionales, leyes, decretos, ordinarios, reglamentos, entre otras. Para evitar una excesiva concentración del poder, y alcanzar un efectivo y adecuado ejercicio de la función legislativa, ese poder ha sido fraccionado y confiado a diferentes órganos legislativos.[175]

Así, la función de reformar la constitución ha sido confiada a una combinación de órganos:

I) El Congreso de la Unión, con el voto de las dos terceras partes;

II) Las Legislaturas de los Estados, con aprobación de la mayoría, y

III) La Asamblea Legislativa de la Ciudad de México, con aprobación de la mayoría.[176]

La función de normar se ha dividido en tres:

I) La asignada al Congreso de la Unión;[177]

II) La asignada a las legislaturas de los estados y la Asamblea Legislativa de la Ciudad de México, y[178]

III) La reservada al Ejecutivo cuando se declare la suspensión de garantías.[179]

Así, el sistema mexicano, eminentemente presidencial y con gran carga al Poder Ejecutivo, en sus tres órdenes de gobierno, los titulares de los poderes

---

[174] *Cfr.* Nava Arteaga, Elusir, *op. cit.,* p. 151.
[175] *Cfr. Ídem.*
[176] Constitución Política de los Estados Unidos Mexicanos, *op. cit.,* artículo 135.
[177] *Ibídem*, artículo 73.
[178] *Ibídem,* artículo 71.
[179] *Ibídem,* artículo 29.

ejecutivos locales pueden emitir reglamentos, acuerdos, bandos y ordenes de observancia general.[180]

En este contexto, el Poder legislativo en México cumple las funciones de legislar, es decir, cuando da leyes y decretos, sin embargo, también cumple funciones ejecutivas, cuando ejerce su papel como órgano de acusación en términos del artículo 110 constitucional y cuando hace nombramientos a funcionarios conforme a las normas. Si bien mencionábamos anteriormente que el Congreso delega ciertas facultades legislativas al Ejecutivo, como por ejemplo la suscripción a tratados internacionales o en el caso de la suspensión de garantías, no le delega las funciones jurisdiccionales y de nombramientos antes señaladas, esto se debe a la flexibilidad de la separación de poderes, los cuales deben entenderse como la imposibilidad de reunir todo el poder en un órgano, mas no, que se deleguen ciertas funciones entre ellos.[181]

La constitución ordena la función legislativa de forma colegiada, de esta forma el congreso se compone de una cámara de diputados y la cámara de senadores, cada una de ellas con un gran número de integrantes, ya que se prohíbe que se deposite en un solo individuo el poder legislativo. Las funciones legislativas se enriquecen y perfeccionan por la diversidad de opiniones.[182]

El quorum, el cual puede definirse como el mínimo de integrantes de un cuerpo colegiado necesario para que asistan a una sesión y considerar las decisiones ahí tomadas como validas, es un requisito a fin de proteger las decisiones colegiadas de la concentración del poder, en este sentido debe entenderse el artículo 63 de la Constitución, que fija el quorum de las dos cámaras que integran el Congreso de la Unión.[183] En fin, ninguna ley o acuerdo puede dispensarse sin la observancia del principio de que la actividad legislativa es colegiada, solo la constitución puede excusar dicho requisito, solo teniendo estas formas en casos de extrema urgencia o gravedad, el principio es una protección a

---

[180] *Cfr.* Nava Arteaga, Elusir, *op. cit.,* p. 151.
[181] *Cfr. Ibídem,* p. 152.
[182] *Cfr. Ídem.*
[183] *Cfr. Ídem.*

favor de los individuos. Como ejemplo de las excepciones al quorum, en virtud del artículo 63 constitucional, las cámaras pueden sesionar de manera valida sin contar con el quorum requerido, esto es excepcional y en esta modalidad solo se les permite lo expresamente conferido en la ley.[184]

Con el propósito de que el Congreso de la Unión esté en posibilidad de desempeñar sus funciones en forma cabal, la constitución le ha otorgado un campo de acción e independencia, que en algunas materias se llega a la autonomía como en lo referente a su propia gestión y funcionamiento,[185]la independencia es aplicable, en lo que atañe tanto a la integración y al funcionamiento interno del congreso, como a la misma integración y funcionamiento de cada una de las cámaras que lo forman. Esto tiene que ver con lo relativo a la duración, suplencia, exclusión, cese, definitivo o temporal de sus integrantes; formulación y ejercicio de su presupuesto, independencia financiera; con lo relativo a sus comisiones, ordinarias o especiales, personal, usos y practicas parlamentarios, es decir, independencia administrativa.[186]

Por otro lado, las asambleas legislativas son parte esencial de los estados democráticos ya sean parlamentos, congresos o cortes. A medida de que el poder deliberativo se desconcentro, se cedió paso del Estado Absoluto al Estado de Derecho, a su vez también del pensamiento legislativo se está dando el paso al pensamiento constitucionalista, esto conlleva la división de poderes, esta facultad da origen justamente, a un organismo formado por representantes del pueblo, justamente este es el Poder Legislativo, no obstante, no significa que el Poder Ejecutivo haya sido excluido del ejercicio del acto legislativo, ya que es parte de sus facultades administrativas.[187]

En el ámbito legislativo participan actores legislativos y actores privados, los primeros son aquellos reconocidos en la constitución en su artículo 70, los segundos son los integrantes de los factores reales de poder, los cabilderos, las

---

[184] *Cfr.* Nava Arteaga, Elusir, *op. cit.,* p. 153.
[185] Constitución Política de los Estados Unidos, *op. cit.,* articulo 70.
[186] *Cfr.* Nava Arteaga, Elusir, *op. cit.,* p. 154.
[187] *Cfr. Ídem.*

organizaciones no gubernamentales, la sociedad civil organizada y los gobernados cuando toman estas formas organizadas.

En este sentido, continuaremos a explicar dichos actores.

2.2.1.1. El Congreso de la Unión

El Congreso General denominado por la constitución Congreso de la Unión, es el titular del poder legislativo a nivel federal; este está dividido por dos cámaras, la Cámara de Diputados y el Senado de la Republica. Una legislatura del Congreso de la Unión dura 3 años, tal como lo establece el artículo segundo de la Ley Orgánica del Congreso General de los Estados Unidos Mexicanos,[188] de esta forma el año legislativo se computa el primero de septiembre al 31 de agosto del siguiente. Es común que, en los modelos bicamerales, los miembros de la cámara alta duran mas tiempo que los miembros de la cámara baja; tal es el caso de nuestro país que los senadores duran 6 años.

Cada año legislativo consta de dos periodos ordinarios de sesiones, por el cual una legislatura se compone por seis periodos ordinarios, de la misma forma, la Comisión Permanente hace que por sí mismo el trabajo legislativo se gestione durante dicho tiempo.

La importancia del Congreso de la Unión se debe a sus facultades, las cuales se enlistan a continuación:

I) **Sobre división territorial:** admitir nuevos Estados a la Unión Federal, formar nuevos Estados dentro de los límites de los existentes, para cambiar la residencia de los Supremos Poderes de la Federación;

II) **Sobre materia hacendaria:** para imponer las contribuciones necesarias a cubrir el presupuesto, para dar bases las cuales el Ejecutivo pueda contraer empréstitos, establecer las casas de moneda y determinar el valor relativo de la moneda extranjera;

---

[188] Ley Orgánica del Congreso General del Congreso de la Unión, publicada en el *Diario Oficial de la Federación* el 3 de septiembre de 1999, ultima reforma publicada el 8 de mayo de 2019.

III) **Sobre comercio estatal:** para impedir que del comercio de Estado a Estado se impongan contradicciones;

IV) **Sobre Guerra:** para declarar la guerra, para dictar leyes según las cuales deban declararse buenas o malas las presas de mar y tierra y expedir leyes relativas al derecho marítimo de paz y guerra, para levantar y sostener a las instituciones armadas de la Unión, a saber: Ejercito, Marina de Guerra y Fuerza Aérea Nacionales, y para reglamentar su organización y servicio;

V) **Sobre el Ejecutivo:** para conceder licencia al Presidente de la Republica y para constituirse en Colegio Electoral y designar al ciudadano que deba sustituir al Presidente de la Republica, y para aceptar la renuncia del cargo de Presidente de la Republica;

VI) **Facultades expresamente reservadas:** para legislar en toda la República sobre hidrocarburos, minería, sustancias químicas, explosivos, pirotecnia, industria cinematográfica, comercio, juegos con apuestas y sorteos, intermediación y servicios financieros, energía eléctrica y nuclear y para expedir las leyes del trabajo, establecer tipos penales y sus sanciones en las materias de secuestro, desaparición forzada de personas, tortura, penas crueles, inhumanos o degradantes, así como electoral, delincuencia organizada, mecanismos alternativos de solución de controversias en materia penal, de ejecución de penas y de justicia penal para adolescentes, para expedir leyes que, con respeto a los derechos humanos, establezcan las bases de coordinación entre la Federación, las entidades federativas y los Municipios; organicen la Guardia Nacional y las demás instituciones de seguridad pública en materia federal, de conformidad con lo establecido en el artículo 21 de esta Constitución; así como la Ley Nacional sobre el Uso de la Fuerza, y la Ley Nacional del Registro de Detenciones, establecer el Sistema para la Carrera de las Maestras y los Maestros, para expedir leyes en materia de contabilidad gubernamental que regirán la contabilidad pública y la presentación homogénea de información financiera, de ingresos y egresos, así como patrimonial, para la Federación, los Estados y la Ciudad de México, para legislar sobre las características y uso de la Bandera, Escudo e Himno Nacionales, para expedir leyes sobre planeación nacional del desarrollo económico y social, así como en materia de información estadística y geográfica de interés nacional, para expedir la ley que instituya el Tribunal Federal de Justicia Administrativa, para legislar en materia de cultura física y deporte, para expedir leyes en materia de constitución, organización, funcionamiento y extinción de las sociedades cooperativas, para expedir leyes que establezcan las bases sobre las cuales la Federación, las entidades federativas, los Municipios y, en su caso, las demarcaciones territoriales de la Ciudad de México, en materia de cultura, para legislar en materia de protección de datos personales en posesión de particulares, Expedir leyes que establezcan la concurrencia de la Federación, las entidades federativas, los Municipios y, en su caso, las demarcaciones territoriales de la Ciudad de México, en el ámbito de sus respectivas competencias, en materia de derechos de niñas, niños y adolescentes, y para legislar sobre iniciativa ciudadana y consultas populares, y

VII) **Sobre la Federación:** para crear y suprimir empleos públicos de la Federación y señalar, aumentar o disminuir sus dotaciones, para conceder amnistías por delitos cuyo conocimiento pertenezca a los tribunales de la Federación, para expedir las leyes que regulen la organización y facultades de la Auditoría Superior de la Federación.[189]

Como ya hemos mencionado antes, el Congreso de la Unión se integra por dos cámaras, revisaremos brevemente las funciones y puntos importantes de ambas como actores legislativos.

La Cámara de Diputados según lo dispone el artículo 51 constitucional, se compondrá de representantes de la Nación, esto con relación al artículo 39 de la constitución que consagra la soberanía originaria del pueblo. La Cámara de Diputados se integra por 300 diputados electos según el principio de votación mayoritaria relativa, conforme a los sistemas de distritos electorales uninominales,

---

[189] Constitución Política de los Estados Unidos Mexicanos, *op. cit.,* artículo 73.

y 200 diputados se eligen según el principio de representación proporcional, mediante el sistema de las listas regionales, votadas en circunscripciones plurinominales.[190] Estos dos sistemas de representación tiene su importancia por el reflejo político que conllevan, en este sentido, el autor Dieter Nohlen señala las diferencias de ambos sistemas de la siguiente manera:[191]

Sistemas de Representación		
Regla de representación	Fórmula decisoria	Objetivo de la representación
Representación por mayoría	Gana la mayoría	Formación de mayorías
Representación proporcional	El porcentaje decide	Reflejar el electorado

Al emanar directamente de los partidos políticos y con la modalidad de candidatos independientes, los diputados son tradicionalmente emanados de la ciudadanía organizada y son los titulares de la democracia representativa, puesto que al nombre de la ciudadanía son los que legislan y llegan acuerdos para someterse a las normas jurídicas aprobadas.[192]

En este orden de ideas, se debe hacer énfasis que la Cámara de Diputados tiene la misma jerarquía política y jurídica que el Senado de la Republica, ya que ambas cámaras tienen la facultad de iniciar el procedimiento legislativo y fungir como cámara de origen, exceptuando las facultades exclusivas.

Las facultades exclusivas de la Cámara de Diputados son las siguientes:

I) Expedir el Bando Solemne para dar a conocer en toda la República la declaración de Presidente electo que hubiere hecho el Tribunal Electoral del Poder Judicial de la Federación;

II) Coordinar y evaluar, sin perjuicio de su autonomía técnica y de gestión el desempeño de la Auditoria Superior de la Federación;

---

[190] Constitución Política de los Estados Unidos Mexicanos, *op. cit.,* artículos 51, 52 y 53.
[191] Nohlen, Dieter, *Sistemas Electorales y Partidos Políticos*, México, Fondo de Cultura Económica, México, 1998, p. 99.
[192] *Cfr.* Camacho Vargas, José Luis, *El Congreso Mexicano*, 5a. ed., México, Cámara de Diputados, 2015, p. 169.

III) Ratificar el nombramiento que el Presidente de la Republica haga del Secretario en el ramo en materia de Hacienda, salvo que se opte por un gobierno de coalición;

IV) Aprobar anualmente e Presupuesto de Egresos de la Federación;

V) Declarar si hay o no a lugar a proceder penalmente contra servidores públicos que hubieren incurrido en delito en los términos de juicio político;

VI) Revisar la cuenta pública del año anterior, para evaluar financieramente los criterios señalados por el presupuesto;

VII) Aprobar el Plan Nacional de Desarrollo, y

VIII) Designar a los titulares de los Órganos Internos de Control, por el voto de las dos terceras partes de sus miembros presentes.[193]

Tras observar sus facultades queda vista la importancia de la Cámara de Diputados la cual versa principalmente en cuestiones económicas de la nación. También su importancia como órgano que nombra a funcionarios importantes como el Secretario de Hacienda y a los titulares de los Órganos Internos de Control.[194]

Por su parte, el Senado de la República es el órgano legislativo que cumple las funciones clásicas del federalismo republicano, ya que esta compuesta por senadores que representan en el Congreso Federal los intereses del Estado Federado, así como la función de servir de contrapeso a la Cámara de Diputados.

En efecto, la Cámara de Senadores permite que los Estados que forman parte del Estado Federal participen en las decisiones que el Gobierno Federal, garantizando los derechos entre una entidad a otra. El Senado mexicano se instituye bajo el "equilibrio de poderes" y el "federalismo".

La Cámara de Senadores se integra por 128 senadores de los cuales 64 son elegidos según el principio de mayoría relativa; y 32 asignados a la primera minoría y 32 más elegidos según el principio de representación proporcional, mediante el sistema de listas votadas en una sola circunscripción plurinominal nacional. De lo anterior se deduce que la mitad de los senadores son elegidos por el principio de

---

[193] Constitución Política de los Estados Unidos Mexicanos, *op. cit.,* articulo 74.
[194] *Cfr*. Camacho Vargas, José Luis*, op. cit.,* p. 169.

mayoría relativa a través del sufragio universal, y la otra mitad por medio de la representación proporcional y primera minoría.

Por mayoría relativa se eligen dos senadores por cada entidad federativa, esta fórmula la registra el partido que los elige y en caso de ganar por mayoría simple por medio del sufragio, los senadores quedan electos, los votos emitidos por los ciudadanos de los estados.

Los senadores de primera minoría son asignados a la primera fórmula del partido político que por sí mismo haya ocupado el segundo lugar en número de votos válidos en la entidad federativa correspondiente. En otras palaras, los puestos de senadores lograran la fórmula de candidatos que hayan obtenido el segundo mayor número de votos. Por ello, estamos hablando de que son 32 senadores electos por este principio, uno por cada Estado, conservando la paridad entre ellos.

De manera que se abre la posibilidad a la pluralidad política, es decir, se permite que un partido político que no es mayoritario en una entidad tenga derecho a estar representado en el Senado de la Republica.

Los senadores de representación proporcional o plurinominales son electos puesto que la senaduría proporcional es la atribuida a cada partido político mediante el sistema de listas votadas en una sola circunscripción plurinominal nacional.

Las facultades exclusivas del Senado de la Republica, conforme al artículo 76 de la Constitución, son las siguientes:

I) **Sobre política exterior:** analizar la política exterior desarrollada por el Ejecutivo además de aprobar los tratados internacionales y convenciones diplomáticas que el Ejecutivo suscriba, así como su decisión de terminar, denunciar, suspender, modificar, enmendar, retirar reservas y formular declaraciones interpretativas sobre los mismos; así como autorizar al Ejecutivo para permitir la salida de tropas extranjeras por territorio nacional, así como la estación de fuerzas extranjeras por más de un mes en aguas mexicanas;

II) **Sobre nombramientos y ratificaciones:** ratificar los nombramientos que el Ejecutivo haga de los Secretarios de Estado, en caso de optar por un gobierno de coalición, excepto de los titulares de la ramas de Defensa Nacional y Marina, del Secretario responsable del control interno del Ejecutivo Federal; del Secretario de Relaciones Exteriores, de embajadores y cónsules generales, de los empleados superiores del ramo de Relaciones Exteriores; de los integrantes de los órganos colegiados de la regulación en materia de Telecomunicaciones, energía, competencia económica, coroneles y demás jefes superiores del Ejército, Armada, y Fuerza Aérea Nacionales. Designar a los ministros de la Suprema Corte de Justicia, entre la terna que someta a su consideración el Ejecutivo; así como otorgar o negar su aprobación a las solicitudes de licencia o renuncia de estos. Nombrar a los comisionados del Instituto Nacional de Transparencia, Acceso a la Información y Protección de Datos Personales. Integrar la lista de candidatos a Fiscal General de la República, nombrar a dicho servidor público y formular objeción a la remoción que el mismo haga del Ejecutivo Federal;

III) **Sobre control político:** analizar y aprobar el informe anual que el Estado Federal le presente sobre las actividades de la Guardia Nacional. Resolver las cuestiones políticas que surjan entre los poderes de una entidad federativa, cuando alguno de ellos acude con ese fin al Senado, o con motivo de dichas cuestiones se haya interrumpido el orden constitucional, mediando un conflicto de armas, dictando resolución;

IV) **Sobre la Federación:** declarar cuando hayan desaparecido todos los poderes constitucionales de una entidad federativa y nombrar un titular del poder ejecutivo provisional, quien convocara elecciones. Autorizar mediante decreto aprobado por el voto de las dos terceras partes de los individuos presentes, los convenios amistosos que sabe sus respectivos limites celebren las entidades federativas.[195]

---

[195] Constitución Política de los Estados Unidos Mexicanos, *op. cit.,* articulo 76.

La pluralidad del Congreso y sus cámaras las representan los grupos o facciones parlamentarios, las cuales son las formas de organización que podrán adoptar los legisladores con igual afiliación de partido, para realizar tareas específicas en los órganos legislativos y coadyuvar el mejor desarrollo del proceso legislativo. Los grupos parlamentarios son las instancias que al interior de un cuerpo legislativo agrupan a sus miembros de acuerdo con su ideario político e ideológico; es decir, de acuerdo con el proyecto político que establece el partido.[196]

Estos grupos parlamentarios se utilizan para unificar criterios comunes entre los legisladores y contribuyen a realizar la agenda política partidista, la cual debe estar acorde en las demandas populares que representan. Puede haber un grupo parlamentario por partido político representado en cada cámara y el mínimo para formarse es de cinco legisladores, y pueden existir legisladores sin grupo parlamentario.[197]

Como se puede ver, el Congreso general tiene facultades cruciales para el desarrollo de la nación, facultades que, si bien son clave para el funcionamiento del ordenamiento jurídico, se ven complicadas debido a dos razones:

I) **La influencia del Poder Ejecutivo:** derivado del sistema político del presidencialismo, la Federación vía facultad de legislar del Ejecutivo impone la normatividad por normas generales, obstruyendo la pluralidad de legislar en ciertas materias, con ello imponen desde instituciones a nivel Federal hasta los funcionarios, cuyos nombramientos dependen muchas veces de la terna del Ejecutivo, a s vez también tiene el Ejecutivo un control político por medio del partido en mayoría si coincide con el suyo o bien a través del control económico del presupuesto,[198] y

II) **La lucha política como consecuencia del pluralismo:** esto es una consecuencia lógica de la democracia, cuando existe más ideas

---

[196] *Cfr.* Camacho Vargas, José Luis*, op. cit.,* p. 257.
[197] *Cfr. Ídem.*
[198] Al respecto, véase Rangel Cortes, Víctor, "Las leyes y su sentido autocrático" en *El mundo del Abogado*, México, núm. 185, septiembre, 2014, pp. 36-52.

plurales y grupos políticos en el Congreso sin determinar una mayoría predominante o una oposición efectiva, puede tener como consecuencias ingobernabilidad o bien un producto legislativo final con defectos técnicos y sustantivos que no respondan a la realidad jurídica y no solucionen los problemas.[199]

Estas complicaciones suelen tener variantes del papel del Congreso, son variantes extremas de dos circunstancias, la primera tiende a que el Poder Ejecutivo concentre el poder político y el Congreso no sirva más que para legitimar las decisiones; y la segunda forma ni el Poder Ejecutivo tendrá injerencia para tomar decisiones necesarias, ambas situaciones se han visto en mayor o menor medida a través del desarrollo democrático de México.

Bajo esta perspectiva, las legislaturas locales también sufren de estos dos aspectos, que, bajo mayor desconcentración del Poder Federal debido a su condición de emanar de una constitución local, así las legislaturas locales fungen como actor autónomo de la producción legislativa, teniendo la representación de una entidad federativa representa propios intereses como Estado y con sus propios poderes, actores privados y pluralismos.

2.2.1.2. Las Legislaturas locales

En su régimen interior las entidades federativas tienen su propia constitución, poderes y actores legislativos. Las Legislaturas o Congresos Locales son los titulares del poder legislativo local de cada entidad federativa, y su funcionamiento suele ser similar al Federal, pues por primacía constitucional no pueden ir en contra de los mandatos de la Constitución Federal, tienen algunas variantes en cuanto a los periodos legislativos y procedimientos.[200] Como actores legislativos relevantes se encuentran en una dinámica política de hacer frente a la Federación respecto de su autonomía y soberanía, puesto que desde su formación como país independiente

---

[199] *Cfr.* Mata Magaña, Jaime Izmael *et. al.,* "Los acuerdos y prácticas parlamentarias como instrumento de fortalecimiento del Poder Legislativo" en Flores López Raúl (coord.), *Estrategia y Práctica Parlamentaria en un Congreso Plural*, México, Senado de la Republica LXI Legislatura, 2011, pp. 281-292.
[200] *Cfr.* Chávez González, Jorge, (coord.), *Congresos Estatales,* México, Cámara de Diputados, Servicio de Investigación y Análisis, 2002, p.4.

en México, las relaciones entre los órdenes de gobierno han sido tensas y en algunos temas en poca armonía, con el advenimiento de la transiciones políticas posrevolucionarias, la globalización, la apertura política y el paradigma de los Derechos Humanos, estas relaciones se tensan aún más, y en este sentido, México ha transitado del Federalismo al Centralismo, nunca llegando abandonar viejas prácticas de centralización del poder en el orden Federal.[201]

La injerencia de los Congresos Locales en la producción legislativa, como se ha de entender se da con relación a la observación de la primacía de la Constitución Federal, Leyes Nacionales, Leyes Federales y Leyes Generales y la autonomía legislativa de cada entidad federativa.

Así puede existir legislación del orden federal que ordene un estado de cosas que difieren de la visión política y jurídica que la entidad federativa quiera reservarse, esto esta resuelto en las competencias de la Federación y las entidades federativas; sin embargo, bajo el principio de interpretación conforme, principio pro persona y el fenómeno de las muchas ventajas de control que tiene la Federación, la autonomía legislativa de los Congresos Locales se ve reducida frente a las acciones de la Federación.[202]

2.2.1.3. El Congreso de la Ciudad de México

Desde su origen, la sede de los Poderes de la Unión ha tenido un régimen especial diferente a las entidades federativas, pues al contener la administración federal ha quedado bajo la administración de esta, y solo a través de numerosas reformas ha logrado el estatus de entidad federativa de forma completa.[203]

Tras este nuevo paradigma de autonomía, la Ciudad de México tiene su propia constitución la cual establece que el Poder Legislativo reside en el Congreso de la Ciudad de México, el cual funciona de forma autónoma a la Federación y cuyo funcionamiento es igual a la de las entidades federativas, en este sentido el

---

[201] *Cfr.* Chávez González, Jorge, (coord.), *op. cit.,* p.4.
[202] *Cfr. Ibídem,* p. 14.
[203] Cfr. García Rabell, Enrique, "La Reforma Política de la Ciudad de México", en *Revista Mexicana de Derecho Constitucional*, México, núm. 30, enero-junio 2017, pp.244-270.

Congreso de la Ciudad de México se integrará por 66 diputaciones, 33 electas según el principio de mayoría relativa, mediante el sistema de distritos electorales uninominales, y 33 según el principio de representación proporcional. Las diputaciones serán electas en su totalidad cada tres años, mediante el voto universal, libre y secreto. Por cada persona propietaria se elegirá una suplente del mismo género.

La Constitución de la Ciudad de México tiene un carácter político progresista, por lo que la paridad de género, el parlamento abierto, los principios de transparencia y la democratización de la legislatura son las características visibles de la carta fundacional de la Ciudad de México.[204]

Una de las mayores influencias fue la carta de derechos contenida en la Constitución, que reconocía derechos fundamentales que no se reconocen en la Constitución Federal de manera explícita, pero que bajo los principios del artículo primero y 133 de la Constitución Federal, el principio pro persona, interpretación conforme y el carácter progresivo de los derechos humanos, tiene que respetarse y dicha legislación pudo superar el texto constitucional, abriéndose un nuevo paradigma legislativo, donde la jerarquía constitucional cambia al bloque convencional y constitucional.[205]

Bajo este aspecto la Ciudad de México y las entidades federativas pueden legislar reconociendo derechos fundamentales no contenidos en la constitución, lo cual no supone una invasión de competencias al régimen federal, cambiando totalmente la subordinación que existía por tradición de los estados a la federación.

2.2.1.4. El Poder Ejecutivo

El actor primordial que influye en la producción legislativa en el Poder Legislativo y es ajeno a este es el Poder Ejecutivo, esto debido a los siguientes aspectos:

---

[204] Al respecto, *véase* Granados Covarrubias, Manuel, "Huella Social y anhelos progresistas: Constitución CDMX", en *El Cotidiano*, México, núm. 203, mayo-junio, 2017, pp. 15-23.
[205] Al respecto, *véase* Encinas Rodríguez, Alejandro, "La Carta de Derechos de la Constitución de la Ciudad de México", en *Defensor: Revista de derechos humanos*, México, núm. 3, marzo, 2017, pp. 4-10.

I) **Aspectos jurídicos:** sus competencias constitucionales, en especial las de iniciativa preferente, suscripción de Tratados Internacionales y el Derecho de Veto, y

II) **Aspectos Políticos:** Al régimen presidencial que por tradición impera de manera hegemónica en México, en especial desde el término de la Revolución.[206]

Los aspectos jurídicos, es decir las facultades del titular del Ejecutivo tiene respecto a la legislación son las siguientes:

I) **Los casos de emergencia, según el artículo 29:** en este supuesto se trata de una medida de excepción, la cual ha sido una constante heredada en todos los sistemas del poder ejecutivo, teniendo su origen en el derecho romano, según la Magistratura extraordinaria de la dictadura, donde el jefe de estado reunía poderes extraordinarios para hacer frente a una emergencia, casi siempre de carácter militar, asistido por el ejército, en dichos términos se limitaban derechos de la ciudadanía a favor de las decisiones rápidas y emergentes de la guerra.[207] El sentido actual de la figura de suspensión de garantías es mucho menos drástico y con mas limites en la Constitución Federal, aquí se determina que en casos de emergencia, el Presidente, siguiendo el procedimiento descrito y con autorización del Congreso General o de la Comisión Permanente otorguen la facultad al Ejecutivo para emitir decretos extraordinarios, de manera general sin que sean dirigidos a una persona en individual y que de ninguna forma puedan suspenderse los derechos a la no discriminación, reconocimiento de la personalidad jurídica, a la vida, a la integridad personal, a la protección de la familia, al nombre, a la nacionalidad, los derechos de la niñez, los derechos políticos, las libertades de pensamiento, libertad de conciencia, el principio de

---

[206] *Cfr.* Carpino, Jorge, *op. cit.,* pp. 23-26.
[207] Al respecto, *véase* Vallejos Siles, Abraham, "La dictadura en la República romana clásica como referente paradigmático del régimen de excepción constitucional" en *Revista de la Facultad de Derecho*, Perú, núm. 73, pp. 411-424.

legalidad y retroactividad, la prohibición de la esclavitud y la servidumbre, la prohibición de la desaparición forzada y la tortura, ni las garantías judiciales[208]De igual manera están medidas tendrán que ser limitadas en su temporalidad previa autorización del Congreso así como la revisión por parte de la Suprema Corte de Justicia de la Nación de cada decreto expedido por el Ejecutivo.

II) **En materia de salubridad, según el inciso 1ª de la fracción XVI del artículo 73 de la Constitución Política de los Estados Unidos Mexicanos:** estas medidas tiene dos orígenes, las que establece el Consejo de Salubridad General y por parte de la Secretaria de Salud, ambos entes dependientes del Poder Ejecutivo, las primeras medidas establecen son las referentes a campañas contra el alcoholismo y la venta de sustancias que envenenan al individuo o degeneran la especie humana, y las expedidas para prevenir combatir la contaminación ambiental, tendrán la revisión posterior por parte del Congreso. Por su parte las normas expedidas por la Secretaria de Salud versaran sobre las normas de carácter técnico de las políticas de Salud en todo el territorio nacional.

III) **Vía tratados internacionales, según la fracción I del artículo 76 y la X del artículo 89:** está en una facultad de una naturaleza extraordinaria, ya que el Ejecutivo puede celebrar tratados internacionales, así como terminar, denunciar, suspender o modificar, enmendar, retirar reservas y formular declaraciones interpretativas sobre los mismos, sometiéndolos a la aprobación del Senado. El Senado de la República tiene que ratificar la celebración del Tratado Internacional para hacerlo vinculante al ordenamiento normativo nacional, cuya participación de los demás congresos está vetada, a su vez el contenido del Tratado Internacional en cuanto a reservas las realiza el poder ejecutivo, y con relación al artículo 133 de la Constitución, el Tratado Internacional es una de las normas supremas de la Nación, y si el Tratado Internacional versa sobre

---

[208] Constitución Política de los Estados Unidos Mexicanos, *op. cit.,* articulo 29.

Derechos Humanos este está al nivel de la constitución siendo un agregado de esta. El Ejecutivo se vuelve en legislador a través de esta figura.

IV) **La facultad de veto del artículo 72, inciso c:** esta es otra de las facultades fuertes del Poder Ejecutivo en el proceso legislativo, ya que es la atribución del Presidente para desechar todo o en parte y devuelto a la cámara de origen, para volver a discutirlo de nuevo por esta, para después pasar a cámara de revisión y esta de nueva cuenta enviarla al Ejecutivo, de esta forma el Ejecutivo tiene la decisión final del contenido de cualquier iniciativa, solo limitando el ejercicio de esta facultad en los casos de resoluciones del Congreso o de alguna de las cámaras, cuando ejerzan funciones de cuerpo electoral o de jurado, así cuando la Cámara de Diputados declare que debe acusarle a uno de los altos funcionarios de la Federación por delitos oficiales.

V) **La regulación económica, según el segundo párrafo del artículo 131:** según lo dispone el segundo párrafo del artículo 131 de la carta magna, el Ejecutivo podrá aumentar, disminuir o suprimir las cuotas de las tarifas de exportación e importación expedidas por el propio Congreso, y para crear otras, así como para restringir y para prohibir las importaciones, las exportaciones y el tránsito de productos, artículos y efectos, cuando lo estime urgente, a fin de regular el comercio exterior, la economía del país, la estabilidad de la producción nacional, o de realizar cualquier otro propósito en beneficio del país; así como la facultad del Ejecutivo de enviar el presupuesto fiscal de cada año al Congreso para su aprobación.

VI) **Iniciativa preferente:** con fundamento en el segundo párrafo del artículo 71 de la Constitución Federal, en cada apertura de periodo de sesiones el Presidente podrá presentar hasta dos iniciativas para tramite preferente, o señalar con tal carácter iniciativas presentadas en periodos anteriores, esta iniciativa deberá ser discutida y votada por el Pleno de la Cámara de su origen en un plazo de treinta días naturales, de no ser así se resguardara para ser la primera que se discutan se vote en la siguiente sesión del Pleno, de igual manera cuando el asunto pase a la cámara revisora esta deberá dar trámite en el mismo plazo.[209]

Si bien es cierto que estas facultades tienen sus limitantes, al utilizarlas de manera conjunta trae como consecuencia un control de la legislación por parte del Ejecutivo, vía iniciativa preferente, veto y o por parte del control económico del presupuesto, aunado a la mayoría que tenga por parte de su partido en el Congreso.[210]

Es por ello por lo que el Ejecutivo se vuelve un centro de poder y reunión de intereses frente a los intereses de todos los demás actores políticos, debido a la tradición política del presidencialismo, reflejada en las anteriores facultades y en la tradicional mayoría en el Congreso que tenía antes.[211]

Es entonces que existen tres tendencias frente a esta situación, la primera y más arraigada está relacionada con la concentración del Poder Ejecutivo de las maniobras políticas, y la segunda y tercera tiende a descentralizarlo:

La primera es que los intereses y los factores reales del poder logren influir en el Poder Ejecutivo, influenciándolo, compartiendo la agenda política y negociando, sin realizar una oposición directa ni rivalizar con el poder político; y la segunda forma se trata de las fuerzas políticas y económicas de oposición que adoptan un discurso que rivaliza y difiere con el del Poder Ejecutivo tratando de encontrar espacios políticos autónomos o bien apoyando a una fuerza contraria política, la tercer forma son las presiones de carácter internacional y geopolítico, ya sean de carácter jurídico o político, como es el caso de la influencia Norteamericana que rige en México.[212]

---

[209] Constitución Política de los Estados Unidos Mexicanos, *op. cit.,* articulo 71.
[210] *Cfr.* Rangel Cortes, Víctor, *op. cit.,* p. 40
[211] Al respecto, *véase* Algazi Béjar, Luisa, ¿Quién legisla en México? Descentralización en el Proceso Legislativo, *op. cit.,* pp. 619-647.
[212] *Cfr. Ibídem,* pp. 621-624.

2.2.1.5. Iniciativa Ciudadana

La Constitución Federal contempla la figura de Iniciativa Ciudadana en la fracción IV del artículo 71, para hacer llegar una iniciativa por parte de la Ciudadanía esta debe estar respaldada por lo menos por el 0.13% de la lista nominal de electores.

Una vez que los ciudadanos formulan la iniciativa proceden a la recopilación de las firmas que la respaldan. Cuando cumplen dicho requisito, entregan la propuesta al presidente de la Mesa Directiva de la Cámara de origen, quien dará cuenta al Pleno y solicitará de inmediato al Instituto Nacional Electoral la verificación del número mínimo de ciudadanos a que se refiere el artículo 71 de la Constitución. El Instituto Nacional Electoral realizará la mencionada verificación a través de la Dirección Ejecutiva del Registro Federal de Electores, dentro de un plazo no mayor a treinta días naturales contados a partir de la recepción del expediente. En el procedimiento de verificación se deberá corroborar que los nombres de los ciudadanos firmantes de la iniciativa se encuentren en la lista nominal de electores, para ello realizan un ejercicio muestra para corroborar la autenticidad de las firmas.

En el supuesto que se verifique el cumplimiento de los requisitos señalados, el presidente de la Mesa Directiva turnará la iniciativa a comisión para su análisis y dictamen. Si la iniciativa ciudadana es aprobada por la Cámara de origen, pasa a la Cámara revisora, a efecto de que se siga el procedimiento legislativo ordinario.[213]

Debido a que los datos de investigación y el respaldo de la lista nominal es una tarea que conlleva recursos considerables, la iniciativa ciudadana no llega de forma autónoma sin apoyo de la sociedad civil, Organizaciones No Gubernamentales, patrocinadores privados u otro apoyo político. Lo que resta autonomía ciudadana a la iniciativa y llega a ser otro agente de intereses privados, pero con una legitimación democrática invaluable por el carácter "ciudadano.

---

[213] Ley Orgánica del Congreso General de los Estados Unidos Mexicanos, *op. cit.,* articulo 132.

2.2.2. Actores privados

Los actores privados que influyen en la producción legislativa en México pueden clasificarse en primer lugar, de la siguiente forma:

I) **La Sociedad Civil:** en los gobiernos democráticos es inevitable que empodere a grupos ciudadanos y que estos participen en política, aprovechando las alternancias políticas que ha tenido el país, y junto con las luchas sociales por la libertad de expresión han logrado el reconocimiento de sus derechos políticos, y de mecanismos más eficientes que la pura democracia representativa.[214] Así la sociedad civil organizada se constituye en asociaciones civiles sin fines de lucro para promocionar y organizar defensa de ciertos derechos e intereses, muchas veces defendiendo un tema en específico, teniendo su propia agenda de impulso legislativo, suele auxiliarse con otras herramientas como el cabildeo;[215]

II) **Actores Internacionales:** Desde la aparición formal y vinculante del derecho internacional público, los entes internacionales forjan relaciones jurídicas de manera global, desde la firma de la Convención de Viena de 1969, la conformación de la Organización de las Naciones Unidas en 1947, se ha iniciado un proceso de globalización económica y de mundialización política, en algunos continentes comienza un proceso de regionalización, como el caso de la Unión Europea, donde la soberanía de los Estados-Nación se pone en tela de juicio o al menos cambia la visión al exterior, pues se asumen compromisos en materia internacional que regulan los derechos al interior del Estado, disminuyendo las decisiones autónomas de los actores legislativos al interior;

III) **Sindicatos obreros y patronales:** Las agrupaciones obreras y las estructuras corporativas en México tienen un origen del proyecto de

---

[214] *Cfr.* Gamboa Montejano, Claudia, *Democracía directa: referéndum, plebiscito e iniciativa popular*, México, Cámara de Diputados, Dirección de Servicios de Investigación y Análisis, 2014, p. 56.
[215] *Cfr.* García Sánchez, Verónica, *La Participación Ciudadana y el Poder Legislativo*, México, Cámara de Diputados, Servicios de Investigación y Análisis, 2014, p. 6.

partido hegemónico posrevolucionario, con lo cual el Estado mexicano controlaba de forma eficiente a los sectores obrero-campesino; a su vez con la democratización de México se han formado organizaciones sindicalizadas patronales, en su origen para combatir medidas socialistas durante el gobierno de Lázaro Cárdenas, y que tienen el objetivo de cuidar sus intereses. Estos grupos han formado autonomía frente al gobierno y con mecanismos legislativos como el Parlamento Abierto pueden influir en la negociación y actuar político del Parlamento;

IV) **Capital Internacional:** nos referimos en este punto a las presiones, crisis o emergencias económicas de carácter internacional que influyen en la legislación interna del país; las cuales tiene a sus propios cuerpos de cabildeos o bien forman parte de obligaciones contraídas por el Estado Mexicano, tales como la financiación de la Organización de los Estados Americanos, y

V) **Consultores Externos:** En este caso, es una influencia menor, es una variante importante, ya que los técnicos profesionales muchas veces tienen poco contacto con el legislador y por ende con la realidad social y jurídica del hecho del cual se va legislar, estos consultores deben actuar como apoyo técnico pero nunca se le debe delegar el trabajo legislativo de los órganos legislativos, esta influencia puede traer deficiencias de aplicación de las normas y no atender las raíces de los problemas que tratan de solucionar.

También pueden clasificarse conforme las funciones y efectos que tienen en la producción legislativa, en este sentido se agrupan de la siguiente manera:

I) **Cabildeo:** cuando los diferentes actores entran en negociación, muchas veces para realizar la defensa de los intereses de manera eficiente, contratan negociadores profesionales, cuya labor política suele ser exitosa, esta práctica esta entendida como "cabildeo", dichos grupos son una herramienta añadida a las presiones de otra índole que los grupos y factores reales de poder puedan esgrimir. Todos los actores antes mencionados pueden aplicar la técnica del cabildeo y con ella potencializar los efectos de persuasión política[216]

II) **Desobediencia Civil:** el recurso de las manifestaciones pacíficas son medidas que no buscan la vía institucional o jurídica, sino que están englobadas en los derechos de libertad de expresión, de reunión y de libre tránsito; cuando dichas manifestaciones alcanzan una presencia pública y dentro de los medios de la comunicación, los manifestantes pueden influir con sus opiniones de manera más directa sobre la producción legislativa, políticas públicas o insertar temas problemáticos en la agenda nacional;

III) **Presión Económica:** ya que los empresarios representan un factor económico importante en México, están coordinados en la arena política a través de las organizaciones empresariales, las cuales funcionan como auténticos congresos de patronos que tienen una influencia en la legislación y elaboración de políticas públicas.[217] Cuando las decisiones aún estaban centralizadas en el Ejecutivos los grupos de cabildeo tenían pocas formas de influir, actualmente el cabildeo se realiza en los mismos órganos legislativos, los legisladores son tomados como entes capaces de decidir, ante eso, comenzaron a aparecer dentro de los organismos del sector privado estructuras de vinculación con el Poder Legislativo.[218]

Con la apertura de las negociaciones y del cabildeo en México se crearon varios métodos, los cuales tienen en común las siguientes características:

I) Construir una línea argumental sólida que contemple tanto la visión y los intereses del sector como los de los legisladores y de quien o quienes la promueven;

---

[216] Al respecto, *véase*, Ruiz Muro, Eliseo y Cuevas Reyes, Jessie Guadalupe, "La negociación y el cabildeo en el acto legislativo en el Congreso de la Unión del siglo XXI, en Flores López, Raúl (coord.) *Estrategia y practica parlamentaria en un Congreso Plural,* México, Senado de la República, 2011, pp. 33-59.
[217] *Cfr.* Valle Gómez, José de Jesús, "El cabildeo al Poder Legislativo en México: origen y evolución", en *Espiral, Estudios sobre Estado y Sociedad,* vol. XIV, núm. 42, mayo-junio, 2008, pp. 97-123.
[218] *Ibídem.*

II) Identificar los actores clave del proceso legislativo, asi como de grupos de interés;

III) Con base en lo anterior, realizar los contactos conducentes para manifestar nuestros puntos de vista y apoyar en el trabajo de análisis y dictamen de las comisiones;

IV) Dar seguimiento cercano y oportuno al proceso legislativo, teniendo interacción con los actores o grupos que se ven con intereses y relevancia en el tema, y

V) Evaluar el uso de otros medios de influencia, tales como medios de comunicación, estudios especiales, avales técnicos o morales, entre otros. Todo ello dependiendo del caso y su relevancia.[219]

En conclusión, con los factores de cabildeo y de manifestaciones sociales, las decisiones legislativas se diversifican y las agendas alternativas democráticas adquieren mayor importancia, ya no solo es importante únicamente la agenda única del Poder Ejecutivo sino las de las entidades federativas, sindicatos, factores internacionales y entidades de la sociedad civil. Las anteriores ejercen una influencia y negociación directa, pero existen otros factores secundarios que inciden en la producción legislativa.

2.2.3. Otros factores que inciden en la producción legislativa en México

I) **Factores de Comunicación y Cultura:** según el Dr. Günther Jakobs, el derecho es el reflejo del tipo de sociedad, el derecho es una parte inherente de la cultura, las normas son solo una parte más de las formas de expresión que adopta un pueblo.[220] Así que las características de una nación que pueden medirse por indicadores, económicos, educativos y de desarrollo puede inducir en sus formas jurídicas, puesto que las leyes deben apegarse a la realidad social, así que si una sociedad tiene ciertas características el derecho se apegara a las mismas, así distinguimos de forma general una sociedad vertical

---

[219] *Cfr.* Valle Gómez, José de Jesús, *op. cit.,* p. 107.
[220] Cfr. Jakobs, Günther, *Sociedad, norma y persona en una teoría de un Derecho penal funcional*, trad. Cancio Meliá y Fejio Sánchez, Madrid, Civitas, 1996, pp. 11, 12, 15, 16.

y jerarquizada, autoritaria con altos índices de inseguridad y atraso intelectual; frente a sociedades horizontales mas igualitarias con un sentido de igualdad y solidaridad mas amplios, con una educación mas sostenible y cultura cívica y ética desarrollada, donde las normas punitivas son menos.[221]

II)   **Academia:** la profesionalización relacionada con el Poder Legislativo trae consigo la importancia de los trabajos académicos y de investigación, los cuales deben de dotar de metodologías criticas necesarias para corregir errores comunes en la producción legislativa, resaltar sobre las proyecciones de problemas inminentes que los órganos parlamentarios no tienen en cuenta por la falta de especialización, los centros académicos deben desarrollar políticas públicas de investigación que coadyuven con el desarrollo de la producción y calidad legislativa.[222]

III)   **Opinión Pública:** la prensa nacional e internacional, así como la agenda que tienen diferentes agendas de noticias, las cuales terminan siendo defensoras de intereses de otros grupos, tanto gubernamentales y no gubernamentales, la presión de la opinión publica incide de manera significativa en la población general así como en las preferencias electorales, por ello es sumamente importante las tendencias del manejo de la información por medio de los centros de prensa, así como en sus diferentes medios de comunicación.[223]

---

[221] *Cfr.* Jakobs, Günther, *op. cit.,* p. 30.
[222] *Cfr.* Ehrman, Roberto, *op. cit.,* p. 36.
[223] Al respecto, *véase* Echavarría Solozábal, Juan José, "Opinión Pública y Estado Constitucional", en *Derecho Privado y Constitución*, México, núm. 10, septiembre-diciembre, 1996, pp. 399-412.

2.3. Proceso de descentralización de la producción legislativa en México

Una vez identificados los actores y factores que inciden en la producción legislativa en México analizaremos la evolución donde podremos concluir el cambio paradigmático de la producción legislativa y sus consecuencias, las cuales son problemas que trataremos de resolver por medio de criterios unificados de elaboración de normas.

En este sentido, la manera de hacer las leyes en México ha experimentado importantes cambios en los últimos veinte años. Tanto que analizar este proceso con las coordenadas de antes supone un esfuerzo estéril, porque el paso de un arreglo autoritario a uno democrático supuso un replanteamiento profundo del sistema electoral y de partidos cuyo primer efecto fue el aumento del número de actores con oportunidad de intervenir en la discusión y aprobación desde la arena legislativa.[224]

La relación entre el Ejecutivo y el Congreso se vio hondamente modificada luego de que se hizo presente la falta de mayoría en el Congreso que apoyara las reformas y proyectos del Ejecutivo, lo cual supuso a su vez un fortalecimiento de la representación territorial frente a la nacional, como producto del diseño federal de nuestra constitución, pero sobre todo del protagonismo adquirido por los liderazgos subnacionales de los partidos en respuesta al alto grado de competitividad alcanzado por los comicios en buena parte del país.[225]

El balance indica que el comportamiento de los legisladores responde a sus propios intereses y a la lealtad que tienen a la dirigencia nacional de su partido, combinado con intereses políticos de cultivar su imagen para asegurar su permanencia o avance en algún circulo de la política. Las dificultades creadas al proceso legislativo por esta situación se proyectan de múltiples formas. Además de los apuros mostrados por las autoridades para poner orden en las sesiones plenarias o para dar trámite a la designación de los cargos que la Constitución les encomienda, el número de iniciativas detenidas en las comisiones es considerable,

---

[224] *Cfr.* Algazi Béjar, Luisa, *op. cit.*, p. 619.
[225] *Cfr. Ibídem*, p. 620.

lo anterior no tendría ningún problema en una sociedad democrática, pero sin embargo varias reformas sustanciales se han visto atrasadas debido a esta situación;[226] dos ejemplos clave son las reformas para hacer frente a la seguridad nacional y pacificación del país, y el aseguramiento de los derechos laborales con las reformas en justicia laboral.

A estos anteriores problemas, se le suma la falta de incentivos en el diseño institucional del Congreso que alienten la cooperación, la confianza y la colaboración en sus cámaras y con el Ejecutivo. Como por ejemplo cuando se visibilizo la confrontación entre el Congreso y el Ejecutivo por primera vez en el sexenio de Vicente Fox, donde se negaron salidas del Ejecutivo al exterior, así como no lograr la consumación de varias reformas.[227]

En este aspecto, se ha podido comprobar la disminución de la capacidad presidencial para señalar la dirección de las políticas públicas,[228] como también que esto no ha desembocado en una parálisis legislativa como en teoría cabría esperar debido al sistema presidencialista en México.[229]

El proceso de descentralización se ha analizado desde las siguientes perspectivas:

I)   Sobre sus efectos sobre la distribución de los recursos fiscales con base a esfuerzos desplegados por el Congreso;[230]

---

[226] Cfr. Algazi Béjar, Luisa, op. cit., p. 620.

[227] Al respecto, véase Flores Velázquez, Rafael, "La relación entre el Ejecutivo y el Congreso en materia de política exterior durante el sexenio de Vicente Fox: ¿Cooperación o conflicto?", en Política y Gobierno, México, vol. XV, núm. 1, semestre de 2008, pp. 113-158.

[228] Al respecto, véase Nacif, Benito, "Las relaciones entre los poderes ejecutivo y legislativo tras el fin del presidencialismo en México", en Política y Gobierno, México, vol. XI, 2004, pp. 9-42.

[229] Al respecto, véase Linz, Juan, "Democracia presidencial o parlamentaria: ¿Qué diferencia implica?", en Cuestiones Constitucionales, México, núm. 29, julio-diciembre, 2013, pp. 83-107.

[230] Al respecto, véase Díaz Cayeros, Alberto, "Dependencia fiscal y estrategias de coalición en el federalismo mexicano" en Política y Gobierno, México, vol. XI, núm. 2, segundo semestre, 2004, pp. 229-261.

II) Sobre los ajustes incorporados en la nominación de sus candidatos a integrar el órgano legislativo en respuesta a los altos niveles alcanzados por la competencia electoral;[231]

III) Sobre los análisis de votación en el pleno;[232]

IV) Sobre las tendencias acusadas en la designación de los presidentes de las comisiones ordinarias; [233]

V) Sobre las reformas introducidas en las leyes que regulan el funcionamiento del Congreso para afrontar diversos cambios, y[234]

A pesar de los avances registrados en la comprensión de distintos aspectos del proceso legislativo, todavía no se ha podido esclarecer cómo ha operado el relevo del Ejecutivo al Congreso y demás actores, sin embargo, el problema del presente trabajo trata sobre que una vez se realiza la descentralización del Poder Ejecutivo al Poder Legislativo la presentación de las normas ha quedado en buena medida a cargo de sujetos que tienen diferentes criterios para la formación de normas, y ante lo cual crea dificultades para el uso correcto de técnica legislativa, que se traduce en ingobernabilidad, es por ello que se utilizaran criterios legislativos en la Segunda Parte de este estudio.

En un inicio a raíz de la constitución de 1917, se concentró el poder y los grupos de poder en un sistema de partido de estado, donde las decisiones eran de carácter autocrático con primera cabeza del gobierno el Presidente Federal, sin embargo hubo un cambio a partir de 1997, luego de que el modelo quedo cancelado de forma definitiva cuando el partido en el gobierno pierde la mayoría en la Cámara de Diputados, tres años después de nueva cuenta el Ejecutivo en la primer alternancia debió resignarse a negociar la aprobación de sus iniciativas, pero ahora

---

[231] Al respecto, *véase* Langston, Joy, "Legislative recruitment in Mexico" en Siavelis, Peter (coord.), *Pathways to Power: Political Recruitment and Democracy in Latin America*, United States, Pennsylvania State University Press, 2008, p.21.

[232] Al respecto, *véase* Deposato, Scott y Cantu, Francisco, "The new federalism of Mexico party system" en *Journal of politic of Latin America*, United States, 2010, pp. 3-38.

[233] Al respecto, *véase* Béjar, Luisa, "Elites parlamentarias en México. Los presidentes de las comisiones", en Béjar, Luisa (coord.), *Que hacen los legisladores en México. El trabajo en comisiones*, México, Porrúa, 2009.

[234] Al respecto, *véase*, Béjar, Luisa, "El gobierno frente al Congreso de la Unión", en Vázquez Reveles Francisco (coord.), *El gobierno panista de Vicente Fox. La frustración del cambio*, UNAM, 2008.

también con el Senado. Lo mismo ocurrió con quien lo sustituyo en el periodo del 2006-2012.[235]

El centralismo presidencial comenzó a perder su fuerza como resultado de las reformas electorales promovidas desde finales de los años setenta, con las que el régimen trataba de fortalecer su imagen de pluralidad, en este entorno, desde la LIV Legislatura correspondiente a los años 1988-1991, el Partido Revolucionario Institucional pudo advertir que su mayoría en Cámara de Diputados ya no le permitirían asegurar el gobierno emanado de sus filas la aprobación de sus reformas a la Constitución y que la facilidad con que antes se tramitaba la expedición de cualquier ley secundaria estaba agotada.

De manera simultánea a la perdida de la representación electoral, se inicia el proceso de la influencia política de la oposición y movimientos sociales, así como el empleo de tácticas parlamentarias para presionar a las mayorías, como el rompimiento del quorum en el pleno para forzar la discusión de dictámenes.[236]

Iniciada la LVII legislatura, del año 1997 al año 2000, Ernesto Zedillo se ve obligado a aceptar que el Ejecutivo ya no puede señalar de manera unilateral la dirección de las leyes tanto de rango constitucional como de cualquier otro. Con solo 238 diputados del PRI y 262 de oposición, el proceso legislativo abandona en definitiva su formato anterior al requerir el acuerdo de alguna otra fracción para sacar adelante sus proyectos. Primero para obtener un dictamen favorable en las distintas comisiones, ahora integradas y dirigidas con criterios de pluralidad y proporcionalidad. Después para asegurar su inclusión en la agenda del pleno. Y por último para sumar votos requeridos para su aprobación en el pleno sin la incorporación de nuevos ajustes a lo antes acordado.

En este punto, conviene recordar que, de acuerdo con el articulo 71 constitucional, las iniciativas del presidente de la República y las de las legislaturas de los estados serán remitidas de inmediato a comisiones para ser dictaminadas.

---

[235] *Cfr.* Algazi Béjar, Luisa, "¿Quién legisla en México? Descentralización y proceso legislativo" *op. cit.,* p. 623.
[236] *Cfr.* Béjar, Luisa, "El gobierno frente al Congreso de la Unión", *op. cit.,* p. 34.

De igual forma seguirán los diputados y senadores en virtud del marco normativo del Congreso. El reto de cualquier proyecto de ley, en consecuencia, es pasar ese filtro. Si bien en el pasado cumplir con este requisito era fácil, lograrlo en el presente se ha convertido en una empresa bastante difícil. Considérese a este respecto que lo que se discute en el pleno es el dictamen de la comisión a la que una iniciativa fue turnada y que la comisión puede decidir atender en el mismo documento otras propuestas de ley sobre el mismo tema. Tampoco debe obviarse que el texto producido en su seno debe ser avalado por la mayoría de sus integrantes, muchas veces sujetos a las presiones de actores poco proclives a negociar por convenir así a sus intereses.

Como claramente lo han advertido Cox y McCubbins, el control negativo de la agenda permite evitar no solo que la asamblea quede expuesta a la reversión de lo acordado en comisiones, por no contar con el apoyo mayoritario, sino también orientar a su contenido.[237] En consecuencia, puesta una mayoría opositora en el ánimo de bloquear la discusión de un dictamen correspondiente a una iniciativa del Ejecutivo «ya sea para impedir la exhibición de sus disidencias internas o por razones electorales, o de cualquier otra índole» los coordinadores de los grupos parlamentarios pueden impedir que el documento llegue al pleno. A este respecto, conviene señalar que las decisiones de la Junta de Coordinación Política se toman por consenso, y cuando esto no es posible se hace por mayoría absoluta, calculada mediante voto ponderado, lo que determina que la agenda del Congreso depende de la coalición negociada en cada oportunidad.[238]

Nuevamente, si esa barrera logra ser sorteada, de acuerdo con el articulo 72 de la Constitución, el dictamen avalado por la comisión deberá ser discutido y votado por el pleno en un doble formato: en lo general y en lo particular. Mas allá de que el propósito de una iniciativa pudiera haber quedado desvirtuado en alguna medida por las enmiendas hasta entonces incorporadas, el problema, como lo han

---

[237] *Cfr.* Cox, Gary y McCubbins, Mathew, "Procedural cartel theory", en *Setting the Agenda. Responsible Party Government in the US House of Representatives*, Cambridge, 2005, p. 17.
[238] *Cfr.* Algazi Béjar, Luisa, "¿Quién legisla en México? Descentralización y proceso legislativo" *op. cit.,* p. 625.

apuntado Heller y Weldon, es que los acuerdos previamente pactados puedan ser rotos y se aliente la reaparición de discrepancias ya resueltas en comisiones. Esto puede provocar, en consecuencia, que lo aprobado se aleje de la intención original del promotor de la ley.[239]

Dada la estructura bicameral y simétrica del Congreso de la Unión, la ruta hasta aquí descrita deberá ser recorrida también en la cámara revisora. La lógica en este segundo tramo, sin embargo, puede ser diferente de la anterior, debido a las diferencias previstas por la Constitución con respecto a la integración y duración del mandato, y al impacto producido por ambos factores sobre las estrategias políticas de sus miembros.[240] En suma, que el gobierno no este unificado en México desde comicios del año 2000, el Ejecutivo se ha visto obligado a duplicar el esfuerzo requerido para despejar el camino a sus políticas, aunado que el aumento de los actores involucrados en la negociación aumenta el costo de legislación.[241]

Siguiendo la idea de Tsebelis, los gobiernos divididos o sin mayorías el veto es un recurso a disposición tanto del titular de la administración pública como del Congreso. En el primer caso su ejercicio adquiere el carácter negativo al impedir la formación de mayorías de oposición contrarias a sus políticas. En tanto el segundo caso funciona como un poder positivo al abrir la posibilidad de que los representantes de otros partidos puedan intervenir en su definición.[242]

Desde la visión institucional, las facultades del gobierno federal para neutralizar a una mayoría opositora, como se ha visto son bastante limitadas. Esto ayuda poco a corregir los efectos fragmentadores de la descentralización experimentada por todos los partidos <<producto, entre otras cosas, de la alta competitividad alcanzada en los comicios en buena parte del territorio nacional>> y

---

[239] *Cfr.* Heller, William y Weldon, Jeffrey, "Legislative rules and voting stability in the Mexican Chamber of Deputies", en *Annual Conference of the Midwest Political Science Associaton*, Chicago, 2001, p. 87.

[240] Al respecto, *véase* Tsebelis, George y Money, Jeannette, *Bicameralism*, London, Cambridge University Press, 1997. p. 30.

[241] *Cfr.* Algazi Béjar, Luisa, "¿Quién legisla en México? Descentralización y proceso legislativo" *op. cit.*, p. 626.

[242] *Cfr.* Tsebelis, George, "Decision making in political systems: Veto players in presidentialism, parlamentarism, multicameralism and multipartyism" en *British Journal of Political Science*, Cambridge, núm. 25, 1995, pp. 289-325.

a enfrentar los nuevos desafíos del federalismo y la globalización, una vez incrementada la capacidad de los gobernantes y actores privados para influir en el proceso legislativo.[243] En estas circunstancias, lo que sorprende es que el Ejecutivo solo haya ejercido su derecho al veto en relativamente pocas ocasiones, pero no que su participación en la elaboración de la ley, como puede apreciarse en el siguiente cuadro, se haya visto restringida drásticamente.

Legislatura en Cámara de Diputados	LV	LVI	LVII	LVIII	LIX	LX
Contribución	81.9	76.9	20.4	18.2	4.4	8
Tasa de éxito	98.4	98.8	85.5	82	58.3	89.1

Porcentaje de participación y éxito del Poder Ejecutivo en el Proceso Legislativo.

Aunque los datos mostrados no siempre concuerdan con la realidad y proyección de la realidad, es un hecho claro: la contribución del gobierno al conjunto de leyes aprobadas en las legislaturas en que su partido no tiene mayoría desciende en forma consistente. La explicación de este balance se origina en dos fenómenos que se presentan de manera simultánea. Por un lado, el Ejecutivo envía menos iniciativas al Congreso al anticipar las dificultades que algunas de ellas podrían encontrar y, por esta razón, opta por eludir los apuros de un probable fracaso. Por el otro, el número de las propuestas legislativas de los diputados de todos los partidos tienen un incremento inédito, una vez creados los incentivos para buscar la promoción personal, como quizás no sucedía en el pasado.[244]

A pesar de ello, y en un entorno político adverso, la tasa de éxito de las iniciativas del gobierno no es irrelevante. La excepción, en este sentido, está marcada quizás por el desencuentro de Vicente Fox con el Congreso durante la LIX legislatura, correspondiente a la segunda mitad de su sexenio[245] No obstante, considerando los problemas enfrentados por Felipe Calderón para tomar posesión

---

[243] Al respecto, *véase* Méndez de Hoyos, Irma, *Transición a la democracia en México, Competencia partidista y reformas electorales*, 1997-2003, México, Flacso, 2006.
[244] *Cfr.* Algazi Béjar, Luisa, "¿Quién legisla en México? Descentralización y proceso legislativo" *op. cit.*, p. 628.
[245] *Cfr.* Béjar, Luisa, "El gobierno frente al Congreso de la Unión", en Vázquez Reveles Francisco (coord.), *El gobierno panista de Vicente Fox. La frustración del cambio, op. cit.*, p. 32.

de la Presidencia, la tendencia antes apuntada vuelve a recuperarse en la LX legislatura, del año 2006 al año 2009. Como quiera que sea, para analistas como Nacif[246] esto prueba suficiente de la inexistencia de una "parálisis legislativa" en el país. Sin embargo, esto es una oportunidad para crear alianzas y que el Congreso tome la iniciativa de controlar la producción legislativa de manera alejada del Ejecutivo.

Un factor que es necesario destacar en el nuevo contexto político es la relevancia adquirida por las comisiones al ofrecer a sus miembros la oportunidad de impulsar o bloquear ciertas demandas, así como erigirse en un espacio privilegiado para la negociación. Su actuación como eficaz guardián de lo que podrá ser puesto a consideración del pleno se complementa con su capacidad de establecer el momento en que la votación final de una pieza de legislación debe llevarse a cabo y con ello orientar el contenido.[247]

Para confirmar esta apreciación, en el estudio presentado a continuación se destaca el número de dictámenes positivos y negativos producidos por las comisiones de la Cámara de Diputados, así como el correspondiente a los aprobados por la asamblea. Se parte de la idea de que en el nuevo escenario político las iniciativas son únicamente el primer insumo para poner en marcha el proceso legislativo.[248]

Como ya se dijo, el proceso de dictamen autoriza a las comisiones a reunir todas las propuestas referidas a un mismo asunto, así como a eliminar aquellas piezas que no tengan el apoyo de los coordinadores de los grupos parlamentarios, encargados en última instancia de procurar su aprobación.[249]

Antes de continuar, conviene hacer dos precisiones. Si bien Tsebelis y Money estiman en el análisis del proceso legislativo que una legislatura bicameral y

---

[246] *Cfr.* Nacif, Benito, *op. cit.,* p. 17.
[247] *Cfr.* Algazi Béjar, Luisa, "¿Quién legisla en México? Descentralización y proceso legislativo" *op. cit.,* p. 629.
[248] *Cfr.* Cox, Gary, *Legislative Leviathan: Party Government in the House,* United States, University of California, 1993, p. 47.
[249] *Ídem.*

simétrica exige revisar la interacción entre ambas cámaras, en esta investigación no se incorpora al Senado por una razón básica. Al haber permanecido este órgano legislativo más tiempo sin la presencia de voces opositoras, su apertura al escrutinio público ha sido más lenta, lo que todavía impone un obstáculo muchas veces insuperable para obtener información.

No debe de olvidarse que el gobierno siempre tiene la posibilidad de detener el proceso para impedir por medio del veto una política inaceptable para su administración. Esto sin contar con la implementación de lo ordenado por la ley, puede ser propuesto y hasta eludido de muchas maneras, sin embargo, la influencia adquirida por el Congreso en ese quehacer ha incrementado, sin embargo, la complejidad de dar cuerpo a la norma, ya que la estricta separación de poderes ha venido acompañada de una manifiesta descentralización de las decisiones públicas. Reforzado el federalismo con el traslado, en los partidos, de la designación de sus candidatos del nivel nacional al subnacional para hacer frente a la nueva dinámica electoral, el comportamiento de los legisladores se ha visto trastocado para dar cabida a una representación estatal o local[250] las cuales no siempre son compatibles con las políticas de alcance nacional, en principio encargadas al Ejecutivo.[251]

En este contexto, un primer aspecto que se debe resaltar es el notable aumento del número de iniciativas presentadas por diputados de todos los partidos desde que el gobierno dejo de tener mayoría en esa cámara, pero aun en las tres legislaturas que siguieron a la alternancia. En efecto, mientras que en la legislatura LVI, del año 1997-2000, los diputados presentaron 250 propuestas, en la LVII, del año 1997-2000, ese número salto a 668. Esa cifra se elevó hasta 1047 en la legislatura LVIII, del año 2000-2003, para dispararse en los tres años correspondientes a la LIX, del año 2003-2006, hasta 2714, y luego disminuir apenas 2579 en la LX, del año 2006-2009.[252]

---

[250] *Cfr.* Langston, Joy, *op. cit.*, pp. 167-171.
[251] *Cfr.* Shutgart, Matthew y Carey, John, *Presidents and Assemblies: Constitutional Design and Electoral Dynamics*, Cambridge, Cambridge University Press, 1992, pp. 167-175.
[252] Sistema de Información Legislativa, disponible en línea en: http://sil.gobernacion.gob.mx/portal

Otro fenómeno destacable es el conjunto de iniciativas presentadas a titulo individual superan las presentadas de forma colectiva, es decir, las signadas por dos o más legisladores de un mismo partido o de varios partidos, de una comisión o varias, de uno o varios grupos parlamentarios; por lo que se deduce que el comportamiento de los legisladores mexicanos es similar al de otros congresos, en la que la preocupación de sus miembros por cultivar una reputación personal constituye una buena estrategia para permanecer en el sistema político.[253]

Aun así, es difícil que una iniciativa individual prospere sin el apoyo de las comisiones o de los integrantes del grupo parlamentario, conseguir además que el dictamen sea positivo puede suponer, de igual modo, una meta inalcanzable sin la oportuna intervención del coordinador del grupo parlamentario. Conseguir que el dictamen sea positivo puede suponer, de igual modo, una meta inalcanzable sin la oportuna intervención de dicho coordinador para asegurar el voto de los legisladores del partido, así como para negociar con otras fracciones los votos requeridos para su aprobación, primero en comisiones y luego en el pleno. En síntesis, aunque una iniciativa haya sido formulada de manera individual, esta difícilmente podrá prosperar si no es adoptada como iniciativa partidista.[254]

Como se puede observar en la siguiente gráfica, las presentadas en las LVIII, LIX y LX legislaturas en la cámara de diputados:

Grafica 1. Iniciativas individuales y colectivas. Elaboración propia.

---

[253] *Cfr.* Cox, Gary y McCubbins, Mathew, *op. cit.,* p. 25.
[254] *Cfr.* Algazi Béjar, Luisa, "¿Quién legisla en México? Descentralización y proceso legislativo" *op. cit.,* p. 634.

2.4. La necesidad de criterios de técnica legislativa en México

La descentralización ha impulsado la representación de intereses diversos y contrarios, y con esto, consumado el relevo del Poder Ejecutivo federal por el Congreso de la Unión como principal conductor del proceso de dar forma y contenido a las leyes, el nuevo esquema de distribución del poder parece haber dejado impresa su huella en el creciente interés mostrado por los legisladores para presentar iniciativas de ley, muchas veces influenciados por otros actores o apoyados por profesionales técnicos en la formación de normas, aunado al desinterés del legislador por crear una norma de calidad y velar por cultivar su reputación personal política, ha hecho que la formación de leyes quede en manos de los actores que menos aptitud tienen para integrarla de forma unificada y lógica.

Tras esta problemática, agregamos que México es un país que no posee una tradición firme de estudio de técnica legislativa y solo recientemente ha comenzado a fomentarse una discusión y estudio de la técnica legislativa; la técnica legislativa es desconocida por los redactores de la norma, inaplicada y, en ocasiones, confundida con el derecho parlamentario.

Así que no existe un verdadero consenso de cuales directrices, manuales o cuestionarios hay que seguir en la práctica de la producción legislativa, a su vez debido a que no existe en el Congreso de la Unión, ni en ninguna de sus cámaras, ni en los Congresos Locales, un manual de técnica legislativa de uso potestativo u obligatorio. A pesar de la falta de directrices a nivel de normatividad, regularmente las normas establecidas introducen un par de directivas básicas de técnica legislativa, de las cuales el presente estudio se auxiliara para unificar los criterios de técnica legislativa, que deberán seguir todo técnico legislativo, ya que el articulo 28 de la Ley Orgánica del Congreso General sostiene que los grupos parlamentarios prestan asesoría a sus miembros para articular el trabajo parlamentario; lo que supone la introducción de técnicos auxiliares ajenos al Poder Legislativo.

Por ello existe la necesidad de crear un estudio homogéneo que reúna las directrices a nivel federal y manuales a nivel general para la construcción de normas. Esto ayudaría a reducir la escasa profesionalización de los asesores parlamentarios, así como la ruptura del proceso de revisión de técnica legislativa en la fase posterior a las enmiendas, así como que existan leyes con bastantes defectos de técnica legislativa, con una mejora de esta última aparte se garantizaría la seguridad jurídica frente al inevitable crecimiento desmesurado de los cuerpos legislativos y las inevitables fallas ortográfico-gramaticales.

En este orden de ideas, por lo tanto, los siguientes criterios de técnica legislativa deben de servir de apoyo a una teoría de la técnica legislativa o de la legislación, cuya pretensión básica es la de la comprensión del fenómeno legislativo, mediante su apertura a los otros saberes como la lógica, la informática, la económica, la ética, la sociología, entre otras.

Las propuestas de técnica legislativa se comprenderán para la aplicación de los borradores, anteproyectos, proyectos de leyes y otras disposiciones jurídicas. También, la puesta en práctica de los cuestionarios de revisión, y sobre todo reivindicar, el carácter auxiliar, instrumental, metodológico y multidisciplinar de la técnica legislativa con independencia del contenido de cada disposición en concreto. Es decir, la técnica legislativa contiene un efecto político de mejoramiento integral de cualquier sistema social. Otro aspecto para destacar es el de su extensión y generalización aplicativa a cualquier producto de leyes y normas jurídicas, como sucede con los órganos administrativos y jurisdiccionales, que pueden hacer uso de esta.

SEGUNDA PARTE: CRITERIOS DE TÉCNICA LEGISLATIVA

CAPÍTULO 3. Nociones y criterios de técnica legislativa

3.1. El Proceso Legislativo

Respecto al termino de "proceso" vamos a partir de la definición recogida en el Diccionario de la Lengua española, que lo define como *"conjunto de actos y tramites seguidos ante un Juez o Tribunal, tendientes a dilucidar la justificación en derecho o de una determinada pretensión entre partes y que concluye por la resolución motivada"*[255]es decir, una serie de actos ante autoridad para producir un hecho jurídico o bien concretar un acto jurídico.

La característica principal del concepto de proceso, lo describen como una ordenación jurídicamente necesaria y preestablecida de una pluralidad de actos sucesivos, realizados por sujetos y órganos diversos, actos que se caracterizan por tener que realizarse en una secuencia temporal determinada y que, no obstante, su relativa autonomía, se articulan en la coordinación a un fin, que no es más que un acto jurídico decisorio final.[256]

De la anterior definición se puede deducir lo que en sustancia supone el proceso, de la siguiente forma:

I). El proceso supone la exigencia de la realización de una pluralidad de actos diversos, no hechos, lo que lo coloca en la libertad y voluntad de los actos jurídicos;

II). Estos actos están preordenados jurídicamente, lo que supone la necesidad de que se atengan a esa preordenación. Existe, por lo tanto, un sometimiento de la actuación a formas determinadas jurídicamente, es decir obedecen al principio de la legalidad;

---

[255] Diccionario de la Lengua Española, Edición del Tricentenario, actualización 2018, consultado el 06-08-19 en línea: https://dle.rae.es/proceso
[256] *Cfr.* Martínez García, María Asunción, *El procedimiento legislativo*, Madrid, Congreso de los Diputados, 1987, p. 18.

III). Estos actos preordenados tienen que ser realizados por una pluralidad de sujetos y órganos, cada uno de ellos con la función de colaborar, en forma parcial, en la formación de la decisión o voluntad final;

IV). Los actos jurídicos que integran un procedimiento están coordinados, concatenados, son actos que tienen que ser realizados en una secuencia temporal determinada, el tiempo es un elemento esencial del proceso, y

V). Finalmente, esta coordinación de los actos entre sí y de sus finalidades parciales tiene un punto de unión, hilo conductor del procedimiento, que es la articulación de todos aquellos actos jurídicos que lo integran en orden a la producción de un acto jurídico final, que en el caso del proceso legislativo es la norma jurídica.[257]

Es importante señalar que, por proceso, se entiende la sucesión de diferentes fases o etapas de un fenómeno o actividad, también, acciones sucesivas realizadas para obtener un resultado; por procedimiento, se alude a la acción en concreto de proceder, en segundo término, se dice método o sistema para hacer algo, una serie o sucesión de actos regulados por el derecho.[258] Entonces, las diferencias entre el proceso y procedimiento de forma puntual son las siguientes:

I) El proceso es el instrumento mediante el cual se lleva a cabo la función judicial, el procedimiento es común a todas las especies de la función pública;

II) El proceso tiende a una cuestión específica, esto es, a la actuación del derecho objetivo, del derecho subjetivo o de pretensiones, mientras que el procedimiento no; el proceso es tridimensional, existe un juez imparcial supracoordinado a las partes contendientes, mientras el procedimiento es lineal, y

---

[257] *Cfr.* Martínez García, María Asunción, *op. cit.,* pp. 19-20.
[258] Al respecto, *véase* Márquez Gómez, Daniel, *Los procedimientos administrativos materialmente jurisdiccionales como medios de control en la administración pública*, México, Instituto de Investigaciones Jurídicas- Serie Estudios Jurídicos, núm. 28, 2003, pp. 30-33.

III) La distinción entre proceso y procedimiento no puede hablarse de proceso ante órganos administrativos puesto que el procedimiento es presupuesto de la impugnación procesal.[259]

El proceso es de carácter general y sustantiva y el procedimiento tiene un grado de técnica que se relacionan con la operación cotidiana de la administración que carezcan de las características señaladas para proceso y procedimiento. El proceso suele usarse para jurisdicción y procedimiento para actos constitutivos.[260]

La existencia del procedimiento como elemento formal en la configuración de actos jurídicos, se exterioriza en forma de instituciones, esto responde básicamente, a ciertos principios que se han ido configurando históricamente y que se sintetizan como una garantía.[261]

La determinación de las normas procedimentales, tendientes a la producción de actos con efectos jurídicos responde primariamente a una necesidad técnica, tenido en cuenta la lógica y coordinación de los actos que conforman el proceso.[262]

La evolución de esta garantía viene determinada en última instancia, por evolución que se registra en los medios y posibilidades técnicas disponibles, y supone siempre la búsqueda del mejor acierto y eficacia al producto final.[263]

En definitiva, esta garantía de eficacia supone un intento de lograr la mayor racionalidad en el mecanismo de las decisiones, además de la economía de la actividad jurídica, en virtud de la cual las formas procedimientos suponen una respuesta univoca ante una pluralidad de iniciativas y posibilidades de actuación en orden al restaurante perseguido.[264]

Al lado de esta garantía de eficacia técnica la concepción del Estado de Derecho va a configurar un nuevo significado de la existencia del procedimiento. Así, la determinación de un procedimiento en los textos legales al que tienen que

---

[259] *Cfr.* Márquez Gómez, Daniel, *op. cit.,* p. 32.
[260] *Cfr. Ibídem,* p. 32.
[261] *Cfr.* Martínez García, María Asunción, *op. cit.,* p. 22.
[262] *Cfr. Ídem.*
[263] *Cfr. Ibídem, p.23.*
[264] *Cfr, Ibídem, p.23.*

ajustar su actuación los entes públicos y sus órganos en el cumplimiento de su función específica, tras esto se reconoce el principio de sujeción de la actividad estatal a la ley, propio de aquel Estado de Derecho. Esta sujeción, que pasa a garantizarse el control de los actos jurídicos y darles garantías jurídicas a los ciudadanos.[265]

Visto el concepto de procedimiento se plantea la determinación de sus fases a la división del ciclo temporal del proceso la fijación del inicio y el final de un determinado ciclo procedimental, y los principios que rigen a todas las fases son los siguientes:

I). **Principio de continuidad o dependencia de los actos y fases procesales:** confirmando que los actos que integran el proceso están preordenados en virtud de un resultado, los confiere un sentido de unidad que trasciende a aquellos actos procedimentales individualmente considerados, esta unidad de referencia supone un encadenamiento, unos vínculos entre los actos jurídicos que integran el procedimiento de manera eficaz, y

II). **El principio de economía funcional:** El principio de la actividad jurídica, en cuanto que la utilización de un procedimiento como vía para la realización y perfección de un acto jurídico definitivo, impide que cada uno de estos sea empleado con disfuncionalidad, en concreto, el desarrollo de un procedimiento se integra por fases que se producen en una sucesión lógica y ahorrativa de tiempo.[266]

Con estos principios se desarrollan las etapas del proceso legislativo, las cuales en México se componen de iniciativa, discusión, aprobación, sanción y la publicación de la norma jurídica, para posteriormente entrar en vigor, dichas etapas serán analizadas en el siguiente apartado.

---

[265] *Cfr.* Martínez García, María Asunción, *op. cit.*, p. 22.
[266] *Cfr. Ibídem, p. 23.*

3.2. Etapas del Proceso Legislativo

3.2.1. Iniciativa

Es imprescindible señalar, para comenzar con este tema, qué se entiende por iniciativa y cuál es la utilidad de dicho acto dentro del proceso legislativo. Para el emérito profesor García Máynez, la iniciativa *"es el acto por el cual determinados órganos del Estado someten a la consideración del Congreso un proyecto de ley"*.[267] En consecuencia, debe dejarse en claro que la potestad de realizar propuestas de modificación o proyectos de ley debe estar reconocida explícita y exclusivamente a una serie de sujetos jurídicos, por una cuestión de idoneidad y eficiencia legislativa, tanto en el manejo de los asuntos que se traten como de la propia actividad parlamentaria que desempeña el Congreso.

Por otra parte, se ha considerado por Aragón Reyes que la iniciativa es el *"acto mediante el cual se pone en marcha obligatoriamente el procedimiento legislativo; es decir, y más concretamente, como el acto mediante el cual se abre ya paso a la fase constitutiva de ese procedimiento [...] a la fase de deliberación y enmienda"*.[268] Como podrá apreciarse, para este autor, la iniciativa de ley es aquel acto jurídico-legislativo por el cual se presenta un texto normativo ante el Congreso y que pone en marcha la actividad legislativa; en el caso mexicano, para ser más precisos, implica el pronunciamiento de la resolución del turno a comisiones, salvo que se apruebe someterlo de inmediato al Pleno por considerarse de urgente resolución.[269]

Se podrá advertir, de manera clara y evidente que, dentro del proceso legislativo, la iniciativa tiene como utilidad desencadenar una reacción ordenada para integrar y expedir una norma jurídica; en otras palabras, la finalidad de la

---

[267] García Máynez, Eduardo, *op cit.*, p.53.
[268] Aragón Reyes, Manuel, *Estudios sobre el parlamento*, México, UNAM-Instituto de Investigaciones Jurídicas- Cámara de Diputados LXIII Legislatura, 2017, p.45.
[269] Artículos 136, 137 y 138 de la Ley Orgánica del Congreso General de los Estados Unidos Mexicanos, publicado en el Diario Oficial de la Federación el 3 de septiembre de 1999, última reforma publicada el 8 de mayo de 2019.

iniciativa de ley es seguir un procedimiento constitucional previamente establecido para aprobar o modificar una disposición constitucional o una ley.[270]

Tradicionalmente, se ha identificado al representante del Poder Ejecutivo, a los propios legisladores, tanto en lo individual como en su conjunto, y a las legislaturas estatales que conforman a una Estado como aquellos sujetos autorizados para iniciar el proceso legislativo. A su vez, estos pueden llegar a tener facultades exclusivas para presentar iniciativas en determinadas materias, por ejemplo; la facultad exclusiva que tiene el Ejecutivo Federal en México de presentar la iniciativa de Ley de Ingresos y el Proyecto del Presupuesto de Egresos de la Federación, según establece el artículo 74, fracción IV, segundo párrafo de la Constitución Política de los Estados Unidos Mexicanos.

Por otro lado, tomando en cuenta la existencia de un Poder Legislativo bicameral, se ha reconocido la posibilidad de presentar los proyectos de ley o decreto, de manera indistinta, ante cualquier Cámara que lo conforme, salvo impedimento específico para reservar, de manera exclusiva, determinadas materias a una sola de estas por una cuestión de idoneidad, como lo son las iniciativas en materia de empréstitos, contribuciones e impuestos, o sobre el reclutamiento de tropas, materias que en México serán discutidas originariamente por la Cámara de Diputados, de conformidad con los artículos 71 y 72, Apartado H, de la Constitución Política de los Estados Unidos Mexicanos. En el caso mexicano, los sujetos facultados para presentar iniciativas de ley son:

I) El Presidente de la República;[271]

II) Los Diputados y Senadores al Congreso de la Unión;

III) Las Legislaturas de los Estados y de la Ciudad de México, y

IV) Los ciudadanos en un número equivalente, por lo menos, al 0.13% de la lista nominal de electores.

---

[270] *Cfr.* Muro Ruiz, Eliseo, *Algunos elementos de técnica legislativa*, México, UNAM–Instituto de Investigaciones Jurídicas, 2007, p.45.
[271] *Cfr.* Carpizo, Jorge, *op cit.,* p.83.

Al respecto, se considera pertinente resaltar el hecho de que, durante la LXIV Legislatura, en el Senado de la República se han presentado a Comisión 1249 iniciativas de ley, del primero de septiembre de 2018 hasta el 11 de noviembre de 2019.[272]

Por otra parte. La Suprema Corte de Justicia de la Nación ha emitido los siguientes criterios que destacan y cuya observación es importante con relación a la etapa de iniciativa:

I) Que en el proceso legislativo, las cámaras que integran el Congreso de la Unión tienen la facultad plena de aprobar, rechazar, modificar o adicionar el proyecto de ley o decreto, independientemente del sentido en el que se hubiere presentado originalmente la iniciativa correspondiente.[273] Las potestades de las cámaras que integran el Congreso de la Unión pueden modificar, aprobar, rechazar o adicionar cualquier proyecto de ley o decreto, incluso cambiar el enfoque del tema parlamentario que se trate, aunque no esté contenido dentro de la iniciativa, ya que no lo prohíbe la Constitución y sí es una facultad íntima del legislador. Los artículos 71 y 72 de la CPEUM no prevén que por cada modificación legislativa tenga que existir un proyecto de ley;

II) En referencia al procedimiento legislativo, la ley para la reforma del Estado no le resulta aplicable.[274] De conformidad con el segundo transitorio de la Ley Orgánica del Congreso General de los Estados Unidos Mexicano, ambas cámaras expiden su propio reglamento, este y otras disposiciones son aplicables en cuanto a las etapas del proceso legislativo, siempre y cuando no contravengan la Ley Orgánica del Congreso General de los Estados Unidos Mexicanos, y

---

[272] Iniciativas de la LXIV Legislatura presentadas y turnadas a Comisión, Cámara de Senadores, consultado el 11/11/2019 en:http://sil.gobernacion.gob.mx/Numeralia/Iniciativas/numiniciativas.php.
[273] *Cfr.* Tesis 1a/J. 32/2011, *Semanario Judicial de la Federación y su Gaceta*, Novena Época, tomo XXXII, abril de 2011, p.228.
[274] *Cfr.* Tesis P. /J. 52/2009, *Semanario Judicial de la Federación y su Gaceta*, Decima Época, tomo XXX, julio de 2009, p.1449.

III) Que la acción de inconstitucionalidad es improcedente en contra de la omisión de aprobar la iniciativa de reformas a una constitución local.[275] Las omisiones de los órganos legislativos no son propensas a someterse al control constitucional, vía acción de inconstitucionalidad, ya que para que esto opere debe comenzar el proceso legislativo, una norma que no se ha promulgado ni publicado no reúne los requisitos para impugnarse.

3.2.1. Discusión

Presentado el proyecto de ley o decreto por alguno de los sujetos facultados para ello, y turnado a comisiones, se apertura la etapa de discusión, en la cual se determina, de manera definitiva, el contenido de la ley que será sometido a un análisis pormenorizado de consistencia e idoneidad normativa para, posteriormente, determinar si será o no aprobada en los términos propuestos o sufrirá modificaciones.[276]

En caso de que el Poder Legislativo sea bicameral, la discusión deberá hacerse en las dos Cámaras que lo conforman, denominándose Cámara de origen a aquella que conoció en primera instancia de la iniciativa presentada y como Cámara revisora a la colegisladora que analiza y profundiza ese debate en un segundo momento.

Cabe destacar que no existe un procedimiento de discusión parlamentaria único que permita determinar sus particularidades a nivel universal; sin embargo, en la siguiente unidad de esta obra se realizará un estudio descriptivo y específico de diversos modelos internacionales que ayude a establecer ventajas y desventajas sobre esta etapa del proceso legislativo.

Es importante destacar que, en el caso mexicano, al tratarse de un Congreso bicameral compuesto por la Cámara de Diputados y la Cámara de Senadores, la etapa de discusión se lleva a cabo sucesivamente en ambas Cámaras, esto es, aprobado un proyecto en la Cámara de origen, pasará para su discusión a la otra,

---

[275] *Cfr.* Tesis P. /J. 16/2002, *Semanario Judicial de la Federación y su Gaceta*, Novena Época, tomo XV, marzo de 2002, p.995.
[276] *Cfr.* García Máynez, Eduardo, *op. cit.,* p.54.

en caso de que su resolución no sea exclusiva de alguna de ellas, observándose sobre la forma, intervalos y modo de proceder en las discusiones y votaciones, tanto los lineamientos establecidos en la Ley Orgánica del Congreso General de los Estados Unidos Mexicanos, como aquellos determinados en los reglamentos de cada Cámara.

De acuerdo con la Suprema Corte de Justicia mexicana existen diversas tesis de jurisprudencia que se tendrían que observar sobre las cuestiones de la etapa de discusión, de las cuales destacan varios criterios, por ejemplo:

I) Debido a una justificación de urgencia se dispensa la primera y segunda lectura del dictamen de comisiones; sin embargo, si no se motiva esa circunstancia y no se lleva a cabo una segunda sesión posterior, después de haberse presentado el dictamen referido al pleno del congreso; existe una violación formal a las normas del proceso legislativo;[277]

II) Para la discusión y aprobación de las leyes y normas generales, en el ejemplo del estado de Nuevo León, se establecen reglas específicas y obligatorias para dichas actividades, normas como pueden ser: discutir proyectos en comisiones o en el pleno, los cuales deben presentarse, por lo menos, con veinticuatro horas de anticipación a la celebración de la sesión, so pena de no seguirse dichas pautas se estaría violentando la voluntad parlamentaria al ser restringida por las omisiones en el desarrollo de la votación, traduciéndose esto en una violación a las formalidades del proceso legislativo,[278] y

III) La falta de firmas del dictamen emitido por la comisión correspondiente es un vicio que no es trascendente, ya que puede ser purgado en la

---

[277] *Cfr.* Tesis P. /J. 7/2014, *Semanario Judicial de la Federación y su Gaceta*, Novena Época, tomo III, octubre de 2014, p.2775.

[278] *Cfr.* Tesis P. /J. 6/2014, *Semanario Judicial de la Federación y su Gaceta*, Decima Época, tomo VI, mayo de 2014, p.1817.

resolución del Congreso donde aparezca la aprobación de los diputados que no hayan suscrito dicho dictamen.[279]

3.2.2. Aprobación

La *Aprobación* es entendida como el acto por el cual el Poder Legislativo acepta un proyecto de ley o decreto después de haber sido debatido.[280] No obstante, existe la posibilidad de que el Poder Legislativo deseche el proyecto en referencia por una falta de idoneidad jurídica[281] o bien, por no considerar adecuados los términos bajo los cuales fue presentado.

Para ello, se ha reconocido por un gran número de parlamentos democráticos la existencia de, por lo menos, dos tipos elementales de mayorías para aprobar un proyecto de ley o decreto: la simple y la calificada.

Por mayoría simple se entiende aquella que exige la aprobación de la mitad más uno de los congresistas, ya sea de aquellos que se encuentren presentes al momento de la votación o del total de los miembros que conforman el Congreso, situación que atiende esencialmente al hecho de conciliar el pluralismo político propio de este tipo de parlamentos contemporáneos, con la eficiencia en la gestión de gobierno.

La mayoría calificada será aquella donde se exigen porcentajes especiales de votación; por ejemplo, de las dos terceras partes o de las tres cuartas partes de los congresistas; este tipo de mayoría surge por la necesidad de ampliar el consenso en asuntos trascendentes por su importancia, reflejando así un apoyo considerable del cuerpo que conforma un Parlamento.[282]

---

[279] *Cfr.* Tesis P. /J. 118/2004, *Semanario Judicial de la Federación y su Gaceta*, Decima Época, tomo XX, diciembre de 2004, p.954.

[280] *Cfr.* García Máynez, Eduardo, *op. cit.,* p.55.

[281] Es el caso de aquellos proyectos que buscan regular conductas o situaciones que ya se encuentran reguladas en el sistema normativo de forma eficiente, o que resultan tener poca relevancia para la vida social.

[282] Al respecto, *véase* Nohlen, Dieter, *Ciencia política y justicia electoral quince ensayos y una entrevista*, México, UNAM–Instituto de Investigaciones Jurídicas, 2015, p.26.

Siguiendo con la hipótesis del parlamento bicameral, pueden darse dos casos en concreto, que son:

I)   La aprobación total del proyecto, y

II)   La aprobación parcial del proyecto.

En la primera hipótesis se deberá continuar con el proceso legislativo para pasar a la etapa de sanción; mientras que, en la segunda hipótesis, el proyecto de ley o decreto volverá a la Cámara de origen para que sean discutidas únicamente las observaciones que la Cámara revisora hubiese realizado,[283] en donde aquella analizará la pertinencia de estas y decidirá si son aceptadas o no. De ser aceptadas, se continuará con la etapa de sanción.

En el caso mexicano, resulta pertinente señalar que las decisiones en el Pleno de ambas Cámaras se aprueban por:[284]

I)   **Mayoría simple o relativa:** para la Cámara de Diputados será el resultado de la suma de votos de los presentes, que constituye la cantidad superior frente a otra u otras opciones; mientras que, para el Senado de la República, es aquella que se constituye con la suma más alta de votos emitidos en un mismo sentido, cuando se opte entre más de dos propuestas;

II)   **Mayoría absoluta:** para la Cámara de Diputados es el resultado de la suma de votos que representen, cuando menos, la mitad más uno de los diputados presentes; mientras que, para el Senado de la República, es aquella que se constituye con la suma de más de la mitad de los votos emitidos en un mismo sentido, cuando se opte solo entre dos propuestas, y

III) **Mayorías calificadas o especiales:** para la Cámara de Diputados serán el resultado de la suma de votos que representen, cuando menos, las dos terceras partes de los presentes; mientras que, para el Senado de la República, son aquellas que se constituyen con la suma de los

---

[283] Hipótesis similar se contempla cuando es desechado el proyecto de ley en un sistema bicameral.
[284] Al respecto, *véase* Sartori, Giovanni, *op. cit.*, Primera parte.

votos emitidos en un mismo sentido en número superior al de la mayoría absoluta, conforme a lo dispuesto en las disposiciones aplicables.

Ahora bien, en caso de no aprobarse un proyecto de ley o decreto por la colegisladora que, en su caso, actúe como Cámara de revisión y, dependiendo de la proporción en que la desaprobación afecte a tal proyecto o decreto, pueden presentarse dos supuestos, según el artículo 72 de la Constitución, a saber:

I)   **Desechado en su totalidad por la Cámara de revisión:** en esta hipótesis, el proyecto volverá a la Cámara de origen con las observaciones que aquella le hubiese hecho. Si examinado de nueva cuenta fuese aprobado por la mayoría absoluta de los miembros presentes, entonces volverá a la Cámara que lo desechó, quien lo tomará otra vez en consideración, y si lo aprueba por la misma mayoría, lo turnará al representante del Ejecutivo Federal para su promulgación o veto; pero si no lo aprueba, no se podrá volver a presentar dicho proyecto en el mismo período de sesiones, y

II)   **Desechado en parte, modificado o adicionado por la Cámara revisora:** la nueva discusión de la Cámara de origen versará solamente sobre lo desechado, sobre las reformas o sobre las adiciones, según sea el caso, sin que se puedan alterar los artículos aprobados.

De llegarse a aprobar las adiciones o reformas hechas por la Cámara revisora por la mayoría absoluta de los votos presentes en la Cámara de origen, se pasará todo el proyecto al Ejecutivo para su publicación o veto. Si las adiciones o reformas fueren reprobadas por la mayoría de los votos en la Cámara de origen, volverán a la revisora para que tome en consideración las razones de esta, y si por mayoría absoluta de votos presentes se desecharen en esta segunda revisión, el proyecto, en lo que haya sido aprobado por ambas Cámaras, se pasará al Ejecutivo para su publicación o veto.

Si la Cámara revisora insistiere, por la mayoría absoluta de votos presentes, en dichas adiciones o reformas, todo el proyecto no volverá a presentarse sino hasta el siguiente período de sesiones, salvo por acuerdo aprobado por la mayoría absoluta de los miembros presentes de ambas Cámaras por el que se expida la ley o decreto solo con los artículos aprobados, reservándose los artículos adicionados o reformados para su examen y votación en las sesiones siguientes.

De acuerdo con la Suprema Corte de Justicia mexicana existen diversas tesis de jurisprudencia que se tendrían que observar sobre las cuestiones de la etapa de discusión, de las cuales se presenta la siguiente relación:

I) Los vicios en las formalidades del procedimiento legislativo de urgente resolución no son oponibles en Juicio de Amparo debido que el principio de instancia agraviada prevé que lo que se exponga contra ese proceso deben repercutir en un derecho que tutele al quejoso. Ahora bien, en la etapa de discusión y aprobación solo pueden violentarse los derechos de deliberación parlamentaria, cuyos titulares no son los particulares sino los grupos parlamentarios, es decir, que no se violentan los artículos 14 y 16 constitucionales,[285] y

II) Para que se pueda actualizar la urgencia en la aprobación de leyes y decretos en el proceso legislativo, deben darse una serie de condiciones, las cuales son: la existencia de determinados hechos que generen una condición de urgencia en la discusión y aprobación de una iniciativa de ley o decreto; la relación medio –fin, esto es, que tales hechos necesariamente generen la urgencia en la aprobación de la iniciativa de ley o decreto de que se trate, pues de no hacerse de esta forma, traería consecuencias negativas para la sociedad; y que la condición de urgencia evidencie la necesidad de que se omitan ciertos trámites parlamentarios, sin que esto se traduzca en afectación a principios o valores democráticos; por ejemplo, la firma de los

---

[285] *Cfr.* Tesis 2a. /J. 133/2017, *Semanario Judicial de la Federación y su Gaceta*, Decima Época, tomo II, octubre de 2017, p.1062.

integrantes de una comisión puede dispensarse, pero no se podría ignorar el debate de los grupos minoritarios.[286]

3.2.3. Sanción

Esta es la primera etapa donde interviene formalmente el Poder Ejecutivo,[287] a quien le corresponde expresar su acuerdo con el proyecto de ley o decreto, sancionándolo. De tal suerte que la sanción consiste en el acto de aceptación de un proyecto de ley o decreto por parte del Poder Ejecutivo.[288] Regularmente, una vez que es sancionado un proyecto de ley o decreto, se declara, mediante una fórmula solemne, su válida incorporación al sistema normativo; a este momento se le denomina: promulgación.[289]

No obstante, el representante del Poder Ejecutivo podría discrepar del contenido del proyecto de ley o decreto aprobado por los representantes del Poder Legislativo, en cuyo caso podrá formular observaciones al mismo, a esto se le conoce en la doctrina como derecho de veto, mismo que, de ninguna manera será absoluto, ya que eso rompería la naturaleza de la separación de poderes al quedar supeditada la facultad de legislar a un poder distinto al que originariamente le fue reconocida esa potestad.

Cabe destacar que, ya sea que se haya desechado en todo o en parte el proyecto en cuestión, el Poder Legislativo podrá discutirlo nuevamente para determinar la idoneidad de las observaciones hechas por el veto del Ejecutivo y, en su caso, devolver el proyecto con las adecuaciones que se hayan considerado pertinentes para su correspondiente promulgación y publicación.

En México, las leyes o decretos que son aprobados y, por tanto, sancionados por el Ejecutivo Federal, serán promulgados bajo la siguiente fórmula solemne: *"El*

---

[286] *Cfr.* Tesis P. /J. 33/2007, *Semanario Judicial de la Federación y su Gaceta*, Novena Época, tomo XXV, mayo de 2007, p.1524.

[287] Se afirma lo anterior, toda vez que la presentación de una iniciativa de ley por parte del Ejecutivo es una situación contingente en el proceso legislativo, ya que no siempre son presentadas por este.

[288] *Cfr.* García Máynez, Eduardo, *op. cit.*, p.55.

[289] *Ídem.*

Congreso de los Estados Unidos Mexicanos decreta: (texto de la ley o decreto)". Es importante señalar que se reputará aprobado por el Poder Ejecutivo todo proyecto que no sea devuelto con observaciones a la Cámara de su origen dentro de los treinta días naturales siguientes a su recepción; vencido este plazo, el Ejecutivo dispondrá, para promulgar y publicar la ley o decreto que se trate, de diez días naturales, en términos del artículo 72, Apartado B, de la Constitución Política de los Estados Unidos Mexicanos.

En cuanto hace al derecho de veto, en nuestro país se consagra como una facultad que le permite al Ejecutivo Federal efectuar libremente las observaciones que estime pertinentes a cualquier proyecto de ley o decreto, sin ningún tipo de límite en su ejercicio en cuanto al contenido de las mismas se refiere, devolviendo así el proyecto o decreto que se trate a la Cámara de origen, tal y como ha sostenido, incluso, la Primera Sala de la Suprema Corte de Justicia de la Nación a través de la siguiente tesis:

"DERECHO DE VETO. AL NO EXISTIR ALGÚN PRECEPTO CONSTITUCIONAL QUE LIMITE SU EJERCICIO EN CUANTO AL CONTENIDO, EL TITULAR DEL PODER EJECUTIVO PUEDE REALIZAR LIBREMENTE SUS OBSERVACIONES A CUALQUIER PROYECTO DE LEY O DECRETO."[290]

El derecho de veto consiste en la facultad conferida al titular del Poder Ejecutivo para realizar libremente observaciones a cualquier proyecto de ley o decreto emitido por el Legislativo, con la única limitante de que lo haga dentro de los primeros diez días, contados a partir de que recibió el documento respectivo y, en su caso, en razón de la materia con que se vincule, pero sin que se advierta alguna disposición constitucional que limite el ejercicio de este derecho en cuanto a su contenido; de ahí que se presuponga la libertad que el Constituyente Permanente le ha conferido al Ejecutivo para ejercerlo, derivado de su carácter eminentemente político.

---

[290] *Cfr.* Tesis 1a. LXXXVII/2009, *Seminario Judicial de la Federación y su Gaceta*, Novena Época, tomo XXIX, mayo de 2009, p.851.

En ese sentido, se concluye que el titular del Poder Ejecutivo puede realizar libremente sus observaciones a cualquier proyecto de ley o decreto, en virtud de que la interpretación efectuada en el escrito que las contiene no puede reputarse jurídica, sino política, ya que no se sustenta necesariamente en motivos de derecho, sino de oportunidad, referidos a intereses económicos, sociales, políticos, etcétera; es decir, bajo argumentos y razones políticas y no sujetas a un método jurídico, pues así el derecho de veto representa un mecanismo de control político de poderes, cuyo objeto es mantener el equilibrio entre ellos, al presuponer una limitación del poder por el poder mismo, representando su ejercicio el principal contrapeso que posee el Poder Ejecutivo para frenar el exceso en el ejercicio de las funciones del Legislativo.

Sin embargo, el Ejecutivo no podrá realizar observación alguna a las resoluciones del Congreso o de alguna de las Cámaras:

I) Cuando estas ejerzan funciones de cuerpo electoral o de jurado;

II) Cuando la Cámara de Diputados declare que debe acusarse a uno de los altos funcionarios de la Federación por delitos oficiales, y

III) Cuando se trate del Decreto de convocatoria a sesiones extraordinarias que expida la Comisión Permanente, por disposición del artículo 72, Apartado J, de la Constitución mexicana.

Se estima oportuno señalar, de manera ejemplificativa, que durante el sexenio del Presidente Felipe Calderón Hinojosa se formularon nueve observaciones a leyes o decretos, de las cuales:

Se resolvieron cinco:

I) Decreto por el que se expide la Ley de Promoción y Desarrollo de los bioenergéticos;

II) Decreto por el que se reforman y adicionan diversas disposiciones de la Ley Federal de Protección al Consumidor;

III) Decreto que reforma y adiciona diversas disposiciones de la Ley Federal de Radio y Televisión;

IV) Decreto por el que se expide la Ley General de Cooperación Internacional para el Desarrollo, y

V) Decreto por el que se expide la Ley General de la Economía Social y Solidaria, reglamentaria del párrafo séptimo del artículo 25 de la Constitución Política de los Estados Unidos Mexicanos, por lo que se refiere al sector social de la economía.

Se desecharon dos:

I) Decreto por el que se reforman y adicionan diversas disposiciones de la Ley General de Sociedades Mercantiles, y

II) Decreto mediante el cual se integrará por la SHCP un fondo especial de diez mil millones de pesos para atender los daños ocasionados por las contingencias climáticas en Sonora, Baja California, Baja California Sur, Aguascalientes, Tamaulipas, Coahuila, Chihuahua, Sinaloa, Durango, Nuevo León, Zacatecas, San Luis Potosí, Querétaro, Guanajuato, Tlaxcala, Puebla, México, Hidalgo, Tabasco y Veracruz.

Quedaron pendientes dos en Comisiones:

I) Decreto por el que se adiciona un párrafo tercero al artículo 16 de la Ley de Desarrollo Rural Sustentable, y

II) Decreto por el que se garantizan los derechos de los usuarios de Compañía Mexicana de Aviación y sus filiales, en relación con la venta de boletos anterior al inicio del proceso de quiebra.

Algunas otras jurisprudencias destacadas que tienen repercusión sobre esta etapa son las siguientes:

I) La Suprema Corte de Justicia de la Nación ha sostenido que, cuando la materia de lo impugnado verse sobre asuntos que corresponden en su totalidad a cuestiones de índole política, estos no están sujetos a control jurisdiccional, como lo es el derecho de veto del Poder Ejecutivo, ya que el máximo tribunal carece de fundamentación constitucional para realizar tal control, a su vez, sería redundante ya que el Constituyente

Permanente local ha establecido el mecanismo idóneo para su superación, consistente en atender las observaciones realizadas por el Ejecutivo o confirmar su proyecto;[291]

II) También, el supremo tribunal se ha referido en cuanto a los plazos para impugnar un acto cuya publicación quedó en suspenso en virtud de que el titular del Ejecutivo local ejerció su derecho de veto, y contra este se promovió una diversa controversia constitucional, esta inicia al día siguiente al en que se realiza la publicación oficial de aquel;[292]

III) Por otro lado, también la Suprema Corte de Justicia de la Nación se ha referido a la omisión del ejercicio del derecho de veto en relación con una Ley Federal que impugna en controversia constitucional, cuya omisión no implica el consentimiento tácito de esa ley ni la improcedencia del juicio, y[293]

IV) Otro criterio importante es la actualización de la suspensión en controversia constitucional, la cual es factible su otorgamiento contra la promulgación y publicación de una norma electoral, cuando estos actos no se han ejecutado y se alega, por parte del Ejecutivo, violación al derecho de veto. Lo anterior, debido a que aún no han adquirido atributos de ley, como son la obligatoriedad y el inicio de su vigencia, esto con el fin de salvaguardar el orden constitucional y respetar la oportunidad del Ejecutivo para hacer observaciones.[294]

---

[291] Tesis 1a. LXXXVII/2009, *Semanario Judicial de la Federación y su Gaceta*, Novena Época, tomo XXIX, mayo de 2009, p.849.

[292] *Cfr.* Tesis P. /J. 21/2008, *Semanario Judicial de la Federación y su Gaceta*, Novena Época, tomo XXVII, febrero de 2008, p.1791.

[293] *Cfr.* Tesis P. /J. 122/2006, *Semanario Judicial de la Federación y su Gaceta*, Novena Época, tomo XXIV, noviembre de 2006, p.879.

[294] *Cfr.* Tesis P. /J. 160/2000, *Semanario Judicial de la Federación y su Gaceta*, Novena Época, tomo XII, diciembre de 2000, p.1118.

3.2.4. Publicación

Es el acto por el cual se da a conocer a los destinatarios de la norma la ley que fue previamente aprobada y sancionada.[295] Es necesario que, para este efecto, la publicación se realice a través de un medio oficial con una adecuada distribución y divulgación, con la intención de facilitar su conocimiento y observancia a las personas que verán impactadas en su esfera jurídica las disposiciones que emanan de los poderes del Estado. En el caso mexicano, esta publicación se realiza en el Diario Oficial de la Federación.[296]

La Suprema Corte de Justicia de la Nación ha emitido jurisprudencia relevante en cuanto a la etapa de la publicación, la cual se muestra a continuación:

I) Gracias al derecho que tiene todo gobernado a recusar todo acto de autoridad, el quejoso puede interponer un Juicio de Amparo contra normas generales; sin embargo, es improcedente cuando se impugna el refrendo y la publicación de aquellas, pero no por vicios propios; es decir, se aduce una falta de formalidad, sin mencionar los conceptos de violación, pero no opera la suplencia de la deficiencia de la queja, procede decretar la improcedencia del Juicio de Amparo;[297]

II) De igual manera, el Juicio de Amparo es improcedente cuando se omite señalar como autoridad responsable al titular del órgano del Estado que promulgó el decreto legislativo reclamado, se actualiza la causal de improcedencia del artículo 61, fracción XXIII, en relación con el diverso 108, fracción III, ambos de la Ley de Amparo;[298]

III) Cuando se promulga una ley o decreto local se enuncia la frase solemne, "El Congreso de los Estados Unidos Mexicanos Decreta: Texto de la Ley o Decreto", contenida en el artículo 70 de la Constitución Política de los

---

[295] *Cfr.* García Máynez, Eduardo, *op. cit.*, p.55.
[296] En nuestro país, por disposición del artículo 72, Apartado B, de la Constitución Política de los Estados Unidos Mexicanos, la publicación de las leyes y decretos expedidos por el Congreso de la Unión se realizarán en el Diario Oficial de la Federación.
[297] *Cfr.* PC.I.A. J 49/A, *Semanario Judicial de la Federación y su Gaceta*, Decima Época, tomo III, octubre de 2015, p.2248.
[298] *Cfr.* Tesis PC.III.A J. /70 A, *Semanario Judicial de la Federación y su Gaceta*, Decima Época, tomo V, junio de 2019, p.4315.

Estados Unidos Mexicanos, si esta frase está ausente del documento no afecta la validez de la publicación, si el gobernador utiliza otra expresión como "anuncio", "informo" u otra similar,[299] y

IV) Cabe destacar que, por ejemplo, según el máximo tribunal, las leyes y decretos expedidos por la Asamblea Legislativa del Distrito Federal, para su debida aplicación y observancia, solo es necesaria su publicación en la Gaceta Oficial del Distrito Federal.[300]

3.2.5. Inicio de la vigencia

Como regla general se ha aceptado que las leyes y decretos entren en vigor en el mismo momento en que son publicados, en el medio señalado para tal efecto; otra fórmula más laxa contempla la posibilidad de que las nuevas disposiciones adquieran vigencia el día siguiente de su publicación.

Sin embargo, ya sea por esperar a generar la infraestructura y los medios necesarios para implementar adecuadamente los mandatos ordenados o simplemente con la intención de que la ley pueda ser conocida suficientemente por sus destinatarios antes de que adquiera fuerza obligatoria, se puede indicar una fecha diversa y posterior de entrada en vigor a aquella en la que fue publicada; a este lapso que existe entre la publicación de ley o decreto y su entrada en vigor se le conoce como *vacatio legis*.[301]

En el caso mexicano, el inicio de la vigencia de una ley o decreto se estipula en sus artículos transitorios, dado que la función de este tipo de artículos se refiere a la aplicabilidad de otras normas, ya sea al señalar la entrada en vigor de una disposición o al derogarla, perdiendo su eficacia una vez que ha cumplido su cometido, motivo por el cual no pueden establecerse prescripciones genéricas con

---

[299] *Cfr.* Tesis P. /J. 105/2009, *Seminario Judicial de la Federación y su Gaceta*, Novena Época, tomo XXX, diciembre de 2009, p.1257.

[300] *Cfr.* Tesis 2a. /J. 142/2011, *Semanario Judicial de la Federación y su Gaceta*, Novena Época, tomo IV, septiembre de 2011, p.169.

[301] *Cfr.* Tesis I. 6o. C.30 K, *Semanario Judicial de la Federación y su Gaceta*, Novena Época, tomo IV, diciembre de 1996, p.479.

carácter vinculante a los particulares en estos artículos.[302] En ese sentido, independientemente de la fecha que se haya señalado para el inicio de la vigencia de una ley o decreto, estos obligarán a partir de ese día, siempre y cuando hayan sido publicados previamente.

Sin embargo, puede presentarse el caso de que una ley o decreto no contenga en sus transitorios el inicio de su vigencia; en ese supuesto, se aplicará supletoriamente el Código Civil Federal, mismo que, en su artículo 3o, establece para tal efecto que:

Las leyes, reglamentos, circulares o cualesquiera otras disposiciones de observancia general obligan y surten sus efectos tres días después de su publicación en el Periódico Oficial.

En los lugares distintos del en que se publique el Periódico Oficial, para que las leyes, reglamentos, etc., se reputen publicados y sean obligatorios, se necesita que, además del plazo que fija el párrafo anterior, transcurra un día más por cada cuarenta kilómetros de distancia o fracción que exceda de la mitad.

Cuando para la iniciación de vigencia de un dispositivo existe el periodo que la doctrina denomina *vacatio legis*, durante este los particulares no pueden ejercitar la acción de amparo por carecer de interés jurídico suficiente para impugnar una ley que aún no ha entrado en vigor y que, por lo mismo, no puede obligar a los particulares a cumplirla debido a que, durante dicho periodo, la ley no puede ser obligatoria. En consecuencia, si un particular se dice afectado por los efectos autoaplicativos de la norma, carece de interés jurídico para reclamarla en amparo antes de su entrada en vigor.[303]

Para finalizar, con la revisión de la entrada en vigor es importante observar que la Suprema Corte de Justicia de la Nación ha señalado que el legislador tiene facultad para fijar el día en que inicia su vigencia, pudiendo ser, incluso, el día de

---

[302] *Cfr.* Huerta Ochoa, Carla, "Artículos transitorios y derogación" *en Boletín Mexicano de Derecho Comparado*, UNAM–Instituto de Investigaciones Jurídicas, nueva serie, año XXXIV, núm. 102, septiembre–diciembre de 1996, p.479.
[303] *Cfr.* Tesis P. /J. 201/2011, *Semanario Judicial de la Federación y su Gaceta*, Novena Época, tomo II, septiembre de 2011, p.3815.

su publicación. Lo anterior, debido a que no existe ninguna disposición expresa que regule las fechas que deban entrar en vigor, en otras palabras, es facultad expresa y exclusiva del legislador determinar la fecha en que se ha de promulgar y observar la entrada en vigor de una norma.[304]

3.2.6. Situación del sistema bicameral

La integración del Congreso en dos cámaras es una herencia de la tradición parlamentaria y constitucional desde el diseño original de la Constitución de 1917, en este mismo sentido, la configuración es un contrapeso al poder de la otra cámara, en este sentido y originalmente, creada para ser un contrapeso en la creación de leyes para la Cámara de Diputados.[305] Cabe señalar que la Cámara de Senadores no fue creada con las mismas intenciones aristocráticas que en otros modelos parlamentarios, sino que en su origen sean elegidos por voto universal y con el fin de participar en el mismo sentido que la Cámara de Diputados en la creación de leyes.[306]

Según lo dispuesto por el artículo 50 constitucional, las dos cámaras forman parte del Congreso de la Unión, solo distinguiéndose no por su naturaleza jurídica, la cual es similar, sino por la representación política que tienen en diferencia; ya que la Cámara de Diputados representa a la población local y federal, los senadores representan a las entidades Federativas y al Pacto Federal, pero en el proceso legislativo no se hace distinción de sus facultades y ambas participan de la misma forma salvo ciertas materias.[307]

En la integración del Senado deben estar representadas las entidades federativas en número idéntico de representantes. Aunque los senadores son

---

[304] *Cfr.* Tesis P. /J. 85/2011, Semanario Judicial de la Federación y su Gaceta, Novena Época, tomo I, septiembre de 2011, p.506.

[305] *Cfr.* Martínez Puente, Khemvirg, "Bicameralismo en la Constitución Mexicana y en perspectiva comparada", en Ugarte Salazar, Pedro (coord.), *Cien Ensayos para el Centenario tomo 4, Estudios Políticos,* México, Instituto de Investigaciones Jurídicas, núm. 788, 2017, p. 261.

[306] *Cfr. Ídem.*

[307] *Cfr. Ídem.*

electos popularmente y no a través de las legislaturas locales, estos representan a los estados y no a los votantes.[308]

El anterior principio persistió hasta la reforma constitucional de 1996, cuando, como consecuencia de presiones políticas opositores se introdujo la figura de senadores de representación proporcional por partido político.[309]

Como hemos señalado, la concentración política en un solo partido domino el siglo XX, así que las modificaciones al marco jurídico del Senado de la República estuvieron dirigidas a darle mayor participación a los grupos opositores. Sin embargo, mientras en Diputados perdía la mayoría en 1988, el Senado se mantuvo controlado y como cámara revisora bloqueo las iniciativas, como sucedió en la LVII Legislatura, del año 1997 al año 2000.[310]

Ya que el sentido del sistema bicameral es brindar un contrapeso político al proceso legislativo; de los elementos para promover la simetría de poderes de las Cámaras del Congreso fue señalado en el articulo 72 constitucional donde se detalla el tramite legislativo, establece que *"todo proyecto de ley o decreto, cuya resolución no sea exclusiva de alguna de las Cámaras, se discutirá sucesivamente en ambas, observándose la Ley del Congreso y sus reglamentos respectivos, sobre la forma, intervalos y modo de proceder en las discusiones y votaciones".*[311]De esta forma cualquier cámara tiene un lugar central en la discusión de cualquier proyecto legislativo.[312]

El sistema bicameral en concreto tiene tres causas que justifican su adaptación en México:

I) La división plena de poderes al interior del Poder Legislativo que no se realicen cambios abruptamente;

II) Una segunda opinión para la perfección de leyes, y

---

[308] *Cfr.* Martínez Puente, Khemvirg, *op. cit.,* p. 263.
[309] *Cfr. Ibídem,* p. 264.
[310] *Cfr. Ibídem,* p. 265.
[311] Constitución Política de los Estados Unidos Mexicanos, *op. cit.,* articulo 72.
[312] *Cfr.* Martínez Puente, Khemvirg, *op. cit.,* p. 266.

III) Una representación territorial que vela por la protección del sistema federal, teniendo más actores políticos para la discusión, eventualmente se otorga mayor legitimidad a las decisiones que se toman con este modelo institucional.[313]

La segunda opinión permite una mayor discusión y sometimiento a un escrutinio más eficaz, no obstante que existan mayor pluralidad de actores hay mas posibilidades de que no se llegue a un acuerdo entre estos y se publique el proceso legal.[314]

También, el bicameralismo es una forma de proteger el sistema legal y la conservación de la costumbre legal alcanzada desde 1917. Un punto importante sobre el bicameralismo es que, aunque formalmente el Senado de la República es representante de las entidades, en realidad actúan de forma simétrica a la Cámara de Diputados, y aun así no existen comisiones bicamerales, pues se busca la discusión y confrontamiento de ideas.[315]

El bicameralismo en México ha cumplido varios propósitos simultáneamente en un primer momento sirvió como una cámara revisora para perfeccionar los contenidos de las leyes, pero con el transito a la democracia el Senado adquirido un papel central de discusión política que sirve para el bloqueo de iniciativas y viceversa, pasando de su carácter de representación federal a un centro simétrico de discusión.[316]

Aprobado un proyecto en la cámara de origen, pasará a la otra cámara colegisladora, que de igual manera procederá a la discusión y aprobación de la iniciativa de ley. En este momento pueden presentarse tres situaciones distintas, a saber:

---

[313] *Cfr.* Martínez Puente, Khemvirg, *op. cit.,* p. 265.
[314] *Cfr. Ídem.*
[315] *Cfr.* Ibídem, p. 269.
[316] *Cfr.* Ibídem, p. 270.

I)   Que la cámara revisora la apruebe sin modificaciones; en cuyo caso se continuará con el procedimiento legislativo iniciándose así la fase que hemos denominado integradora de la eficacia;

II)   Que algún proyecto de ley o decreto fuese desechado en su totalidad por la cámara revisora, en cuyo caso volverá a la cámara de origen con las observaciones que aquélla le hubiese hecho. Si una vez examinado fuese aprobado por la mayoría absoluta de los miembros presentes de la cámara de origen, pasará a la cámara revisora, que lo desechó, la cual deberá volverlo a tomar en consideración y si lo aprobare por la misma mayoría se pasará a la siguiente etapa del procedimiento legislativo. Pero, en caso contrario, si la cámara revisora lo volviera a rechazar, dicha iniciativa de ley no podrá presentarse nuevamente en el mismo periodo de sesiones, y

III)   Si no se presentará ninguno de los dos supuestos anteriores y un proyecto de ley o decreto fuese desechado en parte, modificado, o adicionado por la cámara revisora; la discusión de la cámara de origen versará únicamente sobre lo desechado o sobre las reformas o adiciones, sin poder alterarse en manera alguna los artículos aprobados. Si las adiciones o reformas hechas por la cámara revisora fuesen aprobadas por la mayoría absoluta de los votos presentes en la cámara de origen se pasará a la siguiente fase del procedimiento legislativo.[317]

Si, por el contrario, las reformas o adiciones, elaboradas por la cámara revisora, fuesen rechazadas por la mayoría de los votos en la cámara de origen, la iniciativa volverá a aquélla para que considere las razones expuestas por ésta, y si por mayoría absoluta de los votos presentes, en la cámara revisora se desecharen en esta segunda revisión dichas adiciones o reformas, el proyecto en lo que haya sido aprobado por ambas cámaras se someterá a la siguiente fase.

---

[317] Constitución Política de los Estados Unidos Mexicanos, *op. cit.,* articulo 72, inciso D.

Si la cámara revisora insistiere, por la mayoría absoluta de los votos presentes, en dichas adiciones o reformas, todo el proyecto no volverá a presentarse sino hasta el siguiente periodo de sesiones, a no ser que ambas cámaras acuerden, por mayoría absoluta de sus miembros presentes, que se expida la ley o decreto sólo con los artículos aprobados y que se reserven los adicionados o reformados para su examen y votación en las sesiones siguientes.

3.3. Aspectos que integran a las normas

3.3.1. Jurídico. Presupuestos del sistema normativo

3.3.1.1. Completitud

El presupuesto de completitud está ligado a todos los aspectos que integran el sistema jurídico, con los cuales logra una unidad sistémica el derecho. Este concepto de unidad tiene como propósito que sea más fácil para el operador analizar y resolver los conflictos normativos que se le presenten,[318] por lo cual, si el sistema jurídico carece de completitud, consistencia y coherencia no se podrá regular a sí mismo y colapsará, lo que se traduce como falta de gobernabilidad, violaciones a derechos fundamentales, pérdida de democracia y, en el peor de los casos, un Estado fallido.

Estos elementos que conforman la unidad del sistema jurídico son las normas jurídicas y sus contenidos, así como los procedimientos de creación que se encuentran previstos en las normas.

La completitud es una de las características que debe cumplir el sistema normativo, además de la coherencia y de la consistencia. Como tal, la completitud es la pretensión de que, para cada caso fáctico, exista una solución en el sistema jurídico.[319] Es decir, que se deben contemplar todos los supuestos indispensables para su funcionamiento. Lo anterior, para que no existan lagunas, vacíos y contradicciones en el sistema jurídico, y, por el contrario, si se encuentran las soluciones a todo hecho fáctico, significaría un verdadero Estado de derecho.

---

[318] *Cfr.* Huerta Ochoa, Carla, *Conflictos Normativos, op. cit.* p.122.
[319] *Cfr. Ibídem*, p.134.

La completitud no significa necesariamente inflación normativa, dicha expresión se usa para señalar un aumento excesivo en la producción de normas[320], pero la completitud nos llevaría a tener un sistema completo, suficiente y eficaz; como tal, es la pretensión de que para cada caso exista una solución. Esta noción implica un presupuesto de interpretación real del sistema, la existencia de algún tipo de regla de clausura, como, por ejemplo: *"lo que no está jurídicamente prohibido, está jurídicamente permitido".*[321]

En este punto es importante mencionar las lagunas jurídicas, las cuales son: la ausencia de reglamentación sobre un hecho concreto.[322] Pero, en realidad, las lagunas se presentan a pesar de la previsión de diversos tipos de reglas de clausura específicas, y, aunque representan un problema grave para el juez que debe dar una respuesta a un caso concreto, no constituyen un conflicto normativo, sino una anomalía.

Es por ello por lo que el legislador debe pensar y analizar al sistema jurídico en su unidad, bajo el elemento básico de completitud, para que se complemente con las leyes ya vigentes y las diferentes normas de clausura, evitando, en la medida de lo posible, la colisión de normas, contradicción de supuestos normativos y la inflación legislativa innecesaria.

Para emplear una buena técnica legislativa orientada hacia la completitud del sistema jurídico, el legislador debería tener el conocimiento de todos los cuerpos normativos de la materia a legislar, así como de los órganos jurisdiccionales que vayan a conocer de la materia. También deberá tener el conocimiento de las formas de interpretación de los órganos jurisdiccionales, para que, al momento de legislar, se tengan en cuenta los posibles conflictos normativos y se legisle de forma completa.

---

[320] *Cfr.* Gerónimo Brenna, Ramón, "El ordenamiento de las leyes", en *Revista electrónica de Teoría y Práctica de la Elaboración de Normas Jurídicas*, Argentina, año I, núm. I, noviembre de 2004, pp.4-19.
[321] *Cfr.* Huerta, Ochoa, Carla, *Conflictos Normativos, op. cit.*, p.135.
[322] *Cfr.* Farrel, Martin, "Lagunas del Derecho" en *Escritos y ensayos Revista del Instituto de Investigaciones Jurídicas*, núm. 39, pp. 1-30.

3.3.1.2. Coherencia

Retomando lo anteriormente expuesto, el sistema jurídico para ser funcional debe configurarse en una unidad completa; aunado a esto, debe tener coherencia, puesto que de otra manera no se puede hablar de resolución de conflictos normativos. La coherencia es entendida como un criterio de racionalidad, implica la justificación del sistema en su totalidad; significa el cumplimiento de una serie de condiciones, criterios y reglas. Se podría decir que, como mínimo, constituye una expectativa de consistencia, un sistema coherente contemplaría de forma clara las consecuencias de ser su aplicación e inaplicación; es decir, es una propiedad positiva del sistema que describe la relación congruente entre normas de forma prescriptiva.[323]

Un sistema jurídico coherente no debería tener contradicciones y debería tener, a su vez, consistencia; según la perspectiva de MacCormick, para que el sistema jurídico sea razonable y coherente, todas las normas deben cumplir con un mismo principio general o deben derivar de él.[324] La coherencia de las normas es una cuestión de tener sentido, de ser congruentes, por estar relacionadas racionalmente como un conjunto, ya sea en función de la realización de valores comunes o para la satisfacción de uno o varios principios comunes. La coherencia, desde este punto de vista, es una cuestión de racionalidad que expresa una propiedad ideal de un sistema jurídico, este ideal puede concretarse en la forma de la Constitución.

Este principio puede ayudar a resolver los conflictos normativos en la medida que facilite la interpretación de las normas en conflicto, se manifiesta en su validez que sostiene que el derecho contiene reglas válidas que deben ser consistentes, lo cual significa, como mínimo, la regulación de los medios para resolver los conflictos y la coherencia del sistema; es decir, que esté organizado conforme a valores inteligibles y mutuamente compatibles.[325]

---

[323] *Cfr.* Huerta, Ochoa, Carla, *op. cit.*, p.130.

[324] *Cfr.* MacCormick, Neil, "Coherence in Legal Justification", en Krawwietz, W, et. al., *Theorie der Normen, Fetsgube für O. Weinberger, zum 65 Geburstag,* Berlín, Duncker und Humbolt, 1984, pp. 41, 42 y 53.

[325] *Cfr.* Huerta Ochoa, Carla, *Conflictos Normativos, op. cit.,* p.132.

3.3.1.3. Consistencia

La consistencia se predica de las normas y califica de acuerdo con criterios lógicos los modos en que estas se relacionan entre sí, se define como una cualidad negativa, es decir, como la ausencia de contradicciones, las cuales aparecen por la imposibilidad del sistema normativo de aplicar todas y cada una de las normas en el mismo lugar y tiempo.

En caso de presentarse una antinomia debe auxiliarse para resolver estas antinomias con reglas de clausura. La consistencia, entendida como ausencia de contradicciones,[326] constituye una condición de la coherencia del sistema normativo, y que esta última significa la relación sistémica de sus normas.[327] Por el contrario, es inconsistente si un caso está relacionado con dos o más soluciones y estas, además, constituyen una contradicción normativa.[328]

Las reglas de clausura deben cumplir con las siguientes condiciones de adecuación:

I) Tienen que clausurar el sistema; es decir, hacerlo completo con respecto a cualquier conflicto normativo, y

II) Tienen que preservar la coherencia del sistema; esto es, no introducir nuevas incoherencias, de tal manera que, si el sistema originario es coherente, también debe serlo el sistema que resulte de agregarle la regla de clausura.

Como, por ejemplo, alguna norma de clausura puede ser que, al existir un conflicto de normas, se tenga preferencia una norma por su jerarquía, especialidad o temporalidad.

En cuanto a su jerarquía las normas en México suelen clasificarse, de mayor a menor jerarquía, entre:

---

[326] *Cfr.* Alchourron, Carlos y Bulygin Eugenio, *Análisis lógico y derecho*, Madrid, Centro de Estudios Constitucionales, 1991, p.292.
[327] *Cfr.* Huerta Ochoa, Carla, *Conflictos Normativos, op. cit.*, p.124.
[328] *Cfr.* Alchourron, Carlos y Bulygin, Eugenio, *op. cit.,* p.45.

I) Normas constitucionales, tratados internacionales y leyes generales expedidas por el Congreso;

II) Leyes federales, estatales y de la Ciudad de México, y

III) Normas municipales; dicha clasificación deviene de la interpretación que, el miércoles 13 de febrero de 2007, la Suprema Corte de Justicia de la Nación realizó del artículo 133.

Lo que correspondería, en cuanto a su especialidad, es que se tomara una norma especial frente a una particular si se adecua al caso en concreto, por ejemplo, el Código de Comercio se aplicaría sobre el Código Civil en cuestiones mercantiles.

Por último, en cuanto su temporalidad se seguirá la regla de que una norma posterior deroga a la anterior, tomando en cuenta el principio de irretroactividad de la norma, consagrado en el artículo 14 constitucional.

Por otra parte, según Von Wright,[329] un conjunto de normas obligatorias es consistente cuando la conjunción de sus contenidos es realizable, de otra manera es inconsistente. Esto es así porque las contradicciones normativas se producen entre contenidos normativos, es decir, conductas reguladas, y, de ser el caso, las normas no pueden ser satisfechas. En "Norma y acción", Von Wright identifica la consistencia con la racionalidad,[330] de tal forma que solamente si el legislador se conduce racionalmente pueden evitarse las contradicciones; de lo contrario, en consecuencia, los conflictos normativos son indicativos de que las normas del orden jurídico no han sido expedidas o interpretadas de una manera completamente racional.

Por lo tanto, para que un orden jurídico pueda ser contemplado como un sistema eficiente y completo, debe ser coherente, debe existir una relación sistémica entre sus normas, y para poder ser considerado coherente debería ser, además,

---

[329] *Cfr.* Von Wright, Henrik, *Sein und Sollen Normen Werte und Handlungen*, Frankfurt, Sunkamp, 1994, p.66.
[330] *Cfr.* Von Wright, Henrik, *Norma y Acción: Una Investigación lógica*, trad. de Carlos García Ferrero, Madrid, Tecnos, 1979, p.162.

consistente; es decir, libre de contradicciones, lo que debe entenderse como si fuese un requisito de la coherencia.

Las propiedades de completitud, coherencia y consistencia deben ser consideradas como pretensiones o principios regulativos del sistema jurídico que tienen por objeto hacerlo eficaz, estas características son necesarias para poder calificar a un sistema normativo como jurídico. La principal función de estos principios es posibilitar a la reconstrucción lógica del sistema y de las normas para su aplicación.[331]

3.3.2. Lingüístico

3.3.2.1. Carácter

El carácter de las normas es una parte o ingrediente de estas, forma parte del núcleo normativo, junto con la conducta y la condición de aplicación. El núcleo normativo es una estructura lógica que las normas jurídicas tienen en común con otros tipos de normas.[332] El carácter de una norma depende de si la norma se da para que algo deba o pueda o tenga que no ser hecho.[333]

Para Von Wright existen tres características de la norma: el deber u obligatoriedad, el poder o permisivo, el no tener que hacerlo o prohibición; Si una norma jurídica se da para que algo deba ser hecho, a menudo la llamamos mandamiento u orden. Si se da para que algo pueda ser hecho, la llamamos permiso. Si finalmente se da para que algo tenga que no ser hecho, la llamamos prohibición. Entonces, la norma puede ser: obligatoria, permisiva o prohibitiva, siendo estas las características de la norma.

Valdría la pena señalar que existen otras normas, por ejemplo, el consejo, ruego, recomendación, petición, amonestación son categorías emparentadas con la obligación, permiso y prohibición.[334]

---

[331] *Cfr.* Huerta Ochoa, Carla, *Conflictos Normativos, op. cit.*, p.135.
[332] *Cfr.* Von Wright, Henrik, *Norma y Acción: Una Investigación lógica, op. cit.*, p.87.
[333] *Cfr. Ídem.*
[334] *Cfr. Ibídem*, p.88.

Así, por ejemplo, una norma que prohíba la entrada de extranjeros al territorio nacional tendría un carácter prohibitivo, una norma que permita a un extranjero comprar inmuebles en territorio nacional tendría un carácter permisivo y una norma que obligue a los mexicanos a pagar impuestos sería una norma obligatoria.

3.3.2.2. Conducta

La conducta se entiende como un enunciado prescriptivo, el verbo o actividad que demanda la norma, hablando en términos generales, aquello que debe o puede o tiene que hacerse o no hacerse. El contenido de una prescripción en particular es, en consecuencia, la cosa prescrita -obligada, permitida, prohibida-.

Por ejemplo, el tercer párrafo del artículo cuarto de la Constitución Política de los Estados Unidos Mexicanos que menciona:" ... *Toda persona tiene derecho a la alimentación nutritiva, suficiente y de calidad. El Estado lo garantizará.*"; aquí la conducta de la norma se identifica con el vocablo "garantizar".

Desde el punto de vista de la conducta, las normas pueden dividirse en dos grupos principales: normas concernientes a la acción y normas concernientes a la actividad.[335] Las normas de acción son, a su vez, actos y abstenciones, por ejemplo, el enunciado "cierra la puerta" es una acción, en cambio "se prohíbe cerrar la puerta" es una abstención. Las normas de actividad son, por ejemplo, el enunciado "se permite comer" es permisiva a una actividad, y el enunciado "no correr en caso de un sismo" prohíbe una actividad.

3.3.2.3. Condición de aplicación

Llamaremos condición de aplicación de la norma a aquella condición que tiene que darse para que exista oportunidad de hacer aquello que es el contenido de una norma dada. Las condiciones de aplicación de las normas elementales son simplemente las condiciones de ejecución de los actos elementales

---

[335] *Cfr.* Von Wright, Henrik, *Norma y Acción: Una Investigación lógica, op. cit.,* p.88.

correspondientes. Pueden existir generalmente dos tipos de condición de aplicación:

I) **Categórica:** Es aquella cuya condición de aplicación es la condición que tiene que cumplirse para que exista una oportunidad de hacer aquello que constituye su contenido y ninguna otra condición, y

II) **Hipotética:** Es aquella cuya condición de aplicación es la condición que ha de cumplirse para que exista una oportunidad de hacer aquello que constituye su contenido y ninguna otra condición.

En otras palabras, en el primer caso, es decir, la categórica, no necesita alguna condición, término, plazo o modo adicional al enunciado para aplicarse ni de otros requisitos para que surta efectos. Por otro lado, la condición hipotética necesita requisitos adicionales, condiciones de término, plazo, modo o requisito adicional para que se actualice la hipótesis contenida en la norma y surta efectos jurídicos.

Otra forma de identificar las condiciones de aplicación categóricas de las normas es si una norma es categórica, su condición de aplicación viene dada por su contenido. Conociendo su contenido sabemos cuál es su condición de aplicación.[336] Por esta razón, no es necesaria la mención de la condición para formular la norma, así, por ejemplo, una prescripción que ordena que la jurisprudencia es obligatoria para cualquier juzgador dentro del ordenamiento jurídico mexicano.

En cambio, si una norma es hipotética, su condición de aplicación no puede ser derivada solamente de su contenido. Hay que mencionar, por consiguiente, en su formulación, la condición adicional,[337] como, por ejemplo, la prescripción que menciona que la jurisprudencia de la Corte Interamericana de Derechos Humanos es obligatoria para el Estado mexicano, solo si ha sido parte en un juicio.

---

[336] *Cfr.* Von Wright, Henrik, *Norma y Acción: Una Investigación lógica*, op. cit., p.91.
[337] *Cfr.* Von Wright, Henrik, *Norma y Acción: Una Investigación lógica*, op. cit., p.91.

Aunado a lo anterior, hay tres panoramas cuyas condiciones de aplicación son las siguientes:[338]

I) Que un estado de cosas dado no exista, pero que se produzca a menos que se impida mediante una acción, como puede ser la comisión de un delito;

II) Que un estado de cosas dado exista y no desaparezca a menos que sea mediante una acción, como la pérdida de algún bien mediante una sentencia o pérdida de algún derecho político por estar comulgando una pena, y

III)Que un estado de cosas dado exista, pero desaparezca, a menos que se impida mediante una acción, como, por ejemplo, la propiedad de una persona fallecida, para restaurar el patrimonio se instituyen las normas que regulen la herencia y legados.

3.3.2.4. Sujeto Normativo

En palabras de Von Wrigth, el sujeto normativo es: *"Por sujeto (o sujetos) de una prescripción entiendo el agente (o agentes) a quienes la prescripción se dirige o da. A los sujetos se les manda o permite o prohíbe por la autoridad hacer y/o abstenerse de ciertas cosas."*[339]Así pues, el sujeto normativo es a quien o a quienes va dirigida la norma.

A saber, pueden existir normas particulares con relación al sujeto cuando se dirija a un grupo o individuo en específico o una pluralidad específica.[340] En el primer caso, cuando va dirigido hacia un grupo específico, puede ser que sea por sus características específicas de un grupo de individuos que comparten entre sí y están sujetos a un régimen jurídico especial, como los trabajadores de alguna industria y están bajo el mandato de un contrato-ley, estatutos de un sindicato o normas de seguridad social. En el segundo supuesto, el individuo o pluralidad de individuos hacia quien se dirige una norma es el caso de una norma individualizada, el único

---

[338] *Cfr.* Von Wright, Henrik, *Norma y Acción: Una Investigación lógica, op. cit.*, p.90.
[339] *Cfr. Ibídem* p.93.
[340] *Cfr. Ibídem*, p.94.

caso existente de esta forma sería una sentencia emitida por un juez y que determina un mandato dirigido a una persona en específico o personas.

Cabe destacar que una norma que mande, permita o prohíba a todos los sujetos de una determinada descripción disyuntivamente, no es una norma que es general, con relación a sus sujetos; es decir, si una norma abarca una generalidad específica, es una norma particular con relación a su sujeto.[341]

Así pues, las leyes del Estado, en cuanto que conciernen a la conducta de los individuos ciudadanos de un Estado o que se encuentren dentro del territorio de un Estado, van dirigidas o satisfacen a una determinada descripción, son también normas particulares con relación al sujeto, como, por ejemplo, el artículo primero de la Constitución Política de los Estados Unidos Mexicanos, en su primer párrafo que dicta: *"En los Estados Unidos Mexicanos todas las personas gozarán de los derechos humanos reconocidos en esta Constitución y en los tratados internacionales de los que el Estado Mexicano sea parte.."; esta es una norma particular con relación al sujeto, porque va dirigida a una generalidad con particularidad.

También pueden existir normas generales, con relación al sujeto normativo, estas son las que se dirijan a todos los sujetos sin restricción o a todas las personas, como, por ejemplo, las normas morales, sociales o religiosas, o incluso, en otro orden, los principios[342] y el derecho de gentes internacional.

Cuando una norma es impersonal su redacción va dirigida a la colectividad, se podría hablar de que es una norma general; pero, dependiendo del contexto, situación y la autoridad que la dirige, existen más posibilidades de que sea particular con relación al ordenamiento jurídico. Como mencionamos anteriormente, solo los principios morales podrían ser generales, bajo las definiciones que hemos presentado.

---

[341] *Cfr. Ibídem*, p.95.
[342] *Cfr.* Alexy, Robert, *Teoría de la Argumentación Jurídica*, trad. de Manuel Atienza, 2a. ed., Madrid, Centro de Estudios Políticos y Constitucionales, 2014, p.350.

3.3.2.5. Problemas del lenguaje.

Para comenzar nuestro análisis del lenguaje jurídico, primero debemos tener en cuenta ciertas precisiones en cuanto al lenguaje, según el filósofo de la lingüística J.L. Austin, no solo la descripción del mundo es la única tarea del lenguaje; de hecho, quien crea lo contrario lo denomina: "falacia descriptiva",[343] y para analizar el lenguaje propone una serie de conceptos fundamentales como son: "los actos del habla", los cuales son acciones que se realizan diciendo algo[344]; como por ejemplo, una promesa, quien utiliza una promesa no solo enuncia una oración sino que está "prometiendo algo", cada acto del habla puede diferenciar dos, a menudo tres, actos diferentes:

I) **Acto locucionario:** consiste en la expresión de un enunciado con un significado determinado, es decir, que su fonética, su fáctica y su rética están determinadas previamente. En este acto se utiliza la lógica de falsedad y verdad;

II) **Acto ilocucionario:** consiste en la convención de las reglas del lenguaje sobre un enunciado determinado; es decir, se actúa bajo las convenciones de las reglas del lenguaje, y

III) **Acto perlocucionario:** es la acción que se hace al formular un enunciado, como, por ejemplo, el prometer algo.

Bajo el anterior sentido, un enunciado puede ser defectuoso no solo porque lo que se dice sea falso o incorrecto bajo la luz de la lógica <<locucionario>>, sino que también puede ser hecho o no hecho <<perlocucionario>> y, a su vez, también puede faltar a ciertas normas de gramática u ortografía <<ilocucionario>>.

Después de esta breve explicación, observaremos que, en la emisión de normas jurídicas, si bien existen errores de todo tipo, los más comunes son los pertenecientes al locucionario e ilocucionario, si algún error se encuentra dentro del campo perlocucionario, entraría en oscuridad de la ley o alguna ambigüedad.

---

[343] *Cfr.* J.L.Austin, *Cómo hacer cosas con las palabras*, Londres, Oxford, 1962, p.3.
[344] *Cfr.* J.L.Austin, *op cit.,* p.6.

El lenguaje es indispensable para el derecho en tres dimensiones:[345]

I) Por prioridad ontológica, es decir, el lenguaje es constitutivo del derecho;

II) Por prioridad epistémica, se refiere a que no es posible el conocimiento del derecho sin lenguaje, y

III) Por prioridad práctica, ya que, sin el lenguaje, el derecho no puede cumplir su finalidad.

Por lo que se refiere al lenguaje utilizado en las normas, no difiere del lenguaje común sino por su especialización, se puede afirmar que el lenguaje jurídico es el utilizado en las normas.[346]

Asimismo, este lenguaje tiene las siguientes características:

I) Es un lenguaje prescriptivo, destinado a establecer mandatos y prohibiciones y no a describir una realidad preexistente;

II) Es un lenguaje finalista o, si prefiere, es especialmente finalista, ya que, si bien todo lenguaje tiene una finalidad <<la comunicación entre personas>>, en este caso existe una finalidad específica, que es regular la vida en sociedad ofreciendo soluciones previas a los posibles conflictos. Y es ahí donde encuentran su sentido los mandatos y prohibiciones;

III) Es un lenguaje sistemático, ya que cada enunciado pertenece a un sistema, y no es posible entender ninguno de los enunciados sin el sistema al que pertenecen;

IV) Como todo lenguaje especializado utiliza en ocasiones una terminología específica, pero también recurre con frecuencia a la terminología propia de otras ciencias (como la economía, la ciencia política, la filosofía o muy

---

[345] *Cfr.* Laporta San Miguel, Francisco, "El Lenguaje y la Ley", en *Revista Española de la Función Consultiva*, núm. 6, julio-diciembre de 2006, pp. 97-98.
[346] *Cfr.* Revorio Díaz, Javier, "Lenguaje de las normas, normas del lenguaje: sobre la corrección del lenguaje normativo ", en *Revista Española Consultiva de Castilla-La Mancha.*

diversas disciplinas científicas) y, desde luego, a la terminología común que debe ser su base, y

V) Es probablemente, entre los lenguajes técnicos, el que tiene un mayor número de destinatarios, ya que las normas van dirigidas a todos los ciudadanos que tienen el deber de cumplirlas, por lo cual se deben conocer. Esta es una de las paradojas del lenguaje normativo, ya que, es un lenguaje elaborado por técnicos, pero que por su naturaleza debe dirigirse a todos y, por tanto, también a no estudiosos ni doctos en derecho.

Todas estas características y, especialmente la apuntada en último lugar, configuran un lenguaje que debe estar presidido por dos criterios esenciales: la comprensión y la certeza.

El primero, la comprensión, desde luego debe ser un criterio aplicable a todo tipo de lenguaje, es especialmente importante en el ámbito jurídico como consecuencia de la universalidad de sus destinatarios. El segundo, la certeza, es una consecuencia del carácter técnico de este lenguaje, y ambos derivan de alguna manera de un principio jurídico de primer rango, como es la seguridad jurídica. Estos criterios, que debe tener muy presente quien redacte las normas, imponen un estilo determinado, presidido por la idea de la sencillez. Cabría decir que el lenguaje normativo debe regirse por la máxima sencillez posible que sea compatible con el máximo rigor técnico que exija la materia.

En este punto cabe mencionar los principales problemas del lenguaje jurídico, los cuales derivan de la falta de precisión y sencillez en el uso del lenguaje, los problemas del uso del lenguaje jurídico en la creación de normas: son la vaguedad, ambigüedad, antinomias y lagunas.

Se entiende por vaguedad la imprecisión o indeterminación del significado de los vocablos. Se considera vago o de textura abierta, por ejemplo, un predicado como "joven", no existe un rango de edad o a qué se refiere como "joven". La vaguedad de las expresiones usadas en el lenguaje de las leyes hace que el intérprete, frente a un caso de vaguedad, no pueda decidir si el supuesto de hecho debe ser aplicado en la norma en cuestión.[347]

La ambigüedad significa que una cosa puede entenderse de varios modos o admitir distintas interpretaciones, y que esto origine dudas, confusión e incertidumbre. Aquí cabe señalar que esta depende del significado de vocablos y de los sintagmas, de la sintaxis de los enunciados o del contexto; es decir, un problema de interpretación teleológica <<la intención y fin del legislador>>.[348]

La sintaxis se encarga del análisis de la forma en que se combinan y se disponen linealmente las palabras, así como el de los grupos que forman. En este ámbito, la sencillez debe ser de nuevo la regla en el lenguaje normativo y, por extensión, en el lenguaje jurídico. La perífrasis es el camino más largo entre dos puntos y, como regla general, debería evitarse. Una redacción clara y sencilla es básica para favorecer la comprensión de un texto normativo. Ello debe conllevar normalmente la preferencia por frases más breves, evitando la acumulación de proposiciones coordinadas y subordinadas y acudiendo al punto y seguido mucho más que a la coma y al punto y coma.[349]

Las antinomias jurídicas se entienden como un conflicto entre normas. Existen antinomias cuando una norma ordena hacer algo y otra lo prohíbe; cuando una norma ordena hacer algo y otra no lo permite; cuando una norma prohíbe hacer algo y otra lo permite como, por ejemplo, el artículo 20, apartado B, fracción III de la Constitución Política de los Estados Unidos Mexicanos, que establece los derechos del imputado en un proceso penal, el cual a su letra menciona que:

"De los derechos de toda persona imputada.

III. A que se le informe, tanto en el momento de su detención como en su comparecencia ante el Ministerio Público o el juez, los hechos que se le imputan y

---

[347] *Cfr.* López Ruiz, Miguel, *Redacción Legislativa*, 1a. ed., México, Senado de la Republica LVIII Legislatura, 2002, p.48.
[348] *Cfr.* López Ruiz, Miguel, *op. cit.*, p.49.
[349] *Cfr.* Revorio Díaz, Javier, op. cit., p.12.

*los derechos que le asisten. **Tratándose de delincuencia organizada**, la autoridad judicial podrá autorizar que se mantenga en reserva el nombre y datos del acusador. La ley establecerá beneficios a favor del inculpado, procesado o sentenciado que preste ayuda eficaz para la investigación y persecución de delitos en materia de delincuencia organizada...*"

En este caso se observan los principios fundamentales del debido proceso[350], para después establecer una norma contraria condicionada en "delincuencia organizada", creando dos procesos penales yuxtapuestos y contrarios, este tipo de deficiencias corresponde a una antinomia que puede dificultar la aplicación e interpretación de la ley o trastornar todo un sistema jurídico.

Las lagunas jurídicas o de ley se generan cuando no hay alguna norma que conecte una consecuencia jurídica cualquiera a un determinado supuesto de hecho, de modo que se producen controversias no susceptibles de solución alguna.

Según Riccardo Guastini, existen lagunas en un sistema jurídico:[351]

I) Siempre que un determinado comportamiento no esté especificado o calificado de modo alguno, es decir, no tenga aparejada conducta de obligación, permisión o prohibición, por una norma jurídica perteneciente al sistema jurídico, y

II) Que siempre, para un supuesto de hecho, no esté prevista alguna consecuencia jurídica por una norma perteneciente al sistema.

Existe una solución pragmática a la deficiencia técnica del lenguaje que origina una laguna de ley en nuestro sistema jurídico, recordando que el error técnico es ambivalente y que no existe sistema jurídico sin lagunas, debido al carácter dinámico de la sociedad. La Suprema Corte de Justicia de la Nación tiene la facultad de emitir jurisprudencia, según lo dispuesto por los artículos 215, 216 y

---

[350] *Cfr.* Tesis 1a.IV/2014, *Semanario Judicial de la Federación y su Gaceta*, Decima Época, libro 2, enero de 2014, p.1112.
[351] *Cfr.* Guastini, Riccardo, *Estudios sobre interpretación jurídica*, trad. de Miguel Carbonell, 2a. ed., México, UNAM, 2000, pp. 84-85.

217 de la Ley de Amparo, Reglamentaria de los artículos 103 y 107 de la Constitución Política de los Estados Unidos Mexicanos. La jurisprudencia es la interpretación de la ley por medio de sus máximos tribunales, con lo cual se da solución a muchas lagunas de ley, más adelante se ahondará en dichas cuestiones.

No obstante lo anterior, el legislador debe contemplar los problemas de lenguaje para evitar, en la medida de lo posible, los vacíos legales, antinomias y demás errores.

3.4. Técnicas Aplicables a la formación de normas

El derecho, al ser una ciencia social, necesita llegar a una verdad a través de una firme metodología, la técnica legislativa no es la excepción a esta regla y, en este sentido, las metodologías aplicables a ella pueden ser diferentes, cumpliendo cada una un papel esencial en el proceso legislativo.[352]

Los métodos aplicables son los siguientes:

I) **La investigación de campo y bibliográfica:** que abarca la información necesaria respecto a los textos afines a la materia, tanto nacionales como extranjeros;

II) **El método conceptual:** cuyo objetivo es clasificar los conceptos para llegar a definiciones precisas. Este método es usual que se utilice en toda investigación académica y es muy útil para entender el sentido histórico de la ley y sus antecedentes;[353]

III) **El método sistemático:** nos ayuda a ordenar los conocimientos, ya sea bajo fichas de lectura o de trabajo; resaltando en este punto que se debe realizar un análisis de todo el ordenamiento jurídico para darle una coherencia a la norma que está por realizarse y también debe tomarse en cuenta sus elementos sociales, históricos, políticos, económicos y

---

[352] *Cfr.* Muro Ruiz, Eliseo, "Enseñanza de la Técnica Legislativa", en *Academia, Revista sobre la Enseñanza del Derecho*, num.11, año 6, 2008, pp. 63-91.
[353] *Cfr.* Muro Ruiz, Eliseo, "Enseñanza de la Técnica Legislativa", *op. cit.*, p. 67.

religiosos; entre otros elementos que forman parte de un mismo contexto;[354]

IV) **El método deductivo:** nos permite inferir conclusiones particulares al momento de leer y analizar la información;[355]

V) **El método inductivo:** sirve para analizar las situaciones que se presenten en el desarrollo del tema y obtener conclusiones generales y específicas;

VI) **El método de concordancias:** el cual se utiliza para estudiar supuestos diferentes y determinar sus coincidencias e interrelaciones, y el método de diferencias, para comparar los hechos jurídicos y especificar sus características;

VII) **El método de variaciones concomitantes**: nos ayuda a determinar los cambios del suceso a examinar;

VIII) **El método comparativo**: se dispone para analizar los fenómenos jurídicos en las distintas épocas de la actividad legislativa de nuestro país y con relación a otras naciones, por lo que es de gran utilidad conocer otro idioma;

IX) **El método dialéctico:** se utiliza para la confrontación de ideas, tesis, antítesis para obtener una síntesis;

X) **El método fenomenológico:** nos allega conocimientos al describir las situaciones tal y como han sucedido, sin darles tintes subjetivos y sin prejuzgar;

XI) **El método sintético:** se emplea para obtener la información requerida de manera concisa y reúne las partes de un todo de forma ordenada y sistematizada;

XII) **El método analítico:** se examinan los textos jurídicos de acuerdo con las hipótesis del proyecto de investigación planteadas;

---

[354] *Cfr.* Muro Ruiz, Eliseo, "Enseñanza de la Técnica Legislativa", *op. cit.*, p. 67.
[355] *Cfr.* Muro Ruiz, Eliseo, "Enseñanza de la Técnica Legislativa", *op. cit.*, p.67.

XIII) **El método de análisis lógico-lingüístico:** se dilucidan los elementos y principios lógicos de lo que se investiga, para plasmarlos con orden y claridad;

XIV) **El método mayéutico:** se perfeccionan las interrogantes y respuestas planteadas;

XV) **El método de la teoría de escenarios:** se implementa al momento de hacer las propuestas respectivas;

XVI) **El método histórico:** es para estudiar los fenómenos jurídicos con base en documentos que permitan averiguar el pasado y establecer criterios en torno a una época, motivo por el cual se requieren fuentes informativas originales, manuscritos, actas, etc;

XVII) **El método experimental:** se aprovecha para deliberar y construir nexos causales, por lo que el profesor está en condiciones de discutir cierto número de proyectos legislativos entre los estudiantes en los ámbitos federal, estatal y municipal;

XVIII) **El método descriptivo:** determina las características del suceso jurídico tal como se observan;

XIX) **El método estadístico:** se obtienen indicadores que permiten la comparación de grupos y cifras que faciliten el estudio de los hechos jurídico-político-sociales, y

XX) **El método estructural** nos permite configurar y ordenar el hecho jurídico estudiado.

También se pueden implementar otros métodos, como el heurístico, con el fin de descubrir nuevas realidades y esclarecer hechos desconocidos; el método didáctico permite comunicar de manera lógica los resultados obtenidos; el método científico se considera como un procedimiento que se emplea para la obtención de conocimientos generales, ciertos y comprobables, los cuales han de validarse o justificarse con rigor. Sus etapas son: la observación del fenómeno, el planteamiento del problema, los conceptos a utilizar, las hipótesis, su comprobación y la comunicación de resultados obtenidos.[356]

Para esquematizar de una forma más completa y desprendiéndose de lo anterior, se agrega el siguiente cuadro comparativo, en el cual se señalan los métodos, los objetivos del método, la utilidad y las herramientas a utilizar:

Método	Objetivos del Método	Utilidad	Herramientas
Investigación de Campo y Bibliográfica	Recopilar la información necesaria.	Motivar y sustentar el marco teórico de una norma.	Documentos, investigaciones de campo, estadísticas, otras normas y trabajos de investigación publicados.
Conceptual	Clasificar los conceptos para llegar a definiciones precisas.	Evitar errores conceptuales, lagunas legales y antinomias entre conceptos.	Etimología, documentos de investigación y de las normas anteriores y vigentes.
Sistemático	Ordenar los conocimientos y darle coherencia a la norma.	Armonizar la norma con los elementos sociales, políticos, económicos, religiosos, es decir con el contexto.	Todos los conocimientos contemporáneos que forman parte del contexto de creación de la norma.
Deductivo	Inferir conclusiones particulares al momento de leer y analizar la información.	Llegar a una conclusión lógica desde premisas básicas generales.	Toda la información analizada y para llegar al objetivo de la norma.
Inductivo	Analizar las situaciones que se presenten en el desarrollo del tema, llegando a conclusiones generales y específicas.	Llegar a una conclusión lógica desde premisas particulares específicas.	Toda la información analizada y para la redacción de objetivos específicos.
Concordancias y Diferencias	Estudiar supuestos diferentes y determinar sus coincidencias e interrelaciones.	Comparar los hechos jurídicos y especificar sus características.	La información empírica y las diferencias entre toda la información.

---

[356] *Cfr.* Muro Ruiz, Eliseo, "Enseñanza de la Técnica Legislativa", *op. cit.*, p. 67.

Variaciones Concomitantes	Determinar los cambios del suceso a examinar.	Prepararnos para las posibles contingencias que surgen de diferencias del contenido de normas, como antinomias.	El cambio social y dinámico que puede producirse antes de la elaboración de la norma, durante o después de esta.
Comparativo	Analizar los fenómenos jurídicos en las distintas épocas de actividad legislativa y con relación a otras naciones.	Para conocer los términos y conceptos en otros idiomas y en cuanto su funcionamiento cultural-jurídico.	Los tratados internacionales, derecho internacional, convenciones, declaraciones y recomendaciones de organismos internacionales.
Dialéctico	Confrontación de tesis y antítesis para llegar a una síntesis.	Confrontar ideas de forma conciliatoria, muy útil en temas con relevancia política.	Ideas o principios contenidos en la información y normas analizadas.
Fenomenológico	Encontrar conocimientos al describir las situaciones tal y como han sucedido.	Para dotar de objetividad la norma y no darle tintes subjetivos y no prejuzgar el contenido.	Todo suceso fáctico, documentado o no.
Sintético	Obtener la información requerida de manera concisa.	Reúne las partes de un todo de forma ordenada y sistematizada.	Toda la información reunida de otros métodos y diversas fuentes.
Analítico	Analizar los textos jurídicos de acuerdo con las hipótesis del proyecto de investigación.	Darle una objetividad y mayor certeza a la investigación y delimitar los propios objetivos de esta última.	Los anteproyectos, exposición de motivos y dictámenes durante el proceso legislativo.
Análisis lógico-lingüístico	Plasmar con orden y claridad todo el lenguaje incluido en la norma.	Se dilucidan los elementos y principios lógicos de lo que se investiga y se evitara los problemas del lenguaje.	El idioma en el que se va a redactar, los tecnicismos y el lenguaje y sus reglas a utilizar en la norma.
Mayéutico	Perfeccionar las cuestiones y respuestas planteadas.	Llegar a conclusiones profundas y no dejar interrogantes sin respuesta respecto al documento a elaborar.	La reflexión e interrogantes sobre la norma.

Teoría de los Escenarios	Proponer diversos estudios de impacto y de riesgo.	Prever contingencias que puedan darse con la entrada en vigor de la norma.	Las distintas propuestas de riesgo que tengan posibilidad de suceder.
Histórico	Averiguar el pasado de forma cronológica y dotar de antecedentes a la norma.	Estudiar los fenómenos jurídicos con base a documentos históricos.	Fuentes informativas originales, manuscritos, actas y otros documentos históricos.
Experimental	Construir nexos causales entre los distintos niveles de gobierno y sistema jurídico.	Deliberar los efectos de las normas y la realidad.	Preceptos jurídicos y sus elementos de la norma en cuestión.
Descriptivo	Determinar las características del suceso jurídico desde la observación tal y como sucede.	Establecer datos importantes desde la fuente original del suceso jurídico.	Los sucesos jurídicos desde la primera fuente.
Estadístico	Obtener indicadores y cifras que reflejan una realidad social, económica, política o de cualquier índole.	Permitir la comparación de grupos y auxiliar a otros métodos.	Cifras oficiales, estadísticas, bases de datos y matrices de todo tipo de organismo nacional e internacional.
Estructural	Configurar el hecho jurídico estudiado, así como el contenido de la norma.	Dar una consistencia y completitud a la norma a elaborar.	El proyecto de norma a elaborar.
Heurístico	Descubrir nuevas realidades.	Esclarecer los hechos desconocidos.	Los hechos fácticos supervenientes que ocurran en la elaboración de una norma.
Didáctico	Comunicar de manera lógica los resultados obtenidos.	Auxiliar a otros métodos.	Los resultados obtenidos en el proceso legislativo.
Científico	Obtener conocimientos generales, ciertos y comprobables.	Validar o justificar con rigor la investigación realizada y la norma misma.	Observación del fenómeno, planteamiento del problema, los conceptos a utilizar, las hipótesis, su comprobación y la comunicación de dichos resultados.

Tabla 2. Métodos aplicables a la Técnica Legislativa. Elaboración propia.

Si bien las metodologías se utilizan de forma previa a la elaboración de la norma, no debemos confundirlas con los métodos de evaluación de la norma, los cuales se enuncian en el apartado correspondiente.

3.5. La seguridad jurídica y la técnica legislativa

La seguridad jurídica es un derecho fundamental y principio rector de nuestro sistema jurídico, consagrado, principalmente, en el artículo 16 constitucional, haciendo referencia en su primer párrafo, el cual dice: *"Nadie puede ser molestado en su persona, familia, domicilio, papeles o posesiones, sino en virtud de mandamiento escrito de la autoridad competente, que funde y motive la causa legal del procedimiento."*

En este sentido, la fundamentación y motivación abarca a toda autoridad. La Suprema Corte de Justicia de la Nación ha emitido jurisprudencia al respecto, donde señala que es garantía de todo gobernado frente a toda autoridad y, debe contener los elementos mínimos para hacer valer el derecho del gobernado y para que, sobre este aspecto, la autoridad no incurra en arbitrariedades, estos elementos mínimos son: la fundamentación y la motivación.[357] Según la Suprema Corte de Justicia de la Nación, dichos elementos se pueden explicar de la siguiente forma:

"La garantía de legalidad consagrada en el artículo 16 de nuestra Carta Magna, establece que todo acto de autoridad precisa encontrarse debidamente fundado y motivado, entendiéndose por lo primero la obligación de la autoridad que lo emite, para citar los preceptos legales, sustantivos y adjetivos, en que se apoye la determinación adoptada; y por lo segundo, que exprese una serie de razonamientos lógico-jurídicos sobre el por qué consideró que el caso concreto se ajusta a la hipótesis normativa."[358]

Ya que las normas son susceptibles al control constitucional, por medio de juicio de amparo, acción de inconstitucionalidad y controversia constitucional, ya

---

[357] *Cfr.* Tesis 2a. /J. 144/2006, *Seminario Judicial de la Federación y su Gaceta*, tomo XXIV, octubre de 2006, p.35.
[358] Tesis 1.4o./P. 56/1994, *Semanario Judicial de la Federación y su Gaceta*, Octava Época, tomo XIV, noviembre de 2005, p.450.

que modifican la esfera jurídica del gobernado, es importante tener una adecuada fundamentación y motivación.

Una norma que contenga los requisitos antes mencionados contribuye a formar un Estado de derecho sólido y al que todo sistema político aspira,[359] es, por lo tanto, que la seguridad jurídica es indivisible de un buen ordenamiento jurídico, transparente, con buena estructura, sin lagunas de ley, antinomias y conocido.[360]

En palabras del estudioso del derecho, Jorge Millas, la seguridad jurídica:

"Es la situación peculiar del individuo como sujeto activo y pasivo de relaciones sociales, cuando estas relaciones se hallan previstas por un estatuto objetivo, conocido y generalmente observado. Es la seguridad de quien conoce o puede conocer lo previsto como prohibido, mandado y permitido por el poder público respecto de uno para con los demás y de los demás para con uno".[361]

Entendiendo la gran importancia que tiene la seguridad jurídica y que del legislador es de quien emana la elaboración de las normas, es importante señalar que dicha elaboración debe respetar el orden constitucional, tratar de incidir menos su decisión discrecional y atenerse a parámetros para elaborar una norma acorde a los principios de seguridad jurídica.

Los parámetros a los que debe ceñirse el legislador para respetar y contribuir a la seguridad jurídica son los siguientes:[362]

I) Su contenido debe limitarse estrictamente a las materias que se reconocen como propias del Poder Legislativo. Estas atribuciones pueden derivarse expresamente de la Constitución o de leyes fundamentales y tratarse de facultades propias o delegadas, y

---

[359] *Cfr.* Grosso Marina, Beatriz*, op. cit.*, p.20.
[360] *Ídem.*
[361] Millas, Jorge, *Filosofía del Derecho*, Chile, Editorial Publilex, 1970, p.223.
[362] *Cfr.* Grosso Marina, Beatriz, *op. cit.*, pp.22-25

II) Su forma y modo de presentación ante el órgano legislativo debe ajustarse a lo dispuesto por el Reglamento de funcionamiento del cuerpo legislativo o las leyes sobre la materia.

En particular, debe dotar al texto de una estructura que facilite el conocimiento e identificación de sus normas, esmerándose en:

I) Limitar las remisiones a otras leyes vigentes a los casos estrictamente necesarios, identificando con exactitud la norma a la que se remite,

II) Diseñar un nuevo texto legal, con estructura y redacción propias, cuando las modificaciones que deben introducirse al texto vigente resulten excesivas;

III) Transcribir en el proyecto el texto íntegro del artículo que se modifica, incluyendo todas las reformas que se proponen. Debe señalar con precisión en los fundamentos que acompañan la norma, cuáles son las sustituciones, incorporaciones o derogaciones producidas;

IV) Consignar las excepciones, limitaciones o condiciones para la aplicación de la norma en el comienzo de ella o, en su defecto, encabezando la parte, sección o capítulo del texto al que corresponden;

V) Evitar los artículos plurinormativos, referirse a conceptos uniformes y univocistas para efectos de la norma;

VI) Indicar en el cuerpo principal de la norma si los anexos que esta incluye forman o no parte de la ley. Si el anexo forma parte integrante del texto debe publicarse necesariamente con la ley y para su modificación deberá modificarse la ley;

VII) Incorporar a los artículos epígrafes claros y concisos. Sancionado un texto con epígrafes en sus artículos no quedan dudas acerca de que ellos forman parte de la ley y pueden ser tomados en cuenta en el momento de la interpretación, y

VIII) Señalar, con precisión, las normas que se modifican y controlar que las modificaciones no introduzcan cuestiones ajenas al objeto o ámbito de aplicación material de la ley. De ser indispensable la remisión a otras leyes, prever los posibles conflictos que devendrían de la ulterior modificación de la norma a que se remite.

En términos de redacción es necesario asegurar, con un estilo claro y preciso, la comprensión de la norma. Asimismo, el técnico debe garantizar que el texto normativo brinde solución a todos los casos que plantea y que estos se correspondan con el objeto de la ley, dichos temas ya se abordaron en la Unidad 2, en el tema 2.1.3.2 Lingüístico; sin embargo, es importante relacionarlo con la seguridad jurídica.

La correcta formulación lógica de las normas debe proporcionar un texto sin contradicciones ni redundancias. Se debe poner especial atención a la formulación de las normas que regulan la entrada en vigor de la ley, es decir lo relativo con el régimen transitorio.

Expresamente y con exactitud se debe indicar:

I)   La fecha de entrada en vigor de la nueva ley, salvo que dicha determinación quede librada a disposiciones de tipo general contenidas en la legislación vigente en el Estado;

II) Si la norma tendrá efectos retroactivos, en las condiciones en que ello se autorice por la legislación del Estado;

III) Si se trata de normas que, derogadas, han de regir en forma transitoria con relación a hechos acaecidos durante su vigencia -normas transitorias, y

IV) Si se trata de un régimen especial, solo aplicable a las nuevas relaciones jurídicas, mientras el régimen anterior subsiste para las relaciones nacidas bajo su vigencia.

Por otra parte, el Poder Ejecutivo, en su función colegislativa, contribuye a la seguridad jurídica respetando estrictamente el principio de publicidad de las leyes y ejerciendo con prudencia su facultad de reglamentar las normas. En ese último aspecto, debe respetar siempre el espíritu del texto y no afectar su unidad normativa. Una correcta técnica legislativa aconseja indicar en forma precisa los artículos de la norma que se reglamentan, especificando aquellos que no lo son.

La función de reglamentación adquiere especial importancia en los casos en que la ley dispone que gran parte de sus disposiciones deben ser completadas por este procedimiento a cargo del Poder Ejecutivo. Esta situación puede obedecer a razones de índole política que impidieron alcanzar un acuerdo legislativo mayor que el que resulta del texto sancionado o al excesivo tecnicismo de la materia que regula la norma; pero a su vez el Ejecutivo tiene particularidades al ejercer el "Derecho de veto" como se revisará más adelante.

Finalmente, retomando la definición inicial de seguridad jurídica, podemos señalar que ese particular estado al que aspira el ciudadano, en cuanto a las funciones que competen a los cuerpos legislativos, puede resumirse en la exigencia de un cumplimiento acabado de las normas constitucionales, reglamentarias y el respeto a las reglas de la técnica legislativa: todo lo anterior coadyuva a garantizar el principio de la seguridad jurídica.

, se hace pertinente mostrar los pasos para realizar un control difuso de constitucionalidad, el cual, si bien es cierto es ordenado a todos los jueces del Estado mexicano, también es cierto que, para el cumplimiento del artículo primero constitucional y por su importancia doctrinal, se nos hace útil mencionarlo, ya que constituirá un punto de partida. Para el análisis de fondo, los pasos son los posteriores:[363]

I) Todos los pasos caben dentro del principio de la Interpretación conforme;[364]

II) Identificar la norma o hecho sospechoso de violación a los derechos humanos o contra el ordenamiento jurídico mexicano;

III) Se parte de una presunción de violación a la Constitución Política de los Estados Unidos Mexicanos;

---

[363] *Cfr.* Tesis P.LXIX/2011, *Semanario Judicial de la Federación y su Gaceta*, Novena Época, libro III, diciembre de 2011, p.552.
[364] Al respecto, *véase.* Morales vega, Gabriela y Campos Serrano, *op. cit.*, p.4.

IV) Se interpreta la norma conforme a la Constitución en sentido amplio, es decir, se utilizan todos los métodos de interpretación posibles o se buscan las fuentes donde se justifique su constitucionalidad;

V) Se interpreta la norma conforme a la constitución en sentido estricto; se utiliza el método interpretativo más apegado a la Constitución o la fuente más cercana al análisis, y

VI) Si se determina que aún la norma es contraria a la Constitución, se inaplica la norma, se afirma que, por no estar armonizada con el sistema jurídico, cabe una reforma de ley.

Una vez que se ha determinado que el problema jurídico debe regularse inmediatamente pues se presenta como una aflicción al ordenamiento normativo y la realidad social. Posteriormente, se procederá a realizar el test de razonabilidad y proporcionalidad de la regulación propuesta. Lo anterior, tomando como base las tesis jurisprudenciales al respecto[365], así como la fórmula del peso y proporcionalidad del Dr. Robert Alexy.[366] Los pasos para determinar la proporcionalidad de una norma son los siguientes:

I) La norma que se ha de plantear debe, en primer lugar, constituir un fin válido. Lo anterior, tanto formal como sustancial. La norma, formalmente debe tener un sustento legal y armónico con el sistema jurídico mexicano y/o sustancial, conforme a las buenas costumbres; la moral pública; perseguir el bien común; promoción de los derechos humanos y la democracia; así como no contravenir los principios generales del derecho;

II) La medida normativa tiene que ser la idónea para satisfacer ese propósito constitucional;

III) Tiene, a su vez, que ser la necesaria, lo cual se determina con que no existan medidas alternativas igualmente idóneas para llevar a cabo su

---

[365] *Cfr.* Tesis 1a. CCLXIII/2016, *Semanario Judicial de la Federación y su Gaceta*, Decima Época, tomo II, noviembre de 2016, p.915.
[366] *Cfr.* Alexy, Robert, *op. cit.,* p. 350.

fin, revisando las posibles soluciones se tienen que descartar por medio de la argumentación, análisis y datos empíricos sobre las mismas, y

IV) La norma debe ser proporcional, en otras palabras, que el grado de realización del fin perseguido sea mayor al grado de las posibles afectaciones provocadas por la medida legislativa.

Con este análisis se podrá determinar la proporcionalidad de una medida legislativa sobre otras soluciones o incluso, otras normas, considerando la restricción válida y correcta de los derechos fundamentales.

Una de las aclaraciones que debemos de revisar antes de ver otros métodos de análisis jurídico es que la proporcionalidad y ponderación pueden adoptar la forma de tópica jurídica.[367] El pensamiento tópico parte de un sentido común, su ejercicio permite llegar a más de una conclusión y es aplicable tanto a principios como a reglas.[368] Es por ello por lo que se debe utilizar la proporcionalidad y ponderación solo en los casos específicos donde se prevea una colisión de principios, normas y reglas.

Nuestro problema también puede partir desde una laguna jurídica que hay que llenar, en este punto, la revisión de la jurisprudencia, así como la comparación internacional es fundamental, junto con los documentos y opiniones de expertos en los temas en cuestión; para aplicar la argumentación jurídica, se recomienda revisar el apartado correspondiente.

mbién resulta de gran utilidad porque con ella se previene la colisión o contradicción de normas de diverso orden frente al sistema constitucional. Igualmente ayuda a adelantar las posibles soluciones para los casos de conflictos de intereses entre normas pertenecientes a órdenes jurídicos de la misma jerarquía y disponer los límites de los posibles conflictos de la aplicación o interpretación de normas

---

[367] *Cfr.* Berumen Campos, Arturo, "Ponderación de Principios y Tópica Jurídica", en *Boletín Mexicano de Derecho Comparado*, México, nueva serie, año XLVIII, núm. 143, mayo-agosto de 2015, pp. 532-546.
[368] *Cfr.* Berumen Campos, Arturo, *op. cit.*, p.538.

diferentes, así como instituir las bases para resolución de conflictos en los ámbitos esenciales que integran la ley, tales como el espacial, temporal, material y personal.

Como podemos observar, su importancia radica en contener un análisis debidamente fundado y motivado del asunto en cuestión, que tenga como finalidad generar la razón fundamental de la hipótesis normativa, a efecto de justificar el porqué de su modificación, con el objeto de no generar en el ordenamiento jurídico nacional lagunas o antinomias en la ley.

Aquí se observarán las primeras contraargumentaciones a una iniciativa de ley. En este caso, se debe justificar la diferenciación que hace a la iniciativa y su propio sentido y el contrasentido del dictamen; es decir, su argumento jurídico contra la iniciativa.

La argumentación tiene que ser doblemente fuerte, en primera cuenta para contrarrestar y refutar los argumentos de la iniciativa y, posteriormente, para fortalecer los argumentos propios del dictamen; estos tipos de argumentos suelen seguirse sucesivamente o en "forma de escalera", donde la conclusión de un silogismo es la premisa mayor de otra.

CAPÍTULO 4. Redacción del Dispositivo Normativo

4.1. La argumentación jurídica aplicada a la técnica legislativa

Antes de referirnos a la argumentación jurídica aplicada a cada una de las etapas importantes del proceso legislativo, tendremos que introducir algunos conceptos básicos de argumentación jurídica.

Como tal, la palabra "argumentación" viene del latín *argumentum,* que se refiere al "razonamiento para probar o demostrar una proposición o para convencer de lo que se afirma o se niega",[369] y, junto con el vocablo "jurídico", es todo razonamiento, pero aplicado a una discusión jurídica. Otra definición de argumento es la de "una fundamentación que nos motiva a reconocer la pretensión de validez de una afirmación o de una orden o, en su caso, de una valoración".[370]Se entienden varias formas de discusiones jurídicas.

Existen las discusiones de la ciencia o dogmática jurídicas, las deliberaciones de los jueces, los debates ante los tribunales, el tratamiento de cuestiones jurídicas en los órganos legislativos, en comisiones y en comités, así como las discusiones entre académicos y estudiantes.[371]

Para la argumentación jurídica aplicada a la técnica legislativa, la discusión jurídica adecuada es la discusión dogmática, entendiendo esta última como las discusiones de la ciencia del derecho elaboradas institucionalmente, que se refieren directamente a la solución de casos jurídicos reales o imaginarios, y bien así en las que se justifican o critican enunciados dogmáticos, construcciones y teorías que tienen relación con la solución de casos.

Cada una de estas discusiones se subdividen, a su vez, en muchas otras más, dependiendo del auditorio donde se practican, las intenciones y, sobre todo, la vinculación del resultado de la discusión, las menos vinculatorias son las de la dogmática jurídica, puesto que son solo enunciaciones teóricas, la más vinculatoria

---

[369] Diccionario de la Lengua Española, Edición del Tricentenario, actualización 2018, consultado el 06-08-19 en línea: https://dle.rae.es/srv/fetch?id=3YKtkpX.
[370] *Cfr.* Alexy, Robert, *op. cit.*, p. 120.
[371] *Cfr.* Alexy, Robert, *op. cit.*, p, p. 205.

es la de los tribunales, donde se ha de decidir la situación jurídica de una persona. Sin embargo, la discusión realizada en el Poder Legislativo debe tener una alta calidad técnica, incluso mayor a la de los tribunales, puesto que, en dichos debates, se está permitido pasar de la argumentación jurídica a la argumentación práctica general.[372]

Aquí debemos enunciar que las discusiones jurídicas se caracterizan por su vinculatoriedad hacia el derecho vigente, es decir, deben estar fundadas y motivadas en normas vigentes del ordenamiento jurídico.

Las discusiones jurídicas se refieren a cuestiones prácticas, es decir, sobre lo que hay que hacer u omitir o sobre lo que puede ser hecho u omitido, en el caso del Poder Legislativo estas acciones u omisiones van encaminadas a la solución jurídica de un problema.[373] Y la argumentación general se utiliza cuando se requiere convencer de que las soluciones deben plantearse en términos de una norma jurídica y no otra solución.

Lo anterior, no exime que una adecuada argumentación jurídica pueda auxiliarse de la argumentación general, sobre todo en cuestiones políticas, como las que se dan en las discusiones ante las cámaras del Congreso.

El filósofo alemán Habermas menciona solo dos formas de argumento: la justificación de un juicio de valor o de deber mediante una regla y la justificación de una regla mediante la indicación de sus consecuencias directas e indirectas para la satisfacción de necesidades.[374] Esta tipología de los argumentos, si bien no agotan todos los tipos existentes de argumentos, sí abarca los argumentos que se utilizarán dentro del proceso legislativo.

La primera forma de argumento tenderá a justificar las preferencias o juicios valorativos del vociferante; es decir, responder al por qué de una decisión; por ejemplo, el por qué debe una norma jurídica ser la solución más viable para un problema o la negativa de introducir una permisión, obligación o prohibición en una

---

[372] *Ibídem*, p.206.
[373] *Ibídem*, p.207.
[374] *Cfr.* Alexy, Robert, *op. cit*, p. 138.

prescripción. De igual manera, esta regla sirve para cualquier tipo de defensa de un tipo de vista particular, alguna idea o justificación de prácticas bajo una ideología o corriente general. La segunda forma de argumento se referirá a la conveniencia de los efectos de cierta norma o decisión; esto es, bajo una comparativa de riesgos o beneficios en la consecuencia de un hecho, derivado de dicha norma o decisión.

Ciertamente, debemos afirmar que un análisis de las formas de argumento todavía no nos aporta nada sobre cómo hay que argumentar en cuanto al contenido de los argumentos. Por ello, es necesario enunciar las siguientes reglas que influyen en el contenido de los argumentos:[375]

I. **El principio de generalizabilidad:** según esta regla, una norma es susceptible de generalizar si pueden aceptarse por todos sus consecuencias directas e indirectas para la satisfacción de las necesidades de cualquier individuo, y por qué esta debe de valer para todos, y

II. **El principio de fundamentación:** se refiere a que la interpretación de las necesidades como aceptables de manera general debe poder resistir la comprobación en una génesis crítica; es decir, este principio está relacionado con las formas de comprobación del contenido y la justificación de las normas.

Por ejemplo, un reflejo en la realidad del primer principio sería la norma en sí, con sus beneficios para una cierta población y sus motivos, y del segundo principio sería el poder resistir la crítica con base a su fundamentación y validez. Para que un acuerdo potencial de todos sea condición, tanto para la verdad de una proposición como también para la corrección de una proposición normativa.

Lo anterior, es muy complejo y difícil de realizar, Jürgen Habermas, de nueva cuenta, intenta resolver estas complicaciones considerando como criterio de verdad tan solo un consenso fundado.[376] Tal consenso se basa en la fuerza del mejor argumento. De esta forma, llegamos a las propiedades formales de los argumentos,

---

[375] *Cfr. Ibídem*, p.140.
[376] *Cfr.* Alexy, Robert, *op. cit,* p. 120.

el mejor argumento es el que logra un mejor contenido de convencimiento frente a otro.

Así pues, un argumento jurídico contiene los siguientes elementos indispensables:[377]

I. **Orden o deber:** identificaremos este elemento con el símbolo de "O", se refiere a la prescripción en sí, conteniendo un carácter deóntico, de permisión, prohibición u obligación: Por ejemplo: "Debe penalizarse las expresiones discriminatorias";

II. **Hecho:** teniendo el símbolo de "H", es el problema que está sucediendo en el mundo fáctico y que origina la discusión jurídica, la solución a este problema vendría siendo la orden o deber esgrimido por el argumentista. En el mismo sentido del ejemplo, este sería: "Las personas y grupos vulnerables sufren discriminación y, con ello, se vulneran sus Derechos Humanos";

III. **Norma Jurídica:** esta es la norma que fundamenta tal orden o deber y sustenta el argumento jurídico. En nuestra ejemplificación sería el artículo primero constitucional que prohíbe la discriminación y garantiza el ejercicio y respeto de los derechos humanos de todas las personas. La señalaremos con el símbolo de "N", y

IV. **Consecuencias de una Norma:** se representará con el símbolo "C" este elemento justifica a la norma jurídica por medio de las consecuencias directas e indirectas de su observancia e inobservancia. Por ejemplo, el inobservar el artículo primero constitucional, traería consecuencias sociales, políticas y jurídicas como: el rompimiento del orden constitucional, el acarreamiento de responsabilidades jurídicas convencionales se violentaría al Estado de derecho, la deslegitimación política por parte de un grupo sobre otro, entre muchas otras. A esto se le conoce como regla de interferencia.

---

[377] *Cfr. Ibídem*, p.121-123.

Si se necesita justificar el último elemento, es decir, las consecuencias de una norma, se volverá a realizar el ejercicio silogístico antes enlistado y descrito.

La forma gráfica de este argumento adoptaría esta forma:

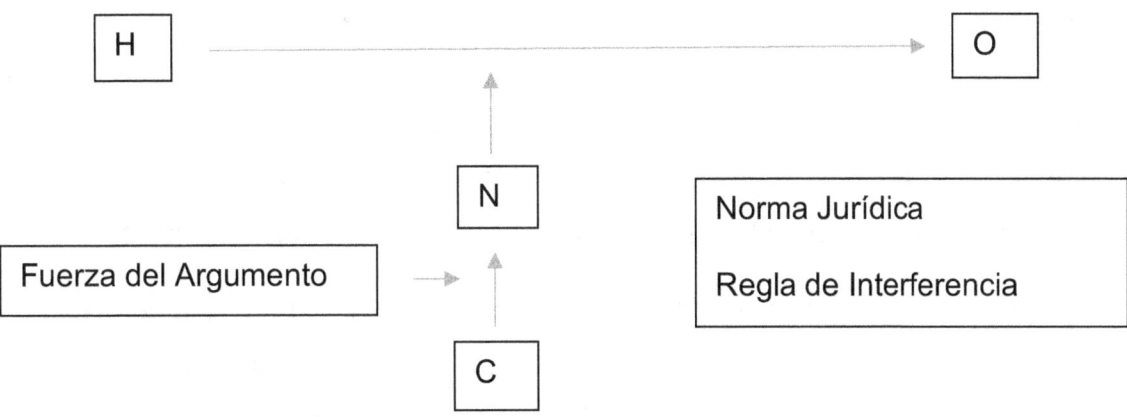

Cuadro 2. Forma del Argumento Jurídico. Elaboración propia basada en la forma original tomada de los trabajos de Robert Alexy.[378]

Bien debemos tener en cuenta que el anterior argumento jurídico puede ser en sí una premisa dentro de un argumento general. La forma más sencilla de las premisas es: premisa mayor -la cual es un hecho en general, o una norma; <<premisa menor>> que es el caso en particular que se ajusta al hecho o norma y la conclusión, que será la afirmación de nuestro dicho-.

Una vez dilucidadas estas fórmulas para la argumentación, veremos las particularidades argumentativas en cada etapa del proceso legislativo, cómo deben ir encaminados los argumentos y sus justificaciones.

4.1.1. Fase prelegislativa

4.1.1.1. Comprensión general del tema

La fase prelegislativa abarca todos los pasos y procedimientos anteriores a la presentación de una iniciativa, por lo tanto, es muy importante para la técnica legislativa, ya que es en esta fase donde se comienza a aplicar los conocimientos

---

[378] *Cfr.* Alexy, Robert, *op. cit.,* p. 120.

anteriores. Es este momento en donde se dota a las leyes de legitimidad y legitimación.[379]

Para Manuel Atienza,[380] la fase prelegislativa comienza cuando un hecho fáctico impacta en la sociedad, de tal manera que representa un problema social, se analiza el problema, se delimitan objetivos, se propone una solución tanto legal como no legal para solucionar el problema, se justifica éticamente el fin y los medios, y culmina con una propuesta de solución legislativa. No obstante lo anterior, las causas de confrontar un problema de forma legislativa son multifactoriales.[381]

Dicho de otro modo, la fase prelegislativa culmina con una propuesta de ley, a su vez, también abarca cuestiones relacionadas con la negociación entre los diversos actores involucrados, tanto públicos como privados, como, por ejemplo: una cuestión de cabildeo, con esto se pretende generar un acuerdo acerca de los fines políticos.

El objetivo de esta etapa es la construcción de consensos sobre lo que se espera de la norma jurídica, resguardar el orden institucional sin quitar importancia a las negociaciones extralegales y el choque de intereses, y culminar con un acuerdo general dentro de la sociedad, de cara a la nueva ley.

En esta etapa se persiguen dos resultados:[382]

I) La construcción de los argumentos y razones político-jurídicas y socioeconómicas que justifican las instituciones formales, y

II) La formulación de los fines y valores que den legitimidad empírica y normativa.[383]

---

[379] *Cfr.* Mondragón Rodríguez, Reyes, "El proceso de producción legislativa, un procedimiento de diseño institucional", en Carbonell, Miguel, (coord.), *Elementos de Técnica Legislativa*, México, UNAM, 2000, p.85.

[380] *Cfr.* Atienza, Manuel, *op. cit.,* pp. 385-403.

[381] Al respecto, *véase* Mora Donatto, Cecilia, *Teoría de la Legislación*, UNAM-México, Instituto de Investigaciones Jurídicas, 2012, pp.16-19.

[382] *Cfr.* Mondragón Rodríguez, Reyes, *op. cit.*, p.86.

[383] Al respecto, *véase* Barragán, Julia, *Cómo se hacen las leyes, 10 estudios de técnica legislativa*, Barcelona, Bosch Casa Editorial. S.A., 1986, p.12.

En consecuencia, la etapa prelegislativa es un proceso previo al establecimiento de la etapa legislativa, las prioridades en la agenda legislativa y de análisis sobre la necesidad de diseñar instituciones formales, modificar las existentes o dotar a aquellas instituciones informales de carácter formal.

La comprensión del tema, hecho, suceso o fenómeno social es de suma importancia pues se debe tener una visión sensible al mismo para poder encontrar una solución que entre dentro del consenso. Para abordar y comprender el tema son importantes los puntos que enseguida se enlistan:

I) Plantear correctamente el problema,[384] esto es, definir qué es lo que buscamos mejorar a raíz de algún problema crónico social o bien de un suceso de impacto;

II) Identificar a los actores involucrados, sus intereses y los casos relevantes a regular;

III) Conocer los incentivos y las motivaciones que originan el interés jurídico sobre las conductas a regular o propiciar;

IV) Determinar la importancia y necesidad de la institución formal, los perjuicios por la ausencia de reglas formales y la revisión sistemática del ordenamiento jurídico;

V) Establecer los objetivos que se persiguen o perseguirán con la ley, la operatividad, consistencia e idoneidad de estos;

VI) Precisar la materia de ley, es decir, esclarecer qué conductas y qué aspectos de esta se regularán;

VII) Describir el contexto en el que sitúa el problema, identificando si el contexto es político, social, económico, jurídico, u otros aspectos a tomar en cuenta;

VIII) Analizar quién es competente para actuar, quién es la autoridad obligada a institucionalizar las iniciativas en la materia, en este caso depende de la cámara de origen;

---

[384] Al respecto, *véase* Aguilar Villanueva, *Problemas públicos y agenda de gobierno*, 2a. ed., México, Porrúa, 1996.

IX) Precisar los distintos ámbitos en que se ejecutará la norma jurídica y los procesos a los que se sujetará la autoridad para dicha ejecución;

X) Formular y comparar las posibles alternativas de institucionalización, es decir, valorar el tipo de institución: planes o programas gubernamentales, reglamentos, leyes, modificaciones constitucionales; circulares o instrumentos administrativos;

XI) Definir el momento en que se debe actuar y la vigencia de la institución;

XII) Elegir el diseño institucional y su justificación ética;

XIII) Identificar las variables de cada uno de los diferentes niveles de racionalidad, y

XIV) Definir las estrategias de negociación con los actores relevantes, repitiendo los métodos para adecuar la posible norma.

Para concluir el tema, vale la pena señalar que todos los argumentos vertidos en esta parte tienen un carácter de investigación sobre los entornos político, ético y moral más que jurídico, aunque como ya se mencionó, vale la pena realizar un análisis sistemático del hecho para armonizarlo con el ordenamiento jurídico.

4.1.1.2. Investigación de antecedentes.

Al abordar cualquier tema de investigación que respalde un proyecto de ley, es necesario hablar de varios elementos importantes; sin duda, uno de ellos son los antecedentes. Los antecedentes reflejan los avances y el estado actual del conocimiento en un área determinada y sirven de modelo o ejemplo para futuras investigaciones. Toda investigación toma en cuenta los aportes teóricos realizados por autores y especialistas en el tema, objeto de estudio. De esta manera, se podrá tener una visión amplia sobre el tema de estudio y el investigador tendrá conocimiento de los adelantos científicos en ese aspecto.

Las partes esenciales de los antecedentes son: el marco teórico y las referencias históricas del fenómeno estudiado.[385] De manera esquematizada ambos

---

[385] *Cfr.* Ramírez Ríos, Ricardo, *Metodología para la investigación y redacción*, España, Eumed, 2017, p.57.

puntos, el marco teórico y las referencias históricas se dan mediante los siguientes pasos:[386]

I) Observar el fenómeno socio-jurídico y analizar los conocimientos vinculados;

II) Cuestionar y responder ¿desde cuándo existe el problema? o ¿desde cuándo nosotros estamos conscientes de dicha problemática? Lo anterior, para establecer un origen;

III) ¿Cuál es el origen del problema? Establecido el origen del problema, determinar si puede ser social, jurídico, histórico o cultural, y

IV) Determinada la naturaleza del problema, identificar la problemática específica a resolver.

Las herramientas idóneas para allegarnos a los anteriores puntos son: las bases de datos, estadística, información documental, libros, artículos de revistas científicas, artículos periodísticos y expedientes judiciales.[387]

Para concluir, en la investigación jurídica se debe revisar, como parte de los antecedentes, toda la legislación actual, para conformar un marco normativo y punto de partida para la delimitación.

En este marco normativo de antecedentes, es útil revisar las figuras jurídicas o equivalentes en otros ordenamientos normativos por medio de un método comparativo; todo lo anterior nos resulta útil para generar hipótesis, lo cual es crucial a la hora de confirmar o no una teoría antes investigada.[388]

4.1.1.3. Análisis de fondo.

La parte medular del trabajo de investigación jurídico es el análisis de fondo, aquí se vaciará toda la información recopilada y los antecedentes investigados, el análisis de fondo es el análisis de la problemática a resolver, se plantea una línea teórica, se justificará la necesidad de regulación normativa y se concluirá con la propuesta

---

[386]*Cfr.* Ávalos Flores, Lucia, *Protocolo de Investigación, Aspectos prácticos*, disponible en: https://www.academia.edu/28269064/Protocolo_de_investigaci%C3%B3n.ppt
[387] Cfr. Ávalos Flores, Lucia, *op. cit.* p.3
[388] *Cfr.* Sartori, Giovanni y Morlino, Leonardo, *La Comparación en las ciencias sociales*, España, Alianza editorial, 1994, p.45.

de ley y la exposición de motivos que dio origen a esta, la cual, es, a su vez, todo el presente apartado.

Para el análisis de la norma y de su núcleo normativo se propone utilizar el método de análisis normativo de Von Wright.[389]De los componentes enunciados anteriormente en esta unidad, retomaremos el carácter de la norma, la conducta, la condición de aplicación, el sujeto normativo y agregaremos a este análisis la autoridad y la ocasión.

Por autoridad se entiende el agente que da o emite una norma. Existen las autoridades autónomas y heterónomas; es autónoma cuando la prescripción va dirigida a su propio actuar y heterónoma cuando es creada para todos los gobernados.[390]

Por ocasión se entiende la especifidad de tiempo y lugar de aplicación de la norma o bien, la ocasión determina si la norma se actualiza de forma general; es decir, en todo tiempo y lugar o, por otro lado, si hay una especificación de tiempo y lugar para que se aplique.[391]

Bajo los anteriores parámetros, se tiene que realizar una confrontación de todos los elementos normativos para poder encontrar las contrariedades posibles de las normas, para poder elegir la posible reforma, norma como solución del problema especificado.

Es común que la solución al problema o reforma normativa suela colisionar con otra norma y principios del ordenamiento jurídico e incluso, se presuma o limite algún derecho fundamental. Para solucionar el anterior problema, se debe tomar en cuenta para poder abordar una problemática legislativa el nuevo paradigma de los derechos humanos y el Estado de derecho democrático. Así bien se utilizará la razonabilidad y ponderación de los principios contenidos en las normas. En este punto abordaremos la problemática de una forma dialéctica por la lucha de intereses

---

[389] *Cfr.* Von Wright, Henrik, *Norma y Acción: Una Investigación lógica, op. cit.*, p.87.
[390] *Cfr.* Von Wright, Henrik, *op. cit.*, pp. 91-93.
[391] *Cfr.* Von Wright, Henrik, *op. cit.*, pp. 95-97.

contrarios, riesgos sociales, políticos, económicos y de cualquier otra índole o, incluso, la colisión entre normas del mismo ordenamiento jurídico.

Para justificar la necesidad de una regulación se utilizará, en primer orden, la prueba de razonabilidad y, en segundo orden, la ponderación por la fórmula del peso.[392]

Antes de comenzar, bien tendremos que ubicarnos en que esta fase, la cual se pretende culminar en una reforma, que modificará la esfera jurídica del gobernado y para plantear una técnica legislativa adecuada que no vulnere los derechos humanos, que armonice el sistema jurídico y que esté en plena completitud con el mismo, se hace pertinente mostrar los pasos para realizar un control difuso de constitucionalidad, el cual, si bien es cierto es ordenado a todos los jueces del Estado mexicano, también es cierto que, para el cumplimiento del artículo primero constitucional y por su importancia doctrinal, se nos hace útil mencionarlo, ya que constituirá un punto de partida. Para el análisis de fondo, los pasos son los posteriores:[393]

VII) Todos los pasos caben dentro del principio de la Interpretación conforme;[394]

VIII) Identificar la norma o hecho sospechoso de violación a los derechos humanos o contra el ordenamiento jurídico mexicano;

IX) Se parte de una presunción de violación a la Constitución Política de los Estados Unidos Mexicanos;

X) Se interpreta la norma conforme a la Constitución en sentido amplio, es decir, se utilizan todos los métodos de interpretación posibles o se buscan las fuentes donde se justifique su constitucionalidad;

XI) Se interpreta la norma conforme a la constitución en sentido estricto; se utiliza el método interpretativo más apegado a la Constitución o la fuente más cercana al análisis, y

---

[392] Al respecto, *véase* Alexy, Robert, *op. cit.,* p.51.
[393] *Cfr.* Tesis P.LXIX/2011, *Semanario Judicial de la Federación y su Gaceta*, Novena Época, libro III, diciembre de 2011, p.552.
[394] Al respecto, *véase.* Morales vega, Gabriela y Campos Serrano, *op. cit.,* p.4.

XII) Si se determina que aún la norma es contraria a la Constitución, se inaplica la norma, se afirma que, por no estar armonizada con el sistema jurídico, cabe una reforma de ley.

Una vez que se ha determinado que el problema jurídico debe regularse inmediatamente pues se presenta como una aflicción al ordenamiento normativo y la realidad social. Posteriormente, se procederá a realizar el test de razonabilidad y proporcionalidad de la regulación propuesta. Lo anterior, tomando como base las tesis jurisprudenciales al respecto[395], así como la fórmula del peso y proporcionalidad del Dr. Robert Alexy.[396] Los pasos para determinar la proporcionalidad de una norma son los siguientes:

V) La norma que se ha de plantear debe, en primer lugar, constituir un fin válido. Lo anterior, tanto formal como sustancial. La norma, formalmente debe tener un sustento legal y armónico con el sistema jurídico mexicano y/o sustancial, conforme a las buenas costumbres; la moral pública; perseguir el bien común; promoción de los derechos humanos y la democracia; así como no contravenir los principios generales del derecho;

VI) La medida normativa tiene que ser la idónea para satisfacer ese propósito constitucional;

VII) Tiene, a su vez, que ser la necesaria, lo cual se determina con que no existan medidas alternativas igualmente idóneas para llevar a cabo su fin, revisando las posibles soluciones se tienen que descartar por medio de la argumentación, análisis y datos empíricos sobre las mismas, y

VIII) La norma debe ser proporcional, en otras palabras, que el grado de realización del fin perseguido sea mayor al grado de las posibles afectaciones provocadas por la medida legislativa.

---

[395] *Cfr.* Tesis 1a. CCLXIII/2016, *Semanario Judicial de la Federación y su Gaceta*, Decima Época, tomo II, noviembre de 2016, p.915.
[396] *Cfr.* Alexy, Robert, *op. cit.,* p. 350.

Con este análisis se podrá determinar la proporcionalidad de una medida legislativa sobre otras soluciones o incluso, otras normas, considerando la restricción válida y correcta de los derechos fundamentales.

Una de las aclaraciones que debemos de revisar antes de ver otros métodos de análisis jurídico es que la proporcionalidad y ponderación pueden adoptar la forma de tópica jurídica.[397] El pensamiento tópico parte de un sentido común, su ejercicio permite llegar a más de una conclusión y es aplicable tanto a principios como a reglas.[398] Es por ello por lo que se debe utilizar la proporcionalidad y ponderación solo en los casos específicos donde se prevea una colisión de principios, normas y reglas.

Nuestro problema también puede partir desde una laguna jurídica que hay que llenar, en este punto, la revisión de la jurisprudencia, así como la comparación internacional es fundamental, junto con los documentos y opiniones de expertos en los temas en cuestión; para aplicar la argumentación jurídica, se recomienda revisar el apartado correspondiente.

4.1.1.4. Elección de presentación estructura.

En esta instancia, se debe analizar el proyecto en relación con las formas de presentación que determinan las normas reglamentarias del cuerpo legislativo y adoptar la que corresponda.

Se establecerá si será un proyecto de ley, de resolución, de comunicación, de declaración, etc. y deberá respetar las exigencias que, para cada caso, se indiquen. Luego, deberá diseñar la estructura del texto legal, a manera de índice temático de los contenidos del proyecto.

Se elegirá el orden y disposición de las partes, se determinará la lógica de los sistemas normativos a completar con el texto normativo y los titulará provisoriamente.

---

[397] *Cfr.* Berumen Campos, Arturo, "Ponderación de Principios y Tópica Jurídica", en *Boletín Mexicano de Derecho Comparado*, México, nueva serie, año XLVIII, núm. 143, mayo-agosto de 2015, pp. 532-546.
[398] *Cfr.* Berumen Campos, Arturo, *op. cit.*, p.538.

En todo este proceso se debe tener presente que el proyecto ha de resultar de fácil comprensión para su destinatario.

La estructura lógica de la norma consiste en el orden y distribución de las partes que componen su dispositivo.[399] Se trata de un ejercicio de diseño que permite desarrollar el primer borrador del proyecto legislativo y controlar, finalmente, su contenido.

La estructura que marcan las normas[400] debe observarse, sin embargo, en el estilo del redactor debe; este ser muy flexible en la adopción de la estructura de un texto y nunca perder de vista al destinatario final de la norma, quien debe poder comprender y aprender fácilmente su contenido. Asimismo, y como lo expresa Alberto Zarza Mensaque,[401] todo texto políticamente consensuado es más valioso que uno técnicamente perfecto, pero carente de apoyo político.

Aunado a lo anterior, es pertinente enunciar los tipos de normas que produce el Poder Legislativo, conforme los tres órdenes de gobierno. En los Estados Unidos Mexicanos tenemos tres órdenes de gobierno:[402]

I) Federal;
II) Estatal o local, y
III) Municipal.

En este sentido, y debido a que la nación mexicana es una República federal, cada orden de gobierno cuenta con sus propios poderes y soberanía; sin embargo, coadyuvan con el gobierno federal y el sistema jurídico es armónico entre ellos.

Cada congreso local puede legislar y el ayuntamiento de cada municipio, junto con el cabildo, puede expedir normas de carácter municipal como lo es el Bando Municipal.[403]

---

[399] *Cfr.* Zarza, Alberto, *El Congreso en la Argentina Finisecular*, Argentina, Universidad Nacional de Córdoba, 1986, p.97.
[400] Nos referimos a los artículos 78, 85 y 91 del Reglamento de la Cámara de Diputados; y 169,182,190,203, 207 y 208 del Reglamento del Senado de la Republica.
[401] *Cfr.* Zarza, Alberto*, op.cit.*, p.97.
[402] Constitución Política de los Estados Unidos Mexicanos, *op cit.*, artículo 40.
[403] *Ibídem*, articulo 115.

Las normas suelen clasificarse jerárquicamente por el orden que ocupan en los órdenes de gobierno, e incluso, cada estado, al ser soberano, cuenta con su propia Constitución, con la única condición de que esta no contravenga a la Constitución federal.

Así, las normas que pueden existir bajo este rubro son las siguientes:

I) **Normas Federales:** Son aquellas que tienen aplicación para los procedimientos, autoridades, órganos y territorios de la jurisdicción federal; tal es el caso de las normas en materia de política exterior, las referentes al Congreso o las referentes a las secretarías del Poder Ejecutivo, y

II) **Normas Locales:** Son aquellas que tienen una aplicación a la jurisdicción estatal y municipal, así como todo procedimiento, autoridad, órgano y territorio local, tales como las constituciones locales, leyes estatales, códigos para los estados, bandos municipales.

Por otra parte, también existen otras clasificaciones que se deben revisar más a fondo, estas son las normas generales y nacionales.

En un principio, la norma general la emite la federación, suele ser que encontremos otro uso del término "general" como calificativo de ciertas leyes de índole federal, en las que se ha sustituido el calificativo "federal" por el de "general".[404]

Se trata de un uso indebido del término general, como ejemplos tenemos la Ley General de Sociedades Mercantiles, la Ley General de Títulos y Operaciones de Crédito, entre otras.

Sin embargo, el problema no se resuelve simplemente sustituyendo "general" por "federal", pues no siempre el calificativo "federal" indica competencia exclusiva de la federación.

---

[404] *Cfr.* Parada Gutiérrez, Oscar, "Que caracterizamos bajo la locución "Leyes Generales", Tratados Internacionales de Derechos Humanos y estructura y jerarquía del sistema jurídico mexicano" en *Congreso Redipal Virtual*, México, abril 2012, Redipal, pp. 1-29.

En efecto, a la luz de las características de un sistema federal, el orden federal actúa con base en facultades expresas, conforme al artículo 124 constitucional, como reglas generales, por lo que las leyes expedidas de acuerdo con las facultades expresas exclusivas mencionadas en el artículo 73 constitucional, como parámetro genérico, no requieren que en su título se indique que son federales. Así, por ejemplo, son correctos los títulos de la Ley Agraria[405] y del Código de Comercio.[406]

En cambio, hay materias en las que su regulación compete tanto a la federación como a las entidades federativas, y en estos casos se justifica que en el título de la ley se indique que tiene carácter federal, pues puede haber una ley estatal sobre la misma materia. Así, verbigracia, son correctos los títulos del Código Penal Federal[407] y Ley Federal de Defensoría Pública,[408]entre otras, pues cada estado y la Ciudad de México tienen sus códigos penales y varios estados y la Ciudad de México tienen leyes sobre defensoría pública y sobre extinción de dominio. Hay que indicar que un ordenamiento es federal cuando permite, desde el título del texto normativo, saber que su ámbito espacial de aplicación es federal.

Sin embargo, habrá que indicar que por ser "federal" no significa necesariamente que es una materia exclusiva de la Federación porque, como se ha mostrado, hay materias que son exclusivamente federales y otras materias que son compartidas por la federación y las entidades federativas sin requerir, como se verá en el punto siguiente, una ley que indique cómo se distribuyen facultades entre los órdenes de gobierno.

Lo correcto es que el título de la ley indique que se trata de una ley federal cuando la materia respectiva también corresponde al ámbito local como, por ejemplo, la denominación del Código Civil Federal, pues no sería muy adecuado

---

[405] Ley Agraria, publicada en el Diario Oficial de la Federación el 26 de febrero de 1992, última reforma publicada el 25 de junio de 2018.

[406] Código de Comercio, publicado en el Diario Oficial de la Federación el 7 de octubre el 13 de diciembre de 1889, última reforma publicada el 28 de marzo de 2018.

[407] Código Penal Federal, publicado en el Diario Oficial de la Federación el14 de agosto de 1931, última reforma publicada el 12 de abril de 2019.

[408] Ley Federal de Defensoría Pública, publicada en el Diario Oficial de la Federación el 28 de mayo de 1998, última reforma publicada el 1 mayo de 2019.

denominarlo Código Civil General, cuando es competencia tanto federal como local, y cuando es materia exclusiva de la federación dejar el título del ordenamiento sin indicar que es de carácter federal.

Hay una tercera acepción del calificativo "general" que se utiliza expresamente en el título de varias leyes y en otras está implícito. El calificativo "general" ya no refiere el componente formal de la ley en sí misma, es decir, que sus normas son preponderantemente de carácter general abstracto, sino que refiere un tipo de ley cuya función constitucional en un Estado en el que coexisten diversos órdenes competenciales, como el caso del Estado Federal, es la de "distribuir" o, "repartir" competencias entre dos o más órdenes de gobierno. A esta clase de leyes se les denomina como generales o leyes marco, y aquí el término "general" tiene una connotación restringida, por lo que no es inexacto señalar que, cuando se refiera que una ley es general en este sentido, se indique que el término "general" se utiliza en sentido restringido precisamente por esa nueva connotación.

En nuestra Constitución General se establece que nuestro Estado asume la forma federal, en esta forma los Estados libres y soberanos entregan, de manera expresa, aquellas facultades necesarias para constituir el orden Federal como una dimensión distinta de los órdenes de gobierno locales. Los estados cuentan con facultades constitucionales reservadas, mientras que la federación y la Ciudad de México gozan de facultades expresas. Esta es la sencilla regla general. Entre órdenes federal y local se suponen, *prima facie*, delimitados sus ámbitos competenciales; o se es blanco o se es negro: no hay tonos grises, pues los estados son autónomos en su régimen interior.

Las leyes expedidas por el Congreso de la Unión no deben, so pena de invadir competencias y, en su caso, generar una controversia constitucional, regular o incidir en facultades que en la Constitución están reservadas a los estados -bajo el sistema residual, artículo 124 constitucional, como regla general- o se asignan expresamente a la Ciudad de México. No obstante, la regla general, existe una contundente excepción a este principio: en la Constitución General de la República algunas materias que están simultáneamente otorgadas, por su peculiar naturaleza, expresamente a la Federación y a las entidades federativas, incluso a los municipios. Sobre estas materias, denominadas en la dogmática constitucional como "concurrentes", se mandata que el legislador ordinario lleve a cabo su configuración legal especial, es decir, que en un texto normativo se establezca la distribución o reparto de acciones que cada orden de gobierno debe llevar a cabo respecto de la materia "concurrente".

Los textos normativos en los que se reglamenta tal reparto competencial se conocen como "Leyes Generales", también denominadas "leyes marco". Así, por ejemplo, la Ley General de Educación reparte entre la federación, los estados y los municipios, de manera obligatoria, las competencias necesarias para dar cumplimiento universal a las necesidades nacionales en materia educativa, asignando a la federación, por ejemplo, la fijación de los programas de estudio y a las entidades federativas las relaciones laborales con el sector magisterial. El fundamento constitucional está en el artículo tercero. Esto no significa una invasión de competencias, sino una distribución de las materias -realmente acciones a realizar respecto de la materia concurrente- que la propia Constitución señala como "concurrentes" y que el Congreso de la Unión debe normar de manera obligatoria para los tres órdenes de gobierno.

Otros ejemplos de *"Leyes Generales"*, distribuidoras de facultades, que encontramos en el sistema jurídico mexicano, y respecto de las cuales no cabe duda de su cualidad de ley general o ley marco en sentido restringido, son las siguientes: Ley General de Salud;[409] Ley General de Asentamientos Humanos;[410] Ley General de Cultura Física y Deporte[411] y Ley General del Equilibrio Ecológico y la Protección al Ambiente;[412] entre otras.

---

[409] Ley General de Salud, publicada en el Diario Oficial de la Federación el 7 de febrero de 1984, última reforma publicada el 1 de mayo de 2019.
[410] Ley General de Asentamientos Humanos, publicada en el Diario Oficial de la Federación el 28 de noviembre de 2016, última reforma publicada el 14 de mayo de 2019.
[411] Ley General de Cultura Física y Deporte, publicada en el Diario Oficial de la Federación el 7 de junio de 2013, última reforma publicada el 19 de enero de 2018.
[412] Ley General del Equilibrio Ecológico y la Protección al Ambiente, publicada Diario Oficial de la Federación el 28 de enero de 1988, última reforma publicada el 5 de junio de 2018.

Conforme a lo anterior, destacan como características peculiares de las "Leyes Generales" o leyes marco, las siguientes:

I)   Una marcada tendencia a proteger intereses difusos y colectivos, incluso los llamados derechos sociales;

II) Son normas que regulan facultades concurrentes entre la federación, los estados y los municipios, otorgando las bases para el desarrollo de las leyes locales relativas u ordenando su desarrollo legal;

III) Tienen validez espacial en todo el territorio nacional, sin importar la jurisdicción de que se trate, y

IV) Establecen el régimen federal para regular la acción de los poderes centrales en la materia de que se trate.

Para fortalecer lo anterior, a continuación se enuncia un fragmento de la ejecutoria 29/2000,[413] dictada por el pleno de la Suprema Corte de Justicia de la Nación en la controversia constitucional promovida por el Ejecutivo Federal en contra de la Asamblea Legislativa del Distrito Federal, lo cual, conforme al artículo 43 de la Ley Reglamentaria de las Fracciones I y II del Artículo 105 de la Constitución Política de los Estados Unidos Mexicanos,[414] resulta jurisprudencia obligatoria, entre otros, para los juzgados y tribunales federales:

"Así pues, de lo anterior se tiene que se está ante las llamadas facultades 'concurrentes', que en el orden jurídico mexicano surgieron en mil novecientos veintiocho, estableciéndose en la Constitución General de la República, tratándose de las materias educativa (artículos 3o., fracción VIII y 73, fracción XXV) y de salubridad (artículo 4o., párrafo tercero); sin embargo, actualmente la concurrencia no es limitativa en esas materias, pues a través de diversas reformas a la Constitución Federal se han incluido otras,

---

[413] Controversia Constitucional 29/2000, *Semanario Judicial de la Federación y su Gaceta*, Novena Época, tomo XV, enero de 2002, p.919.
[414] Ley Reglamentaria de las Fracciones I y II del Artículo 105 de la Constitución, publicada en el Diario Oficial de la Federación el 11 de mayo de 1995, última reforma publicada el 27 de enero de 2015.

como son las materias de asentamientos humanos (27, párrafo
tercero y 73, fracción XXXIX-C), seguridad pública (73, fracción
XXIII), ambiental (73, fracción XXXIX-G), protección civil (73,
fracción XXXIX-I) y deporte (73, fracción XXXIX-J)."

Por otro lado, las Leyes Nacionales, son leyes de observancia general y obligatorias tanto para la federación y como para las entidades federativas. En este sentido, no existe una definición exacta ni otra fuente más que la empírica que nos permita ubicar características propias de la Ley Nacional, también se definirán por sus diferencias con las Leyes Federales y Generales.

Las Leyes Nacionales se diferencian de las Leyes Generales y Federales en su aplicación, pues estas son de observancia obligatoria para todas las autoridades en la materia correspondiente, las Leyes Federales solo son de observancia en el nivel federal y, las Generales, de igual manera, para todos los niveles por emanar directamente de la Constitución, con la especificidad de que las entidades federativas pueden tomar esas leyes como *"marco"* para legislar, en el caso de las Leyes Nacionales no se puede legislar sobre esa materia, suelen ser leyes procedimentales como el Código Nacional de Procedimientos Penales.[415]

Para una mejor comprensión y síntesis de todo lo discutido sobre los tipos de leyes, es pertinente mostrar el siguiente esquema donde se mostrarán las principales leyes y sus características, su jurisdicción, y algunas observaciones importantes.

Tipo de Leyes	Características	Jurisdicción	Observaciones
Leyes Nacionales	Emanan de la Constitución y, principalmente, regulan cuestiones procedimentales. Es la única ley que	Todos los órdenes de gobierno.	En la doctrina se confunde con las leyes generales. Existe poca investigación al respecto, y pone en

---

[415] Código Nacional de Procedimientos Penales, publicado en el Diario Oficial de la Federación el 5 de marzo de 2014, última reforma publicada el 9 de agosto de 2019.

	regula todo orden de gobierno.		duda la invasión de competencias.
Leyes Generales	Emanan de la Constitución, regulan, principalmente, algún derecho social o el actuar del Estado sobre estas cuestiones; son leyes marco, así que los demás órdenes de gobierno pueden legislar sobre la materia respetando el contenido de la Ley general.	Todos los órdenes de gobierno.	Actúan como una especie de "marco" para la regulación sobre la misma materia en las entidades federativas.
Leyes Federales	Son parte de las facultades concurrentes de la federación y regulan solo a este orden de gobierno, son emanadas del Congreso de la Unión.	Orden Federal.	Solo regulan la jurisdicción federal.
Leyes Locales	Las emiten las legislaturas locales son de total soberanía, sin invasión de competencia entre órdenes de gobierno, siempre y cuando se respete el pacto Federal y la Constitución.	Nivel estatal y municipal.	Son las normas más comunes, entre ellas la propia Constitución del estado; solo regulan la jurisdicción estatal y pueden aumentar derechos, sin disminuir los contenidos en la Constitución federal.

Tabla 3. Tipos de Leyes. Elaboración propia.

Ahora bien, cualquier norma debe agruparse por semántica temática, esta agrupación facilita la lectura y la ubicación de los temas. El orden temático más común utilizado en la estructura de las normas es en el siguiente orden:

I) **Disposiciones Preliminares:** Esta categoría incluye el ámbito de aplicación material, objeto de la ley; ámbito de aplicación territorial; ámbito de aplicación temporal; y las definiciones, si son necesarias, de los términos incluidos en la norma y su alcance para efectos de la norma;

II) **Disposiciones Generales y Especiales:** Aquí se agrupa el mayor cuerpo del texto, también, a partir de ellas, se especializa el contenido de la norma;

III) **Disposiciones Orgánicas:** Son aquellas que crean los órganos y su funcionamiento;

IV) **Disposiciones Procedimentales:** Aquí se incluirán todas las disposiciones de las reglas adjetivas que han de seguirse, los procedimientos y procesos de los órganos;

V) **Disposiciones Sancionatorias:** Luego de las normas procedimentales, cabe ubicar las normas de tipo sancionatorio. Sin embargo, a veces, es preferible que la norma sancionatoria se disponga luego de aquella que establece la obligación, si ello facilita la comprensión y efectividad;

VI) **Disposiciones Suplementarias:** Siguiendo a las normas sancionatorias se establecen las "Disposiciones Suplementarias". Estas contienen las disposiciones que ordenan la derogación o modificación de otras normas. Se preocupan por la correspondencia de la ley redactada con el resto del ordenamiento jurídico vigente, y

VII) **Disposiciones Transitorias:** Las últimas disposiciones a consignar son las "Disposiciones Transitorias". En nuestro sistema jurídico tradicionalmente se les conoce y deben ser redactas como "Artículos Transitorios". Estas contienen las disposiciones necesarias para transitar el paso de un régimen a otro nuevo; cumplida la transición o una vez cumplido el plazo que ellas mismas determinan, estas normas pierden su vigencia.

Para poder agrupar el texto de nuestra norma, si bien no existe una forma específica sobre los niveles de agrupamiento, pueden indicarse como los más comunes los siguientes:

I)   Partes/Secciones/Títulos/Capítulos;

II)   Partes/Títulos/Secciones/Capítulos, y

III)   Partes/Títulos/Capítulos/Secciones

La división en Libros está reservada para las leyes voluminosas o los códigos, más adelante retomaremos este punto.

Cuando se opta por un determinado agrupamiento, este debe mantenerse a lo largo de toda la ley. Es decir, si se dividió el grupo de disposiciones en una Primera Parte, a su vez dividida en Títulos, Secciones y Capítulos, la Segunda Parte debe estructurarse, de igual forma, en Títulos, Secciones y Capítulos. Pueden faltar una o más subdivisiones, por ejemplo, que la Tercera Parte no contenga Capítulos, pero el orden ha de ser el mismo.

A su vez, cada división debe tener su denominación de agrupación del contenido de los artículos. Es preciso dar la misma denominación y extensión a ámbitos de aplicación semejantes.

Para la presentación de todo lo anterior visto, se aprecian las siguientes explicaciones y ejemplos:[416]

I)   **Libros:** las leyes muy extensas que tratan de recopilar o codificar una materia general o una sola rama del derecho se dividirán en libros, estos son los casos típicos de los códigos tanto sustantivos y adjetivos de materias clásicas como el civil y de comercio. La presentación de la

---

[416] *Cfr.* Ruiz López, Miguel, *op. cit*, p.88.

forma de libros se enumera usando ordinales, escritos en letras y deben llevar un título;[417]

II) **Títulos:** solo se dividirán en títulos las leyes que tengan partes claramente diferenciadas, la agrupación en títulos solo tendrá lugar en leyes muy extensas y generales; pero nunca sustituirá a la agrupación primaria de artículos en capítulos.

Los títulos también se agrupan por los temas a tratar, las figuras que regulan, la forma que adopta esa ley en esa parte -sustantiva o adjetiva- así como si se enlistarán conductas específicas, como es el caso de los llamados catálogos de delitos en las leyes que contengan normas de índole penal. Los títulos se enumerarán en forma progresiva en números ordinales y deben llevar el nombre que indique su contenido o tema de agrupación.[418]

III) **Capítulos:** es la división general más común en las leyes, el capítulo es, o bien una subdivisión del título o bien una unidad de división independiente en leyes que no están divididas en títulos y que, además, cada capítulo debe tener un contenido unitario: es decir, la extensión de cada capítulo no se puede fijar solo con base en el número de artículos, sino que dependen sobre todo de la materia. Los capítulos se numeran con romanos y llevan título. El número de capítulos dependerá en cada caso de la materia que se regule;[419]

IV) **Secciones:** es una división poco usual en el sistema legislativo mexicano, ya que es común que los capítulos solo se dividan en artículos. El formar secciones significa que la materia es extensa y que requiere divisiones en su ordenación, pero no resulta suficiente para rebasar el contenido capitular; esto es, que la sección establece límites para tratar la materia o el objeto de la norma dentro del todo que

---

417 *Cfr. Ibídem,* p.89.
418 *Cfr.* Ruiz López, Miguel, *op. cit,* p.88.
419 *Cfr.* Ruiz López, Miguel, *op. cit., p.89.*

comprende el capítulo, y que este todo no se desintegra con la sección, antes, por el contrario, le da articulación unitaria;[420]

V) **Artículos:** la división elemental y fundamental de las leyes, comprensiva de una disposición legal condensada en una sola o en varias frases, a veces repartidas en varios párrafos o apartados. Cada artículo deberá regular un solo tema o precepto o, en su caso, varios preceptos que respondan a una estricta unidad temática.[421]

El texto debe estar constituido por uno o varios párrafos que no deben ser demasiado extensos ni demasiado numerosos. Si del tema que desarrolla el artículo no se derivan supuestos secundarios, entonces debe constituir una unidad temática que admita razonablemente hasta cuatro párrafos. Por ejemplo, tradicionalmente en nuestro ordenamiento los artículos se deberán enunciar con la palabra completa "Artículo" con minúsculas, en negritas, para su fácil identificación, y numerada progresivamente en números arábigos en todo el texto legal;

VI) **Párrafos:** constituye una unidad funcional secundaria o parcial de la primera unidad normativa, que es el artículo. Los especialistas en técnica legislativa recomiendan que un artículo no debe tener más de cuatro párrafos de manera preferente. Al igual que en el caso de los rubros, en otros sistemas legislativos se acostumbra a numerar con caracteres arábigos progresivos cada uno de los párrafos que forman un artículo. En México, el Código Federal de Instituciones y Procesos Electorales y la Ley Orgánica del Congreso de los Estados Unidos Mexicanos están divididos en esa forma. Si un artículo tiene un solo párrafo, este no se numerará, porque nada puede dividirse y seguir siendo un entero;[422]

VII) **Apartados:** este tipo de división no es común encontrarlo en las leyes, y solo es utilizado cuando el tema principal contenido en un artículo puede ser susceptible de división; es decir, cuando se aportan dos o

---

[420] *Cfr. Ibídem*, p.90.
[421] *Cfr.ídem.*
[422] *Cfr.* Ruiz López, Miguel, *op. cit.,* p.92.

más especies de la misma materia que norma el precepto, para dar a cada uno el tratamiento diferenciado que requiere;[423]

VIII) **Fracciones:** regularmente se usa esta división para enumerar una serie de atribuciones, obligaciones, facultades, requisitos, etcétera, que se otorgan en un artículo. Cuando sea necesario desarrollar los supuestos secundarios de los artículos, estos deben ser comprendidos como fracciones. Cada fracción debe desarrollar, en forma precisa, un supuesto particular, derivado del general previsto en el párrafo secundario o principal, procurando que su extensión sea lo más breve posible. Es común que el párrafo que antecede a una fracción contenga una regla general o específica.

Cada fracción constituye, por lo general, parte de un supuesto normativo o diversos supuestos de una regla que contemplan el encabezamiento del artículo. Las fracciones se enumeran con números romanos, separadas con punto y coma, excepto la última, que se separará con coma y (, y), y[424]

IX) **Incisos:** comprende la división última de la estructura del texto legal. Es la norma mínima dentro del texto de una ley. Esta clase de división obedece a que, aun las fracciones contienen pequeñas normas que hay que dividir en varios supuestos. Si las fracciones plantean supuestos secundarios, entonces la fracción puede dividirse en incisos, que deben ir numerados con letras minúsculas ordenadas alfabéticamente y cerradas por medio paréntesis de cierre, sin punto ni guion.

Al igual que las fracciones, el penúltimo inciso terminará con coma y (, y).[425]Tanto el orden de la numeración romana para las fracciones como la ordenación a base de letras del alfabeto para los incisos deben presentarse en forma progresiva y sucesiva en cada artículo.

---

[423] *Cfr.Ibídem*, p.93.
[424] *Cfr.* Ruiz López, Miguel, *op. cit.*, p.93.
[425] *Cfr.* Ruiz López, Miguel, *op. cit,* p.94.

Ahora bien, analizaremos algunos ejemplos a la luz de todos los componentes señalados, con el objetivo de hacer más gráficas las características de cada elemento.

Así por ejemplo, el "Nombre de la Ley, Título, Capítulo":

"CONSTITUCIÓN POLÍTICA DE LOS ESTADOS UNIDOS MEXICANOS QUE REFORMA LA DEL 5 DE FEBRERO DE 1857

Título Primero

Capítulo I

De los Derechos Humanos y sus Garantías"[426]

En el anterior ejemplo se puede observar el nombre de la norma, la cual es nuestra carta magna en el cual se señala que, al derogar la promulgada en 1857, señala que esta es la actual en la vigencia. En este punto, es pertinente señalar a qué norma deroga. Este recurso debe usarse siempre que se tenga una norma con el mismo nombre, como es el caso de las constituciones; a su vez, se menciona en su "Título Primero", el cual no tiene nombre, solo hasta el Título Cuarto[427] se comienza a nombrar los títulos. Es un error técnico no darle nombre a los capítulos Primero, Segundo y Tercero, y omitir los capítulos en los siguientes títulos; sin embargo, al ser errores técnicos no afectan en forma sustancial la actuación de la norma constitucional.

También, se puede observar en el ejemplo que tiene su capítulo correspondiente y el nombre de este, siendo "De los Derechos Humanos y sus Garantías"; es decir, agrupa los primeros artículos en el campo de los derechos humanos, lo cual es correcto.

---

[426] Constitución Política de los Estados Unidos Mexicanos, *op. cit.,* Título Primero.
[427] Título Cuarto "De las Responsabilidades de los Servidores Públicos, Particulares Vinculados con Faltas Administrativas Graves o Hechos de Corrupción, y Patrimonial del Estado."

En el caso de que la norma tenga la necesidad de incorporarse al sistema jurídico por *"libros"*, el título de esta quedaría de la siguiente forma:

CÓDIGO PENAL FEDERAL

LIBRO PRIMERO

TÍTULO PRELIMINAR[428]

Aquí se puede observar, en el ejemplo del Código Penal Federal, que ya contiene un Libro, como tal es correcto que el libro se ordene conforme al orden de aparición sin un nombre en especial sino en números ordinales, también en este ejemplo se puede ver el título sin número y, en cambio con el adjetivo "Preliminar" donde ya, sin uso de algún capítulo, se circunscriben las disposiciones preliminares.

Un ejemplo de secciones, artículos, fracciones, es el siguiente:

"LEY FEDERAL DE EDUCACION

CAPÍTULO II

DEL FEDERALISMO EDUCATIVO

Sección 1.- De la distribución de la función social educativa

Artículo 12.- Corresponden de manera exclusiva a la autoridad educativa federal las atribuciones siguientes:

I.- Determinar para toda la República los planes y programas de estudio para la educación preescolar, la primaria, la secundaria, la normal y demás para la formación de maestros de educación básica, a cuyo efecto se considerará la opinión de las autoridades educativas locales y de los diversos sectores sociales involucrados en la educación en los términos del artículo 48; Para la actualización y formulación de los planes y programas de estudio para la educación normal y demás de formación de maestros de educación básica, la Secretaría también deberá mantenerlos acordes al marco de educación de

---

[428] Código Penal Federal, *op. cit.*, Libro Primero.

calidad contemplado en el Servicio Profesional Docente, así como a las necesidades detectadas en las evaluaciones realizadas a los componentes del sistema educativo nacional;

II.- Establecer el calendario escolar aplicable en toda la República para cada ciclo lectivo de la educación preescolar, la primaria, la secundaria, la normal y demás para la formación de maestros de educación básica;

III.- a XIV.- …

[429]Artículo 13.- …

Articulo 14.-…

Articulo 15.-…

Articulo 16.-…

Articulo 17.-…[430]

Sección 2.- De los servicios educativos[431]"

En este ejemplo se observa de forma correcta e íntegra el capítulo con su numeración romana y su nombre, así como la sección dividida en números arábigos y su nombre. En este punto se puede observar que la sección 1 de la Ley General de Educación habla de la distribución social de la educación para dirigirse, en su "Sección 2" a cuáles servicios son los que abarca esta educación.

En el presente ejemplo, también se pueden observar los artículos escritos junto con sus respectivos números, se utiliza el punto y guion para separar su nombre del contenido y, a su vez, también las fracciones ejemplificadas con números romanos.

---

[429] El contenido de las fracciones III a la XIV del artículo 12 fracción II, de la Ley Federal de Educación se omitieron por razones de economizar el espacio para mostrar el ejemplo, en el texto íntegro de la norma se encuentran vigentes.

[430] El contenido de los artículos 13 al 17, se omitió por razones de economizar el espacio para mostrar el ejemplo, en el texto íntegro de la norma se encuentran vigentes.

[431] Ley General de Educación, publicada en el Diario Oficial de la Federación el 29 de noviembre de 1973.

Los párrafos, y su buen uso pueden observarse en el siguiente ejemplo:

Artículo 1o.- Esta Ley regula la educación que imparten el Estado -Federación, entidades federativas y municipios-, sus organismos descentralizados y los particulares con autorización o con reconocimiento de validez oficial de estudios. Es de observancia general en toda la República y las disposiciones que contiene son de orden público e interés social.

La función social educativa de las universidades y demás instituciones de educación superior a que se refiere la fracción VII del artículo 3o.de la Constitución Política de los Estados Unidos Mexicanos, se regulará por las leyes que rigen a dichas instituciones.[432]

En el anterior ejemplo se puede encontrar el nombre del artículo que, al ser el primero, se escribe de forma ordinal, no arábiga, una práctica común entre los diez primeros artículos, lo cual es libre de hacerse o no, dependiendo del estilo del técnico. En este caso se observa la separación de párrafos de forma de redacción natural, sin ningún símbolo que los distinga más que el punto y aparte. Aunque, como lo mencionamos anteriormente, hay casos donde sí se enumera el párrafo, tal es el siguiente:

4"Artículo 3

1. La aplicación de las normas de este Código corresponde al Instituto Federal Electoral, al Tribunal Electoral del Poder Judicial de la Federación y a la Cámara de Diputados, en sus respectivos ámbitos de competencia.

2. La interpretación se hará conforme a los criterios gramatical, sistemático y funcional, atendiendo a lo dispuesto en el último párrafo del artículo 14 de la Constitución.0"[433]

---

[432] Ley General de Educación, Nueva Ley publicada en el Diario Oficial de la Federación el 30 de enero de 2019.
[433] Código Federal de Instituciones y Procedimientos Electorales, publicado en el Diario Oficial de la Federación el 14 de enero de 2008. Abrogado.

También los artículos con incisos, tal es el caso que debe quedar de la siguiente forma:

"Artículo 6

1.   Para el ejercicio del voto los ciudadanos deberán satisfacer, además de los que fija el artículo 34 de la Constitución, los siguientes requisitos:

a) Estar inscritos en el Registro Federal de Electores en los términos dispuestos por este Código, y

b) Contar con la credencial para votar correspondiente.

2.   En cada distrito electoral el sufragio se emitirá en la sección electoral que comprenda al domicilio del ciudadano, salvo en los casos de excepción expresamente señalados por este Código."[434]

En este ejemplo, queda comprendido el uso de los incisos, denominándose con las letras minúsculas y paréntesis inicial, como es de observarse, menciona requisitos de voto para los ciudadanos mexicanos, por lo que se respetan los parámetros de los incisos que, por lo regular, enuncian requisitos o condiciones para aplicar el artículo.

Como hemos visto, otra forma de enunciar y diferenciar el contenido, son los apartados, tal como en el siguiente ejemplo:

Artículo 20. *El proceso penal será acusatorio y oral. Se regirá por los principios de publicidad, contradicción, concentración, continuidad e inmediación.*

    A. De los principios generales:
        Fracciones I. a X...[435]
    B.   De los derechos de toda persona imputada: ...[436]
        Fracciones I. a IX...

---

[434] Código Federal de Instituciones y Procedimientos Electorales, *op. cit.*, nota 151.
[435] Se omitieron las fracciones I a la X para efectos didácticos, en el texto vigente se encuentran íntegras.
[436] Constitución Política de los Estados Unidos Mexicanos, *op. cit.*, artículo 20.

C. De los derechos de la víctima o del ofendido: ...

En el anterior ejemplo se observa una disposición de la Constitución Política de los Estados Unidos Mexicanos, donde se establecen los principios fundamentales del proceso penal, este se divide en apartados "A","B" y "C"; siendo el "A", los principios generales del proceso, "B", de los derechos fundamentales del imputado y "C", los derechos de la víctima o del ofendido, los apartados son muy útiles para diferenciar la calidad de las partes en un proceso o la distinción de un grupo conforme a una sujeción especial en derecho.

También, se puede observar esto en el artículo 123 de la Constitución mexicana, que está dividido en un apartado "A", en el que se regula todo lo referente a las relaciones de trabajo en cuanto al régimen general, y un apartado "B", que regula también las relaciones de trabajo, pero este en cuanto a los regímenes especiales y de los trabajadores al servicio del Estado. También se observa que los apartados dentro de un artículo se deben diferenciar con letras mayúsculas.

4.1.1.5. Redacción del proyecto.

El estilo de redacción de los textos normativos debe ser preciso, claro por la relación de la seguridad jurídica con la norma escrita y garantizar la certeza de las normas, ya que de las leyes depende la esfera jurídica de los gobernados, el lenguaje jurídico debe ser uno de los más precisos, tal vez el más preciso solo después del matemático.

Aun evitando todos los errores comunes, el lenguaje jurídico suele ser oscuro, esto se justifica por el carácter técnico del derecho; sin embargo, muchas veces este mal entendimiento del texto se debe a cuestiones de redacción y no técnicas ni científicas.

Un lenguaje conciso es aquel en el que se emplean solo las palabras indispensables. Esto, aplicado a la redacción de una norma significa que se han evitado giros innecesarios, reiteraciones, explicaciones o fundamentos, al enunciar el precepto.

La precisión, en cambio, se vincula a los términos que se utilizan, es decir, que estos términos sean los correctos. En nuestra lengua española esto es sumamente complejo ya que la lengua está en permanente cambio y puede tener un significado inacabado o términos inexactos. En este sentido, se advierte el uso de conceptos jurídicos indeterminados,[437] los cuales son los conceptos que no tienen un significado determinado o abarcan situaciones dependiendo del caso concreto, como, por ejemplo, el interés público, bien común, moral pública, entre otros.

La misma palabra puede adquirir distintos significados, según el contexto lingüístico en el que sea usada. El mismo término puede tener un significado técnico preciso y otro en el lenguaje cotidiano. Asimismo, una misma palabra o frase puede tener simultáneamente un significado literal y un significado emotivo y existir entre ambos una gran independencia.

Por ejemplo, los términos "burócrata" y "servidor público" tienen significados literales casi idénticos, pero sus significados emotivos son completamente distintos. El término "burócrata" expresa desaprobación, mientras que el término "servidor público" expresa aprobación.[438]

Otro término que suele confundirse es el de los "Derechos Humanos" y "Derechos Fundamentales".

Los Derechos Humanos son un conjunto de prerrogativas políticas y humanistas que pretenden fundar una convivencia pacífica entre todos los seres humanos; están basados en la dignidad personal, son dispositivos tendientes para integrarse a un sistema jurídico que preservan la esfera de derechos de las personas con lo mínimo para vivir con dignidad.

Por su parte, los derechos fundamentales son los derechos humanos contenidos en un documento jurídico, constitución o cuerpo normativo, este derecho

---

[437] Al respecto, *véase* Piazuelo Tena, Isaac, "Conceptos Jurídicos Indeterminados y generalización de la custodia compartida", en *Revista de Derecho Civil*, España, vol. V, núm. 1, enero-marzo, 2018, pp.99:131.
[438] *Cfr.* Marmer, Irving, *Introducción a la Lógica*, Argentina, EUDEBA, 1989, p.64.

fundamental trae aparejado un reconocimiento y garantía para hacerse válido frente a terceros y autoridades; es decir, son justiciables y el Estado debe implementar acciones para preservarlos y que los ciudadanos lo ejerzan.[439] En la práctica, estos términos suelen utilizarse como sinónimos, pero esto no es adecuado.

Así, la necesidad de ser preciso y la ambigüedad y vaguedad de los términos obligan a ser muy cuidadosos en su utilización. Si al utilizar un término advertimos que pueden adjudicársele significados diferentes, es conveniente definirlos, es por ello la importancia de redactar un glosario en las "Disposiciones Preliminares". La definición es un instrumento muy eficaz para precisar el significado y el alcance de un término, siempre que se la emplee apropiadamente, por lo que nos referimos a este tema en detalle, más adelante.

En cuanto a la claridad, debemos señalar que depende en gran medida de la sintaxis, la puntuación y el empleo de las formas gramaticales correctas. Las conclusiones simples y directas, los párrafos breves y la formulación positiva hacen más claro el sentido de un texto.

Los puntos anteriores referidos a la redacción de una norma implican:[440]

I) Que conviene usar la formulación refleja en lugar de la pasiva;
II) Que debe enunciarse primero la norma y luego las circunstancias de su aplicación, y
III) Que cuando legalmente hay dos posibilidades, debe referirse a una de ellas positivamente, en vez de negativamente a la otra, es decir usar un carácter prescriptivo para cada norma.

La definición está íntimamente relacionada con la definición de términos. La definición es una herramienta útil para aclarar el texto normativo; sin embargo, debemos observar ciertos criterios para no transformarla en una herramienta de

---

[439] Al respecto *véase* Ferrajoli, Luigi, *Derechos y Garantías, La ley del más débil*, 4a. ed., Madrid, 2004.
[440] *Cfr.* Grosso Marina, Beatriz, *op, cit*. p.16.

doble filo y que oscurezca en vez de aclarar la norma. Al redactar una norma podemos enfrentar diversos problemas con relación al empleo de un término:[441]

I)   Que su significado no sea muy conocido;

II) Que tenga más de un significado, esto es, que sea ambiguo;

III) Que teniendo un significado único y conocido, no surjan con seguridad los límites de su aplicabilidad, es decir, que sea vago, y

IV) Que se trate de un término técnico que puede tener distintos significados en distintas teorías.

Si en cualquiera de los anteriores casos el contexto no aclara totalmente el contexto, debe recurrirse a la definición adecuada para cada término.

Para los casos en que el significado del término no sea muy conocido o que sea ambiguo, debe utilizarse la definición lexicográfica, es decir una definición que informe sobre el significado del término.[442] Si se trata del caso de vaguedad, la definición lexicográfica no nos servirá para resolver la cuestión, sino su aplicación a casos límites; es decir, aquellos casos que resulta difícil decidir si el término en cuestión es aplicable o no lo es.

Para poder solucionar el problema es pertinente usar la definición aclaratoria, esto es, aquella que, yendo más allá de lo lexicográfico del significado establecido por el uso, precisa el término de modo que incluya o excluya ciertos casos.[443] En tal sentido, debe tenerse en cuenta en no cambiar el significado del concepto sino abarcarlo para el sentido de la norma. Aquí vale mucho la voluntad del legislador.

Por el contrario, si estamos ante el caso de que algún término técnico utilizado pertenece a un campo de conocimiento específico, puede ser útil hacer una caracterización teóricamente adecuada del objeto al que debe aplicarse ese término.[444] Esto es de suma importancia para el legislador. Por ejemplo, en las normas de carácter penal se tiene que ser preciso, exacto y explicativo con los

---

[441] *Ídem.*
[442] *Cfr.* Marmer, Irving, *op. cit.,* p.137.
[443] *Cfr.* Marmer, Irving, *op. cit.,* p.139.
[444] *Ídem.*

términos científicos ajenos al derecho, puesto que, por el principio de taxatividad, el gobernado debe tener claro a qué se refieren estos términos.[445]

Dado que la definición teórica apunta a caracterizar teóricamente los objetos a los cuales se aplica el término, es evidente que se sitúa dentro de una determinada teoría y, por tanto, puede ser sustituida por otra en la medida que aumente el conocimiento. La técnica legislativa deberá tener en cuenta esta posibilidad de la definición, de modo que pueda ser actualizada sin necesidad de sancionar una nueva ley. Para ello, es aconsejable incluirla en un anexo de la ley, otorgando a un organismo la facultad de actualizarla, cumpliendo cabalmente así con el principio de taxatividad.

A diferencia de las definiciones teóricas, las definiciones lexicográficas y aclaratorias no variarán, ya que su finalidad es precisar el término para ese texto normativo. En tal caso, es recomendable incluir estas definiciones en el dispositivo del texto normativo en el glosario.

Asimismo, la motivación puede contener definiciones cuya finalidad sea contribuir a la comprensión de los fundamentos de las normas, pero no a precisar un término contenido en el dispositivo.

Así como es necesario elegir cuidadosamente el tipo de definición adecuada para cada finalidad, también es imprescindible tener en cuenta algunas cuestiones relativas a la elaboración técnica de la definición.

La ejemplificación no es una técnica apropiada para definir el significado de un término puesto que, si bien la comprensión de un término determina su extensión no ocurre lo mismo a la inversa.

La sinonimia es una técnica frecuente en algunos textos de técnica lingüística como los diccionarios. Sin embargo, no es recomendable usarla para definir términos en un texto normativo, por la misma razón que no es recomendable el uso de sinónimos para referirnos al mismo concepto en distintas normas del mismo texto

---

[445] *Cfr.* Tesis 1a. CXCII/2011, *Semanario Judicial de la Federación y su Gaceta*, Decima Época, Libro I, octubre de 2011, p.1094.

normativo. Los sinónimos tienen distintas raíces etimológicas y, por lo tanto, no tienen idéntico significado.

Si debemos recurrir a una definición lexicográfica, la más adecuada es la analítica, es decir, aquella que define por el género y la diferencia específica. Esta técnica resulta la más apropiada para definir palabras que denoten propiedades complejas.

Al formular una definición analítica debemos cuidar:[446]

I)   Que no sea circular, o sea, que no contenga el término que se quiere definir o un sinónimo de él;

II) Que denote más cosas o menos cosas que las denotadas por el término;

III) Que no esté formulada en un lenguaje ambiguo, oscuro o figurado, y

IV) Que no sea negativa, si puede ser positiva.

La diferenciación entre los preceptos y sus fundamentos es relativamente moderna. Es en el siglo XIX, con el racionalismo,[447] que adquieren identidad propia los principios que legitiman las normas, es a partir de lo cual se plantea la cuestión de presentarlos juntamente con el enunciado de la norma o en documentos separados.

La experiencia demuestra que, cuando el enunciado de una norma incluye los fundamentos, se dificulta la distinción entre el precepto y sus principios y, por ende, la comprensión de ambos se complica. Es por ello que algunos reglamentos legislativos han determinado incluir como norma el criterio técnico y presentar en documentos separados los preceptos y fundamentos.

Al redactar por separado las normas y sus principios se da origen a dos documentos diferentes: el dispositivo y la motivación, cada uno tiene contenidos distintos y, por ende, tienen una estructura y un estilo diferentes.

---

[446] *Cfr.* Marmer, Irving, *op. cit.,* p.139
[447] Al respecto, véase Correas Massini, Carlos I., "Sobre la justificación racional de las normas: consideraciones a partir de las ideas de Sergio Cotta" *en Problema Anuario de Filosofía y Teoría del Derecho,* núm. 4, pp. 278-301.

La justificación de las normas contenidas en el dispositivo está dada por razones políticas, jurídicas y técnicas. Son estas razones que legitiman las normas las que deberán constituir el contenido de la motivación y las cuales cobran especial relevancia durante el proceso legislativo, cuando este es sometido a un exhaustivo análisis político y técnico.

Asimismo, en el ámbito de aplicación de la ley, la interpretación jurídica puede enriquecerse con el conocimiento de la motivación y lograr una mayor consonancia con la voluntad del legislador.

Las principales razones que fundan cualquier norma y que deben estar contenidas en la motivación son:[448]

I) Los factores culturales, económicos y estratégicos, entre otros, que provocan su aparición;

II) La doctrina, la jurisprudencia y el derecho consuetudinario en que se sustenta;

III) La motivación política que ha considerado su necesidad y su utilidad,

IV) Los aspectos técnicos y científicos tenidos en cuenta para asegurar su viabilidad;

V) La adecuación jurídica, y

VI) La descripción y análisis de cada una de las normas contenidas en el dispositivo.

Si partimos de este contenido, es válido considerar la motivación como un informe, a través del cual se presenta información técnica y científica de diversa índole. Este contenido permite, al redactar, un desarrollo más analítico que solo el enunciar las normas del dispositivo; lo que facilitará su lectura.

Para finalizar, a partir de las reflexiones formuladas sobre la estructura y el estilo del texto normativo, y teniendo en cuenta la naturaleza política, social y

---

[448] *Cfr.* Marmer, Irving, *op. cit.,* p.138.

jurídica de la ley, podemos enumerar tres requisitos mínimos fundamentales que ese texto debe cumplir, en términos de una correcta técnica legislativa:[449]

1. Expresar fielmente la voluntad del legislador. La voluntad política de los órganos legislativos se expresa a través de textos normativos. Estos textos se leen y aplican. Si por deficiencias en su contenido o forma se generan efectos distintos a los buscados, se habrá distorsionado la voluntad política del legislador.

2. Asegurar la certeza preceptiva. El texto normativo debe garantizar el acceso seguro al contenido, la comprensión, el conocimiento indudable de la norma y la correcta interpretación; esto es, la certeza preceptiva. Para ello, las normas contenidas en el texto se expondrán en un orden sistemático adecuado y se redactarán en un estilo claro, conciso y preciso.

3. Relacionar entre sí, armónicamente, las normas que conforman su contenido. El contenido del texto no constituye una mera yuxtaposición de preceptos independientes uno de otros. Por el contrario, cada uno de ellos se relaciona con los otros, constituyendo un sistema completo y lógico.

La relación armónica de las normas supone que no existan contradicciones, redundancias o lagunas en el sistema, o sea, garantizar la inserción armónica del nuevo producto legislativo jurídico vigente.

Las nuevas normas pasarán al proceso legislativo o a la etapa legislativa, por lo que preciso evitar que generen redundancias o contradicciones en ese ordenamiento. El texto tendrá que sufrir varias modificaciones, así como pasar a una revisión general del texto.

4.1.1.6. Revisión final del proyecto.

Una vez que se ha terminado la redacción así como la revisión ortográfica y de estilo del texto, se tendrá que revisar la forma de su estructura: para ello, existen

---

[449] *Cfr.* Grosso Marina, Beatriz, *op. cit.,* p.16.

diferentes criterios, métodos y evaluaciones que a continuación se enunciarán, en aras de proponer las técnicas que más se acoplen al estilo de nuestras normas.

Siguiendo a Meehan[450] podemos señalar que el acto legislativo debe presentar los siguientes caracteres:

I) **Integralidad:** debe ser un acto legislativo completo; coherente y consistente, sin lagunas legales, en la medida de lo posible;

II) **Irreductibilidad:** no debe expresar más de lo necesario, no debe tener normas reiterativas ni excesos;

III) **Coherencia:** sin normas con caracteres contradictorias o no armónicas, es decir, soluciones diferentes para iguales supuestos;

IV) **Correspondencia:** el acto legislativo debe insertarse correctamente en el ordenamiento jurídico, indicando con precisión las derogaciones y modificaciones de otras normas, y

V) **Realismo:** el acto legislativo debe ser producto de un análisis integral de la realidad social y predecir los efectos que se persiguen a través de él.

De la misma forma, la Organización para la Cooperación y Desarrollo Económicos (OCDE) ha emitido una serie de criterios para evaluar la calidad de las normas.[451]

Por lo tanto, la OCDE apunta que las necesidades para la evaluación de las normas obedecen a los siguientes factores:

I) El mejoramiento de la calidad de vida de los gobernados se soporta en sistemas jurídicos cada vez más complejos y con alcances mayores;

II) La calidad de la función administrativa tiene un apoyo básico en la calidad del sistema normativo;

---

[450] *Cfr.* Meehan, José H., *Teoría y técnica legislativas*, Argentina, Despalma, 1976, pp.75-82.
[451] *Cfr.* OCDE, *Recommendation of the Council of the OCDE on improving the Quality of Government Regulation (adopted on 9 March 1995)* including the OCDE Reference checklist for regulatiry Decision Making, p.101.

III) El entorno de la acción de gobierno está cambiando, en tanto que la economía supone condiciones de mayor competencia, exigiendo la liberación de cargas burocráticas para las empresas;

IV) La calidad de las normas emitidas al interior del Estado impacta en el contexto internacional;

V) La globalización y el impacto de la tecnología han hecho obsoletas regulaciones estatales, y

VI) Muchos contenidos normativos son ya elaborados en un contexto internacional, lo cual impacta en la legislación nacional, el aprendizaje legislativo se realiza en un contexto de comunicación internacional.

Por los anteriores motivos es esencial enunciar a continuación, los diez puntos que la OCDE elaboró con la participación de diez Estados miembros y el Comité de Administración Pública de la OCDE:

1. **¿El problema está correctamente precisado?** Enfatiza la OCDE que el problema ha de estar definido con precisión, su naturaleza y magnitud, explicando las causas que lo provocaron, así como los incentivos y las entidades afectadas.

2. **¿Se justifica la acción de gobierno?** La acción de gobierno debe estar justificada tomando en cuenta la naturaleza del problema, los beneficios esperados y los costos en que se incurrirá, así como en los mecanismos alternativos para enfrentar el problema.

3. **¿La regulación es la acción de gobierno más adecuada?** La OCDE pone énfasis en la ponderación suficientemente informada de los instrumentos de acción política, tanto regulatorios como no regulatorios, que contemplen los costos, beneficios, efectos distributivos y requerimientos administrativos para dar respuesta adecuada a esta pregunta, en un momento temprano de la acción del órgano legislador.

4. **¿La regulación está jurídicamente fundamentada?** No menos importante es la debida fundamentación jurídica de la acción de regulación: es decir, satisfacer el principio de legalidad. Esto implica la

existencia de competencia del órgano sustentada adecuadamente en disposiciones superiores, así como acorde con los tratados y los principios jurídicos tales como la certeza, la proporcionalidad y las exigencias procedimentales aplicables.

5. **¿Cuál es el nivel de gobierno que debe participar?** El órgano emisor de las normas debe prestar especial atención al momento de establecer los órganos competentes para actuar, tomando en cuenta el nivel más apropiado o, en su caso, la necesaria coordinación entre varios de ellos.

6. **¿Los beneficios esperados justifican los costos de la regulación?** Los beneficios esperados son los argumentos para justificar una acción de gobierno. Para tomar la decisión es necesario estimar el monto total de los costos y los beneficios, así como de alternativas viables expresadas en términos asequibles para quien tome la decisión.

7. **¿Se distribuyen los costos entre diversos grupos sociales de manera transparente?** También requiere atención una transparente distribución de los costos y beneficios entre la sociedad, por razones de equidad.

8. **¿La regulación está redactada de manera clara, consistente, comprensible y es accesible por los destinatarios de ella?** Este principio enfatiza la necesidad de que los legisladores procuren que el texto legal y su estructura estén elaborados de manera comprensible por los usuarios potenciales de la norma.

9. **¿Se les ha brindado la oportunidad de participar en el proceso de creación de la ley a todas las entidades interesadas en ella?** El proceso de elaboración de una ley ha de desarrollarse de manera abierta y transparente, y abrirse a la participación de los diversos grupos interesados, tales como los sindicatos, los empresarios, la academia y otras oficinas gubernamentales.

10. **¿Cómo obtener la aceptación de la ley?** El legislador requiere incorporar incentivos e instituciones para lograr la eficacia de la ley, para lo cual ha de diseñar estrategias de implementación eficaces.

Otro instrumento de evaluación, que es importante destacar, es el Cuestionario Alemán[452], este instrumento, como su nombre lo indica, se conforma con una serie de cuestiones que, a su vez, incluyen otros criterios; su objetivo es dar un parámetro de contenido y calidad de la norma elaborada; de igual forma, se enlistan los parámetros del Cuestionario Alemán:[453]

Cuestión 1 ¿Es realmente necesario hacer algo?

1.1. ¿Cuál es el objetivo a alcanzar?

1.2. ¿De dónde proceden las reivindicaciones; cuáles son las razones que se invocan?

1.3. ¿Cuál es, por otra parte, la actual situación jurídica y de hecho?

1.4. ¿Qué efectos se han constatado?

1.5 ¿Qué nuevos acontecimientos -por ejemplo, en economía, ciencia, técnica y jurisprudencia- están relacionados de un modo especial con el problema?

1.6 ¿Cuál es el número de personas afectadas y el de casos que deben ser resueltos en la práctica?

1.7 ¿Qué ocurre si nada ocurre? -Por ejemplo, probablemente se agravará el problema o bien, este permanecerá sin cambios; se resolverá sin la intervención del Estado -por el tiempo o por los mecanismos de autoregulacion de las fuerzas sociales ¿Qué consecuencias son esperadas ante la falta de acción?

El hilo conductor del punto de arranque del Cuestionario Alemán es la respuesta a la pregunta muy elemental de si es necesario que algo se haga, si el problema en cuestión realmente amerita que alguien deba responder, deba actuar. Si el conocimiento allegado no permite responder afirmativamente, entonces, sin más, habría que abortar la empresa legislativa.

El legislador debe averiguar no solo las características del problema en cuestión, además, las causas que lo originan, sus efectos, qué argumentos formulan quienes reivindican la exigencia de acción legislativa, la situación jurídica y la situación de hecho, los avances en el conocimiento que afecten al problema, el

---

[452] *Cfr.* OCDE, *op. cit.*, p.104.
[453] Al respecto, *véase* Sotelo Raigosa, Luis*, ¿Cómo hacer una iniciativa de Ley? Legisprudencia y eficiencia de la legislación*, México, Senado de la Republica, Mesa Directiva, 2008, pp.104-121.

universo de personas a las cuales les afectará. También, el legislador, con el conocimiento adquirido sobre el problema, ha de contestar a una pregunta final: si no se actúa, ¿el problema se agrava o se resuelve de manera "natural" por la sola acción social, sin intervención estatal?

Cuestión 2 ¿Cuáles son las alternativas?

2.1 ¿Cuál es el resultado del análisis del problema: dónde radican sus causas? ¿Qué factores pueden ser influidos?

2.2 ¿Con qué instrumentos de actuación, generalmente apropiados, puede lograrse el objetivo perseguido en su totalidad, o bien con algunas limitaciones que sean justificables? Por ejemplo: medidas para una aplicación y ejecución más eficiente de las disposiciones normativas existentes; relaciones públicas, acuerdos, programas de incentivación; estímulo y apoyo a una autoasistencia que pueda esperarse de un modo razonable de parte de los afectados; solución por parte de los tribunales.

2.3 ¿Cuáles son los instrumentos más propicios considerando, especialmente, los aspectos siguientes? Gastos y cargas para los ciudadanos y la economía; eficacia -entre otros: seguridad de acierto, grado y probabilidad de la obtención de objetivos-; costos y gastos de los erarios públicos (sic); repercusiones sobre las normas existentes y los programas previstos; Efectos secundarios, consecuencias; comprensión y aceptación por parte de los destinatarios y de los responsables de la ejecución de las disposiciones.

2.4 ¿Mediante qué actuación pueden evitarse nuevas disposiciones normativas?

La opción de no intervención apunta como una alternativa o solución al problema. Todavía no se responde afirmativamente si el legislador "ha de hacer algo". Incluso no hay respuesta a la cuestión de si es trabajo del legislador o bien puede apuntarse a soluciones alternativas no legislativas. Pero el legislador ha de responder la posibilidad de enfrentar el problema con otros instrumentos: medidas para mejor aplicar la ley vigente, proveer mejor información, autorregulación, esquemas de incentivos, soluciones por tribunales.

Cuestión 3. ¿Debe actuar la Federación?

3.1 ¿Puede ser conseguido el objetivo de la actuación -total o parcialmente- por los estados, municipios u otras entidades públicas con los medios que ya se hallan a su disposición?

3.2 ¿Por qué debe actuar la Federación? -Por ejemplo, ¿cuál es la razón invocada para fundamentar la necesidad de preservar la homogeneidad de las condiciones de vida, de acuerdo con el art. 72, apartado 2o, núm. 3 de la Ley Fundamental? -

3.3 ¿En qué medida deben ejercerse las competencias de la Federación?

El legislador debe observar las cuestiones de competencia con enorme rigor. Las tres preguntas de este punto 3 son cuestiones que, con cuidado, buscan mantener el respeto de los órdenes locales frente al nacional o la consideración de que el tema afecta a la población en general y no solo a una de sus partes integrantes. Asimismo, si la respuesta a esta cuestión es afirmativa, todavía se avanza a preguntarse sobre los límites del ejercicio de las competencias federales.

Cuestión 4. ¿Debe elaborarse una ley?

4.1 ¿Se hallan las cuestiones que deben ser objeto de regulación bajo reserva de ley, teniendo en cuenta la teoría según la cual todo lo que es esencial debe ser regulado por ley?

4.2 ¿Es la cuestión objeto de la regulación tan importante que, por otras razones, deba reservarse al Parlamento?

4.3 ¿En qué medida no es necesaria una ley formal: ¿Es necesario que la regulación se haga mediante decreto legislativo? ¿Por qué no es suficiente un reglamento administrativo o, eventualmente, un acto normativo de un organismo federal?

No es sino hasta este cuarto paso en donde el Cuestionario Alemán aborda el tema del tipo de respuesta que la Federación o algún otro ente competente ha de emprender. Hasta este momento del análisis aflora si se está frente a un tema reservado a la acción parlamentaria o, al contrario, si, aún aceptando la necesidad de acción de autoridades federales, puede abordarse la cuestión por vía reglamentaria o de acto normativo de otro organismo federal no parlamentario.

Cuestión 5 ¿Hay que actuar ahora?

5.1 ¿Cuáles son las circunstancias y las relaciones existentes entre ellas que todavía deben ser investigadas? ¿Por qué, a pesar de ello, se debe adoptar ahora una regulación?

5.2 ¿Por qué, en lugar de esperar, no puede incorporarse en el mismo procedimiento legislativo -por ejemplo, mediante una entrada en vigor escalonada- otra necesidad de modificación y de regulación que ahora ya es previsible?

El quinto paso del Cuestionario Alemán inquiere sobre el momento adecuado para legislar. Se trata de averiguar si es correcto emprender un acto legislativo sin contar con todos los elementos de información requeridos, e incluso de incorporar disposiciones previsoras de nuevas regulaciones a futuro.

Cuestión 6 ¿Es necesario que la regulación tenga la amplitud prevista?

6.1 ¿Está exento el Proyecto de enunciados programáticos innecesarios o de descripciones de objetivos superfluas?

6.2 ¿Puede limitarse la extensión de la regulación -diferenciación y tratamiento detallista- mediante una formulación más general -tipificación, generalización, conceptos jurídicos indeterminados, cláusulas generales, concesión de un margen de discrecionalidad? -.

6.3 ¿Pueden dejarse los detalles y las modificaciones previsibles a los encargados del desarrollo normativo -Estado o Federación- o ser recogidos en reglamentos administrativos?

6.4 ¿Se encuentran ya regulados los mismos casos en otros lugares, especialmente en normas de rango superior -¡Doble regulación que puede ser evitada!- ? Por ejemplo, por un tratado internacional de aplicación directa; un reglamento de la Comunidad Europea; una Ley Federal en relación con los reglamentos federales proyectados; disposiciones de rango inferior en relación a disposiciones administrativas de carácter general en proyecto.

6.5 ¿Existen reglas técnicas sobre el mismo objeto de la regulación?

6.6 ¿Cuáles son las regulaciones ya existentes que se verán afectadas por las disposiciones previstas? ¿Es posible prescindir de ellas?

6.7 ¿Se ha comprobado el alcance de la regulación más allá de la necesidad concreta y en relación con las reformas de disposiciones normativas en curso?

El apartado 6 del Cuestionario Alemán se orienta a identificar el impacto normativo de la ley a emitir. Este impacto se manifiesta en una doble dirección; por una parte, al entrar en un sistema normativo, otros ordenamientos proyectan sus contenidos en los del texto legal en elaboración. Esto alerta para que se eviten problemas de enfrentamiento normativo. Por otra parte, en relación con los propios contenidos de la ley, en tanto que habría que evitar enunciados innecesarios o bien, cuidar la extensión normativa de los enunciados incorporados a la ley; ya que pueden ser desarrollados por otras fuentes. Finalmente, se aconseja cuidar el impacto normativo en otras disposiciones de rango inferior.

Cuestión 7 ¿Puede limitarse el período de vigencia?

7.1 ¿Se necesitará la regulación solo durante un período de tiempo que ya es previsible?

7.2 ¿Se justifica una "regulación experimental" temporalmente limitada?

Este criterio llama la atención porque incorporan la posibilidad de la fijación de límites temporales a la ley. Pone en la mesa una cuestión de la mayor importancia. En el fondo de este par de cuestiones atinentes al periodo de vigencia de la ley, se anuncia una crítica profunda a las características esenciales de la ley, en los términos en que el estado liberal de derecho lo estableció, siguiendo al profesor Zagrebelsky, en tanto que la ley es la expresión de la voluntad del legislador, sustentada en la razón, de la cual se predica la generalidad y la abstracción, la sistematicidad y la plenitud.

Las características de generalidad y abstracción se soportan en el principio de igualdad, en tanto que la generalidad se refiere a los sujetos a los cuales está destinada la ley, mientras que la abstracción mira hacia la "generalidad en el tiempo" o podríamos decir, igualdad en el tiempo, en tanto que la abstracción "consiste en prescripciones destinadas a valer indefinidamente" y, por ello, la abstracción *"es enemiga de las leyes retroactivas, necesariamente 'concretas, como también es enemiga de las leyes ' a término', es decir, destinadas a agotarse en un tiempo breve y, en fin, es enemiga de la modificación demasiado frecuente de unas leyes por otras".* [454]

Sin embargo, la evolución de las sociedades contemporáneas y, de manera particular, el nacimiento de la forma constitucional del Estado ha llevado a una pérdida del sentido que antaño tenía la ley, como eje del derecho y depositaria de los derechos de los ciudadanos. La ley no parece ser más la depositaria de los derechos o no de los fundamentales, en tanto que estos se encuentran establecidos en una Ley superior.

Ponemos el énfasis en la pérdida de la posición jurídica excluyente de la ley frente a otras fuentes del derecho y, con esa pérdida, la de la característica esencial

---

[454] *Cfr.* Zagrebelski, Gustavo, *El derecho dúctil. Ley, Derechos y justicia*, Madrid, Trotta, 1995, p.99.

y definitoria de la abstracción de la ley. No es que las leyes no sean ya más abstractas, sino que no puede llamar a arrebato la existencia de leyes de vigencia temporal, en tanto que son emitidas para resolver cuestiones o problemas también temporales.

Cuestión 8. ¿Se aproxima la regulación al sentir de los ciudadanos y es comprensible?

8.1 ¿La nueva regulación será recibida con comprensión por los ciudadanos, y estarán dispuestos a aceptarla?

8.2 ¿Por qué son imprescindibles las limitaciones a los márgenes de libertad o las obligaciones de cooperación previstas? Por ejemplo: Prohibiciones, sumisiones obligatorias a autorización y obligaciones de declarar; necesidad de comparecencia personal ante las autoridades; obligaciones de solicitud formal, de aportar información o pruebas; sanciones o multas; otras cargas. ¿Pueden ser sustituidas por cargas menos gravosas? Por ejemplo: Obligación de declarar en lugar de prohibición con reserva de autorización.

8.3 ¿En qué medida pueden ser armonizadas las condiciones de existencia de derechos, o los procedimientos de autorización o de otorgamiento de consentimiento, con las existentes en otras materias jurídicas y reducirse de tal modo que requieran un mínimo de gasto y de tiempo?

8.4 ¿Pueden los afectados comprender la regulación en lo que respecta a las palabras empleadas, la construcción y la longitud de las frases, longitud de las disposiciones individuales, y sistemática, lógica y abstracción?

No deja de llamar la atención en esta Cuestión 8 la consideración de los límites entre el mundo de la decisión política y el campo en donde predomina lo jurídico. Esta Cuestión nos orienta a preguntarnos acerca de la percepción y la recepción de las normas por los ciudadanos. No solo alerta sobre el uso prudente y adecuado del lenguaje jurídico, pensado en términos del "lector" del mensaje jurídico, quien se verá obligado a entender la ley.

Cuestión 9. ¿Es practicable la regulación?

9.1 ¿Es suficiente una regulación contractual, de responsabilidad civil o cualquier otra regulación civil para poder evitar así un acto de ejecución de la administración?

9.2 ¿Por qué no es posible renunciar a nuevos controles o a actos administrativos individuales -o al recurso a un tribunal?

9.3 ¿Se pueden seguir directamente las disposiciones escogidas?¿Permiten esperar la mínima necesidad posible de actos individuales de ejecución de la normativa?

9.4 ¿Se pueden imponer las normas administrativas imperativas y prohibitivas con los medios ya existentes?

9.5 ¿Se puede renunciar a disposiciones normativas especiales sobre procedimiento y protección jurídica? ¿Por qué no son suficientes las disposiciones generales?

9.6 ¿Por qué no se puede renunciar a: regulaciones relativas a la competencia y organización; nuevas autoridades, comisiones consultivas; reservas de una participación posterior; deberes de elaboración de informes, estadísticas oficiales; Procedimientos técnico-administrativos -por ejemplo, formularios o manuales?

9.7 ¿Qué autoridades u otros organismos deberán asumir la ejecución?

9.8 ¿Qué conflictos de intereses pueden esperarse entre los responsables de la ejecución?

9.9 ¿Se concede el margen de discrecionalidad necesario a los responsables de la ejecución?

9.10 ¿Cuál es la opinión de las autoridades y demás responsables de la ejecución sobre la claridad de la finalidad que persigue la regulación y sobre la tarea que les corresponde en la ejecución?

9.11 ¿Ha sido previamente ensayada la regulación prevista con la participación de los órganos responsables de la ejecución -técnica de simulación? - ¿Por qué no? ¿Con qué resultado?

Varios puntos de gran interés contienen esta Cuestión 9. En primer lugar, parece que la materia civil "es preferente", pues si basta para resolver el problema al cual se enfrenta el legislador antes que hacer incorporar un "acto de ejecución" de la administración, hay que preferir la vía civil.

Por otra parte, aboga de nuevo por una saludable autolimitación de órganos de gobierno porque pide una justificación de la incorporación de nuevos controles o actos administrativos individuales sobre los gobernados.

Seguidamente, pide que el legislador indague si no haría falta algo más que la mera emisión de la nueva disposición legal y, además, si la nueva disposición genera solo una molestia lo mínimo necesaria para conseguir el objetivo.

Paralelamente, y se entiende con propósitos de economía legislativa solicita que se averigüe sobre la posible aplicación de normas y medios ya existentes en los casos de normas administrativas imperativas y prohibitivas; como si es suficiente remitir a disposiciones sobre procedimiento ya existentes, o a disposiciones que protegen al ciudadano, o bien, si haría falta emitir otras, en cuyo caso sería necesario justificar su emisión; en esta misma línea exige que se justifique por el legislador la necesidad de emitir normas relativas a competencias, creación de nuevas autoridades, obligaciones de presentar informes, entre otras cuestiones más.

En materia de órganos encargados el cumplimiento de la ley no solo exige que se precisen los órganos competentes para ejecutar la ley, también alerta sobre la forma de la previsión de posibles conflictos de intereses entre los órganos responsables de la ejecución de la ley.

En el mismo sentido, advierte acerca de la necesidad de considerar márgenes de discrecionalidad a los órganos competentes para la ejecución de la ley, puntos 9.7, 9.8 y 9.9. Indica también la conveniencia de consultar a los órganos responsables de aplicar la ley, como etapa o requisito para elaborar la norma, punto 9.10. Por último, inquiere acerca de la posibilidad de "ensayar" la norma, con los órganos responsables de la ejecución.

Cuestión 10. ¿Es razonable la relación costos-beneficios?

10.1 ¿Cuál es la cuantía previsible de las cargas económicas sobre los destinatarios u otras personas afectadas? Proceder a su estimación, si es posible, o como mínimo describir someramente su naturaleza e importancia.

10.2 ¿Se puede exigir razonablemente a los destinatarios la carga adicional, especialmente a las pequeñas y medianas empresas?

10.3 ¿Cuál es el importe de los costos y de los gastos adicionales para los presupuestos de la Federación, de los estados y de los municipios? ¿Qué posibilidades de cobertura de los costos adicionales existen?

10.4 ¿Se han realizado estudios sobre la relación costos-beneficios? ¿Por qué no? ¿Con qué resultado?

10.5 ¿De qué modo deberán averiguarse después de la entrada en vigor de la regulación su eficacia, sus costos y, eventualmente, sus efectos secundarios?

La Cuestión 10 apunta a un elemento de creciente importancia, en tanto que incorpora una variante en el trabajo legislativo que ha adquirido una dimensión mayor: la identificación de los costos de la ley.

Los puntos para considerar se refieren no solo a cuánto cuesta la ley, sino quién es la persona o particular afectado por ella que deberá soportar dicho costo. Por otra parte, exige la previsión de costos para el erario y cuál de los distintos órdenes de gobierno habrá de soportarlos, puntos 10.1, 10.2 y 10.3.

Finalmente, apunta a que se evalúe la ley, tanto su eficacia, sus costos y sus efectos secundarios, punto 10.5.

Una vez realizadas estas valiosas reflexiones evaluativas y teniendo redactado el proyecto, podremos dar por terminada la Fase Prelegislativa y el legislador se conducirá a la Fase Legislativa para turnar la iniciativa al Proceso Legislativo.

4.1.2. Fase Legislativa.

4.1.2.1. Iniciativa

Una iniciativa legislativa es el documento formal que los órganos o actores facultados legalmente presentan ante cualquiera de las Cámaras del Congreso de la Unión para su estudio, discusión y, en su caso, aprobación. Tiene como propósito crear, reformar, adicionar, derogar o abrogar disposiciones constitucionales o legales.[455] La iniciativa legal es el documento con el que comienza formalmente el proceso legislativo.[456]

En la práctica legislativa mexicana, la voz decreto se aplica tanto a disposiciones del Congreso de la Unión como del depositario del Poder Ejecutivo. En efecto, cuando el Congreso aludido reforma, adiciona, modifica o deroga una ley, acude a la figura del decreto, usando las siguientes fórmulas: "Decreto que

---

[455] *Cfr.* Arteaga Nava, Elisur y Trigueros G., Laura, *Derecho Constitucional (Diccionarios Jurídicos Temáticos)*, México, 2000, p.237.
[456] *Cfr.* García Máynez, *op cit*, .54.

reforma...", "Decreto que modifica...", "Decreto que reforma y adiciona", etc. También son considerados decretos los que aprueban tratados o autorizan a recibir condecoraciones de países extranjeros y, curiosamente, a un auténtico "Decreto" se le llama "Ley", como ocurre con el cuerpo normativo de la llamada "miscelánea fiscal". [457]

El Reglamento del Senado establece que la iniciativa legislativa es el documento mediante el cual los sujetos facultados por la Constitución presentan un proyecto de ley o decreto, dando inicio al procedimiento legislativo. Asimismo, en el caso del Senado, incorpora una característica especial para las iniciativas presentadas por senadores denominada iniciativa con aval de grupo, la cual, para poder alcanzar dicha denominación, requiere ser suscrita por la mayoría de los integrantes de un grupo parlamentario, incluyendo a su coordinador.

Los sujetos que pueden presentar iniciativas, conforme a los artículos 71 y 122 de la Constitución, son los siguientes:

I) **El presidente de la Republica:** El día de apertura de cada periodo ordinario de sesiones, el Ejecutivo Federal puede presentar hasta dos iniciativas de trámite preferente o señalar, en su caso, dos iniciativas con ese carácter, cada iniciativa deberá ser discutida y votada por el Pleno de la Cámara de su origen, en un plazo máximo de treinta días naturales, si no fuere así, la iniciativa, en sus términos y sin mayor tramite, será el primer asunto que deberá ser discutido y votado en la siguiente sesión del Pleno;

II) **Los diputados y senadores del Congreso de la Unión**: Dependiendo sus materias exclusivas de legislación, ambas cámaras, por medio de sus integrantes, pueden iniciar el proceso legislativo, presentando la iniciativa correspondiente;

III)**Las legislaturas de los estados:** De igual manera, en las legislaturas locales, las cámaras que estén denominadas para efectos de proceso legislativo pueden someter una iniciativa al mismo;

---

[457] *Cfr.* Berlín Valenzuela, Francisco, *op. cit.*, p.361.

IV) El Congreso de la Ciudad de México, en materias relativas a la Ciudad de México: El órgano legislativo de la Ciudad de México, puede iniciar un proceso legislativo en dicha demarcación, y

V) Los ciudadanos, en un número equivalente al 0.13% de la lista nominal de electores: Los ciudadanos pueden presentar una iniciativa de ley, siempre y cuando sea igual al 0.13% de la lista nominal o mayor. De igual forma, los ciudadanos de la Ciudad de México pueden hacer uso de esta herramienta democrática, conforme al artículo 25, apartado B, numeral 1 de la Constitución Política de la Ciudad de México.

En la iniciativa se debe justificar la solución de un problema que afronta la sociedad. Así que la argumentación esgrimida debe ir encaminada a:

I) Fundamentar externamente la presentación de la iniciativa;

II) Justificar la necesidad de solucionar un problema, mediante la ponderación de sus consecuencias, beneficios y adversidades; esto forma parte de la motivación del dictamen;

III) Que la solución idónea debe ser la creación, modificación, abrogación o derogación de una norma jurídica;

IV) Que la única solución jurídica válida es la propuesta en la iniciativa;

V) Que se debe determinar las metas a corto, mediano y largo plazo sobre dicha modificación legal, y

VI) Que no es recomendable tratar de contrargumentar posibles deficiencias, ya que esto debe ser hecho por las contrapartes y opositores, si esto se realiza solo hará que se pierda la fuerza argumentativa y se cree confusión.

4.1.2.2. Puntos de Acuerdo.

Las proposiciones con punto de acuerdo son propuestas que los legisladores ponen a consideración del Pleno, que no constituyen iniciativas de ley, sino toda petición o declaración que el Senado de la República realiza para asumir una postura institucional respecto a asuntos políticos, culturales, económicos o sociales que afectan a una comunidad o grupo particular, y sin carácter vinculante; en función de su objeto se pueden clasificar de la siguiente manera:[458]

I) **De exhorto:** cuando se solicita información a alguna autoridad de cualquiera de los tres Poderes de la Unión sobre el ejercicio de sus funciones; la realización y ejecución de determinados actos; el cumplimiento de obligaciones cuyos efectos sean de interés para la comisión legislativa o bien de algún legislador;

II) **De pronunciamiento:** cuando se solicita la declaración expresa del órgano legislativo que implique un posicionamiento en relación con una manifestación, acontecimiento, resolución o acuerdo de dependencias, entidades u organismos nacionales e internacionales, en relación con asuntos de orden político, social o cultural, cuyos efectos sean de interés general;

III) **De recomendación:** cuando se realiza una sugerencia, en el ámbito de colaboración entre los Poderes, a órganos de la Administración Pública Federal, del Poder Judicial o de los gobiernos de las entidades federativas, a efecto de que realicen algún acto, gestión, cumplimiento de obligación, resolución o acuerdo, o para que atiendan algún asunto de su incumbencia administrativa y de gestión, y

IV) **De convocatoria:** cuando se pida a la Comisión Permanente convocar a periodos extraordinarios de sesiones, en términos de lo dispuesto por el artículo 67 constitucional.

Es decir, son documentos en los cuales se expone una postura y una propuesta en relación con determinado conflicto social, político y/o económico, entre otros. Al igual que documentos, plantea una exposición de motivos, las especificaciones de lo que se propone, es decir, del punto en el que se está de acuerdo y, finalmente, los nombres de las y los legisladores que lo apoyan. Es un documento sencillo con los puntos que se quiere comunicar.

---

[458] *Cfr.* Garita A., Arturo, *op. cit.*, p.169.

La argumentación aquí es variada y gradualmente más sencilla, esto depende del tema a tratar en el punto de acuerdo, lo cual bien podría ir encaminado a un tema sobre una norma o fenómeno jurídico, aquí habría que empeñarse en la corrección de las premisas legales, en cambio, si solo es enunciativa o de opinión sobre un suceso, es menester introducir una breve justificación del sentido de la opinión.

El punto de acuerdo, en particular, debe contener la argumentación necesaria en las consideraciones, las cuales afirmarán su sentido esencial. Muchos puntos de acuerdo son exhortaciones a otros poderes y organismos gubernamentales para que actúen en un sentido hacia una problemática, se tome dicha decisión o bien, para señalarle algún punto importante sobre su actuar.

En este punto cabe señalar que es un ejercicio de persuasión política, pero que contiene elementos argumentativos, los cuales se tendrán que validar en el mismo documento.

Aquí se observan los dos tipos de argumentación que ya habíamos advertido: para la exhortación hacia algún otro poder se utiliza la argumentación general, en donde es muy común que se aleguen argumentos morales, juicios de valor o especulaciones, lo cual es incorrecto por la falta de objetividad y, en ocasiones, de racionalidad de estos argumentos. Términos como: "bueno", "malo", "incorrecto", "correcto", suelen caer en esta categoría.

Es recomendable utilizar términos más neutros que no hagan relación a la moralidad interior o subjetiva, tales como: "válido", "inválido", "eficaz", "ineficaz", aunque con ello se tenga que realizar una argumentación con más elementos jurídicos. La fundamentación en este caso son los principios democráticos constitucionales que enarbolan la separación de poderes, tal como lo enmarca el artículo 41 de la Constitución Política de los Estados Unidos Mexicanos.

Si bien es cierto lo anterior, hay que observar que en algunas ocasiones las proposiciones con punto de acuerdo pueden versar sobre pronunciamientos solemnes o denuncias, protestas o condenas hacia algún hecho trágico, destacable o extraordinario, en este caso, no hay más motivación y argumentación que el mensaje mismo que se quiere comunicar o, en su defecto, una argumentación con caracteres subjetivos.

No es muy común que los puntos de acuerdo lleven anexos de otro tipo de documentos de apoyo, es más práctico enunciar su localización en forma de citas a pie de página, y solo si son necesarios para la fundamentación argumentativa.

Cabe señalar que debe ser fundamentado jurídicamente en su forma externa, es decir, la fundamentación que hace posible la existencia de los puntos de acuerdo y su presentación.

4.1.2.3. Dictamen

Los dictámenes legislativos son documentos formulados en comisiones, a través de los cuales se propone al Pleno una decisión sobre las iniciativas o proyectos para su aprobación, modificación o resolución negativa, parcial o total.

Puede analizarse desde dos puntos de vista: material y formal; siendo su forma material la declaración unilateral mayoritaria de la voluntad colegiada de un órgano del Congreso o de alguna de sus cámaras, que expresa y exterioriza por escrito, exponiendo razonadamente una serie de conocimientos, opiniones y juicios de carácter prescriptivo y, por consecuencia, proponiendo formal y legalmente la creación, modificación o extinción de la vigencia o aplicabilidad de las normas referidas en las propuestas normativas.[459]

Por otra parte, la formalidad del dictamen legislativo se refiere al documento escrito que acredita y justifica el cumplimiento de un requisito de trámite procesal legislativo; y que es expedido por un órgano del Congreso, comisión o comisiones, de una o ambas cámaras, declarando que se ha realizado el estudio de una iniciativa o proposición de ley y, por tal razón, se emite un juicio objetivo para calificar su viabilidad, reformabilidad o determinar la inviabilidad técnica y jurídica de su

---

[459] *Cfr.* Cadena Camposeco, Miguel Ángel, *El Dictamen Legislativo*, México, Instituto de Investigaciones Legislativas de la H. Cámara de Diputados, 1998, p.41.

contenido, así como para que sea o no documento constitutivo para formalizar y continuar con el proceso legislativo.[460]

Como nos ocupa la parte formal del dictamen, comenzaremos afirmando que la estructura del dictamen obedece a la estructura de la iniciativa que dictamina; sin embargo, antes de referirnos a la estructura, tendríamos que observar las distintas herramientas que nos auxilian para la correcta ejecución de la técnica legislativa con relación al dictamen.

La técnica deontológica facilita la aplicación de un conjunto de reglas técnicas para componer o arreglar la estructura de las normas, la vinculación del supuesto normativo descriptivo y su conexión con el supuesto normativo prescriptivo; posibilitar la adecuación y su funcionamiento congruente del texto legal con la realidad social y, quizá en un orden de menor importancia, para aplicar reglas lógicas concernientes a la organización, redacción y ordenación de los contenidos de cada norma dentro del todo normativo.

La técnica de integración constitucional también resulta de gran utilidad porque con ella se previene la colisión o contradicción de normas de diverso orden frente al sistema constitucional. Igualmente ayuda a adelantar las posibles soluciones para los casos de conflictos de intereses entre normas pertenecientes a órdenes jurídicos de la misma jerarquía y disponer los límites de los posibles conflictos de la aplicación o interpretación de normas diferentes, así como instituir las bases para resolución de conflictos en los ámbitos esenciales que integran la ley, tales como el espacial, temporal, material y personal.

Como podemos observar, su importancia radica en contener un análisis debidamente fundado y motivado del asunto en cuestión, que tenga como finalidad generar la razón fundamental de la hipótesis normativa, a efecto de justificar el porqué de su modificación, con el objeto de no generar en el ordenamiento jurídico nacional lagunas o antinomias en la ley.

---

[460] *Cfr.* Camposeco Cadena, Miguel Ángel, *op. cit.*, p.42.

Aquí se observarán las primeras contraargumentaciones a una iniciativa de ley. En este caso, se debe justificar la diferenciación que hace a la iniciativa y su propio sentido y el contrasentido del dictamen; es decir, su argumento jurídico contra la iniciativa.

La argumentación tiene que ser doblemente fuerte, en primera cuenta para contrarrestar y refutar los argumentos de la iniciativa y, posteriormente, para fortalecer los argumentos propios del dictamen; estos tipos de argumentos suelen seguirse sucesivamente o en "forma de escalera", donde la conclusión de un silogismo es la premisa mayor de otra.

4.1.2.4. Discusión

La etapa de la discusión comienza con la presentación de dictámenes, proposiciones, mociones, temas de agenda política o demás asuntos, donde serán sometidos a deliberación y, en su caso, a votación. Las discusiones que se llevan a cabo en los debates tienen como objeto presentar argumentos técnicos y razones políticas de los asuntos que se someten a la consideración del Pleno.

Como ya se mencionó antes, esta etapa se caracteriza por las discusiones, debates, discrepancias entre los legisladores en torno a una iniciativa presentada ante el pleno.

Una de las principales funciones de un órgano legislativo es la deliberativa; consiste en reflexionar y pensar con detenimiento acerca de los aspectos, antecedentes y consecuencias de un asunto de carácter político, social, económico, financiero o de otra índole, para tomar una decisión en su interior.[461]

Cabe mencionar que en esta etapa del procedimiento, referida a la discusión de un dictamen, los posicionamientos de los grupos parlamentarios abonan al entendimiento del asunto ya que exponen sus razones y motivaciones según su tendencia política, generando una riqueza argumentativa que se complementa con las consideraciones vertidas en el dictamen. Con la fijación de las posiciones, se

---

[461] *Cfr.* Garita A., Arturo, *op. cit.*, p.115.

evidencia y justifica en el debate el sentido en que se pronunciarán los legisladores al momento de emitir su voto respecto al tema sometido a su consideración.

En la etapa de discusión, la argumentación se vuelve totalmente necesaria, ya que es el instrumento que se va a utilizar para defender los distintos puntos de vista de los grupos parlamentarios y de los legisladores, tanto en el debate general como en el particular. Según Habermas, la verdad parcial solo puede ser determinada en relación con proposiciones o a la argumentación que tiene lugar para su fundamentación,[462] recordemos que el argumento que más convencerá es el que se acerque a la generalizabilidad.

Así que se debe fundamentar toda proposición en un discurso práctico de generalizabilidad. Habermas designa al principio de universalidad como: *"el único principio en el que se manifiesta la razón práctica".*[463]El concepto de Habermas de de generalizabilidad se apoya en su teoría de la situación ideal del diálogo En dicha situación, todos los hablantes tienen los mismos derechos; no existe ninguna coacción. Es evidente que, en tal situación, solo es posible un consenso sobre aquellas órdenes, normas, entre otras, que *"todos puedan querer".*[464] Según Habermas, las normas regulan la posibilidad de satisfacción de necesidades o de consecución de intereses.

Para llegar a la situación ideal del diálogo, primero debemos enunciar reglas para este, entendiendo el diálogo en este sentido, como debate o ejercicio dialéctico, confrontación de ideas para discutir, problematizar y alternar de una argumentación general a una jurídica. Los pasos del diálogo son los siguientes:[465]

---

[462] *Cfr.* Alexy, Robert*, op. cit.,* p.122.
[463] *Cfr.* Habermas, Jürgen, *Problemas de Legitimación en el Capitalismo Tardío,* trad. de José Luis Etcheverry, Madrid, Teorema, 1999, p.149.
[464] *Ibídem,* p.148.
[465] *Cfr.* Alexy, Robert, *op. cit.*, p.126.

I) El primer paso consiste en el discurso teórico, en el paso de la acción al discurso mediante la problematización de una afirmación; es decir, entender el discurso, tales problematizaciones se pueden dar, por ejemplo, al enunciar órdenes y prohibiciones;

II) Que se dé al menos un argumento puede ser justificable con la fórmula antes designada de orden, hecho, norma jurídica y la regla de interferencia;

III) Se pasa a una adecuación del sistema lingüístico elegido al argumento, el cual será el objeto del discurso, y

IV) El paso a la reflexión esperada sobre los argumentos, con este ejercicio de racionalidad nos cercioramos de lo que debe valer como conocimiento, es decir, una verdad, aunque sea parcial y no absoluta, este es pues, el fundamento práctico de las normas fundamentales del discurso.

La fuerza de producir consenso de un argumento se basa en la conformación del discurso racional, o sea, un buen argumento, el cual podrá pasar en todos los niveles hasta alcanzar el convencimiento general. Las características de la discusión deben ser tales que garanticen el paso libre de estos niveles de discurso.

Ahora bien, para que cualquier vociferador pueda externar plenamente sus argumentos debe de darse la situación ideal del diálogo, en la cual la comunicación no puede ser impedida ni por causas contingentes exteriores, ni tampoco por coacciones que surjan de la misma estructura de la comunicación, y una comunicación no produce coacciones solo si se da una distribución simétrica para todas las posibilidades de elegir y efectuar actos del habla; se identifican cuatro exigencias para garantizar lo anterior, estas son:[466]

I) Todos los participantes potenciales en un discurso deben tener la misma posibilidad de utilizar actos del habla comunicativos, de manera que puedan iniciar un discurso en cualquier momento, así como perpetuarlo con réplicas y contrarréplicas, preguntas y respuestas;

---

[466] *Cfr.* Alexy, Robert, *op. cit.*, p.127.

II)   Todos los participantes en un discurso deben tener la misma posibilidad de realizar interpretaciones, aserciones, recomendaciones, explicaciones y justificaciones, y de problematizar, fundamentar o contradecir la pretensión de validez de las mismas, de manera que ninguna opinión anterior se sustraiga continuamente de ser tematizada y criticada;

III)   Solo se admiten en el discurso hablantes que tengan, en cuanto actores, las mismas posibilidades de utilizar actos del habla representativos, es decir, de expresar sus opiniones, sentimientos e intenciones, y

IV)   Solo se admiten en el discurso hablantes que tengan, en cuanto actores, las mismas posibilidades de usar actos del habla regulativos, es decir, de ordenar y oponerse, de permitir y prohibir, prometer y retirar promesas, rendir y exigir cuentas.

Un debate eficaz, democrático e ideal debe observar las anteriores reglas. Estas predisposiciones fungirán como una garantía de que, con un consenso alcanzado fácticamente, podemos unir la pretensión de un consenso racional.

No obstante, no solo en las discusiones se tiene que aplicar la argumentación jurídica, también en los documentos formulados en esta etapa, lo cual se ciñe a los votos particulares y a las reservas.

4.1.2.4.1. Votos Particulares

Los votos particulares son las emisiones de razones, argumentos y puntos de vista de un legislador que disiente del voto de la mayoría de los integrantes de la comisión. Es decir, se identifica con la propuesta a través de la cual los legisladores o grupos parlamentarios manifiestan su intención de defender en el Pleno las enmiendas a un proyecto o proposición de ley.[467]

De forma ilustrativa, en el Reglamento del Senado de la Republica se establece que los votos particulares constituyen la expresión de las minorías de una

---

[467] *Cfr.* Berlín Valenzuela, *op. cit.,* p. 757.

o más comisiones dictaminadoras, o de uno o varios de sus integrantes, en sentido diverso al dictamen suscrito por la mayoría. Puede referirse a la totalidad del dictamen o solo a una de sus partes.

El momento de presentar el voto particular es cuando se discuta el proyecto de dictamen, y este se debate sin referirse a lo particular del propio dictamen. Los votos particulares se presentan ante el presidente de la comisión coordinadora de los trabajos de dictamen, y su trámite ante el Pleno se sujeta al reglamento correspondiente.

Es importante señalar que, si un dictamen es aprobado en lo general, se tienen por desechados los votos particulares. En caso de ser rechazado el dictamen, se ponen inmediatamente a debate y resolución del Pleno los votos particulares en el orden de su presentación, cuando se refieren al mismo cuerpo normativo. Si los votos particulares comprenden varios apartados del dictamen o diversos artículos de su cuerpo normativo, se debaten y votan en el orden en que aparecen en el propio dictamen. En el caso de la Cámara de Diputados se discuten los votos en orden decreciente, atendiendo a la representatividad de los grupos a los que pertenezcan los ponentes del voto.

En los votos particulares se tiene que justificar, en primer sentido, la negativa de adherirse al dictamen y su propio razonamiento que cada legislador realice; es decir, utilizar una argumentación propia y diferenciadora del sentido del dictamen general, ya que se puede estar o no de acuerdo con el sentido del dictamen, pero se debe proponer sus propios puntos de vista, modificaciones y adecuaciones al contenido de este.

4.1.2.4.2. Reservas.

Concluido el debate en lo general, la presidencia abre el registro para la reserva de artículos o la presentación de adiciones al texto normativo del dictamen, las cuales serán objeto de debate y votación en lo particular.

En la reserva de artículos que se contempla en la discusión en lo particular, según los reglamentos aplicables, el procedimiento para desahogo de los artículos reservados inicia posterior a la discusión en lo general y en el momento en que la presidencia de la Mesa Directiva hace del conocimiento de la Asamblea la lista de los artículos que han sido reservados por los senadores para ser modificados, eliminados o, en su caso, propuestos para ser adicionados al dictamen. Posterior a ello, el dictamen será sometido a consideración de los integrantes del Pleno para ser votado en lo general, juntamente con los artículos no reservados, agotado lo anterior, se desahogará la discusión en lo particular.

Cada artículo o grupo de artículos se debate y resuelve sucesivamente en el orden que les corresponde dentro del cuerpo normativo del dictamen.

Para los debates en particular sobre artículos reservados o adiciones, la presidencia procede a desahogar cada propuesta registrada. El debate debe llevar el siguiente orden:

I) El autor o, en su caso, un representante de los autores, explica al Pleno el sentido y los alcances de la reserva;

II) Se consulta al Pleno si se admite o no a debate;

III) Si no se admite, se tiene por desechada. En su oportunidad, se somete a votación el artículo reservado, en los términos del dictamen;

IV) De admitirse, se elaboran listas de oradores en contra y a favor. Inicia primero la postura en contra;

V) Concluida la discusión del artículo reservado, se consulta al Pleno si el asunto ha sido suficientemente debatido o no. Si la respuesta es negativa, intervienen hasta dos oradores en cada nuevo turno;

VI) De solo registrarse oradores a favor, al concluir sus intervenciones los dos primeros, se procede a consultar si el asunto ha sido suficientemente discutido, y

VII) Agotada la lista de intervenciones registradas se declara concluido el debate y, previa lectura por un secretario, del texto a considerar, se somete a votación del Pleno; de ser aprobado, se incorpora en el cuerpo normativo; de no ser así, prevalecen los términos originales propuestos en el dictamen y se somete a votación el artículo reservado.

En la reserva de artículos, la argumentación tiene que ir pendiente a justificar el sentido de la reserva con relación a una parte de la iniciativa y dotar de sustento a la alternativa contenida en la reserva, tal es el caso que puede el legislador estar de acuerdo en el sentido del dictamen, pero comunicar su propia opinión respecto de alguna disposición de este; es así que se crea una recursividad argumentativa, entre el argumento principal del dictamen y el contenido en la reserva formulada.

4.1.2.5. Votación

Una vez que un texto es aprobado por el Pleno, no puede modificarse, salvo para hacer correcciones que demandan el buen uso del lenguaje y la claridad de los textos y que son ordenadas por la Mesa Directiva, y realizadas por las comisiones dictaminadoras.

En este contexto, la Secretaría Parlamentaria integra la propuesta de proyecto de Decreto con base en el dictamen y, en su caso, con las modificaciones aprobadas por el Pleno <<reservas, votos en particular>>, conformándolo en un solo documento, a efecto de que sea revisado por los secretarios técnicos de las comisiones dictaminadoras. Al término de este procedimiento, se hace del conocimiento de la Mesa Directiva. Corregido el texto, se envía para su revisión a la presidencia, quien ordena la publicación en la Gaceta y continua el trámite que procede.

El documento que tiene que integrarse es el que seguirá el proceso legislativo, es por ello por lo que dicho documento tiene que armonizar el dictamen y las modificaciones resultantes de las discusiones de los votos en particular y las reservas.

Para poder armonizar el articulado en un solo documento, como es el proyecto de decreto, se tienen que utilizar herramientas de técnica legislativa, a través de una revisión sistémica entre los documentos aprobados por el Pleno.

En primer lugar, deben revisarse las modificaciones aprobadas y contrastarlas con el dictamen aprobado, para armonizar dichas diferencias en el articulado y construir la redacción final.

En segundo término, de ese articulado y régimen transitorio resultante debe redactarse como la última versión de la norma, para su integración al ordenamiento jurídico. Este documento será el proyecto de decreto que será enviado en una minuta hacia la Cámara revisora para que siga el proceso legislativo.

La minuta que debe ser enviada a la Cámara de revisión para su discusión, o, bien sea el caso, al Ejecutivo para que tenga posibilidad de realizar observaciones, sancionarla o ejercer el derecho de veto. La minuta debe contener la siguiente estructura:

I) La Cámara de origen que expide la minuta con proyecto de decreto, con número de legislatura y con su número de expediente;

II) Va dirigida a la Cámara revisora, según corresponda, para sus efectos constitucionales;

III) Presentación de la minuta con Proyecto de Decreto por el que se expide el ordenamiento jurídico que reforma, modifica, abroga o deroga algún otro ordenamiento o bien su expedición como una nueva ley;

IV) El proyecto de decreto íntegro, es decir, el cuerpo normativo y transitorio;

V) Lugar y fecha;

VI) Firma del quien ocupe la presidencia y de una de las secretarias o secretarios de la Mesa Directiva, de los secretarios, y

VII) Fecha del día del envío de la minuta.

Como se mencionó anteriormente, dependiendo el caso, la minuta con proyecto de decreto puede enviarse al Ejecutivo para que ejerza el derecho de veto, el cual tiene su fundamento en el artículo 72 constitucional, a continuación, tendremos algunas observaciones a esta figura y al documento que esta acompaña.

2.4.2.6. Observaciones del Poder Ejecutivo al Proceso Legislativo

Dada la importancia de la figura presidencial descansan funciones de distinta índole, tanto económica, política, social y parlamentaria. Todo lo anterior, respaldado por cuestiones históricas y de confianza pública a la figura presidencial.[468]

---

[468] Al respecto, *véase* Carpizo, Jorge, *op. cit.*, pp.82-98.

Así, el titular del Ejecutivo interviene en la iniciativa y promulgación, como ya se mencionó antes puede ser proponente de una iniciativa de ley, asi como kodificar el contenido de una iniciativa discutida por medio de observaciones, políticamente se le conoce a esta facultad como derecho de veto; así como quien ejerce el derecho de veto en la promulgación y publicación de ley es el Poder Ejecutivo. El veto significa "acción de prohibir", con orígenes en el derecho romano, a través de la *intercessio*[469]

El derecho de veto, en la actualidad, tiene como finalidad:[470]

I)   Evitar la precipitación en el proceso legislativo, tratándose de impedir la aprobación de leyes inconvenientes o que tengan vicios constitucionales;

II)   Capacitar al Ejecutivo para que se defienda contra la posible intromisión e imposición del Legislativo, y

III)   Aprovechar la experiencia y la responsabilidad del Poder Ejecutivo en el procedimiento legislativo.

Este mecanismo presidencial puede ser total o parcial; es total, cuando rechaza el contenido de un proyecto de decreto en su totalidad; es parcial, cuando solo rechaza alguna parte y realiza las observaciones correspondientes.

Hay algunas posturas teóricas que mencionan que un derecho de veto total tiene menos injerencia que el veto parcial, ya que el veto parcial formula observaciones, aumentando la influencia del presidente en el cuerpo normativo final.[471]Así como hay críticas a esta figura como la que en sentido inverso afirma que el Congreso es quien tiene el derecho de veto y el Presidente es quien legisla.[472]

---

[469] Al respecto, *véase* Burgoa, Ignacio, *Derecho Constitucional Mexicano*, México, Porrúa, 1973, p.849.
[470] *Cfr.* Carpizo, Jorge, *op.cit.,* p.85.
[471] *Cfr.* Carpizo, Jorge, *op.cit*, p.87.
[472] *Cfr.* Montejano Gamboa, Claudia, *et. al.*, *El Veto: Análisis del artículo 72, inciso c) de la Constitución Política de los Estados Unidos Mexicanos*, México, Servicio de Integración y Análisis División de Política e Interior, 2001, p.7.

En este orden de ideas se afirma que el ejercicio de veto se vincula con razones de conveniencia política y de armonización del funcionamiento de los poderes del Estado, vale decir que el veto implicaría un resorte político y un contrapeso.[473]

No ahondaremos más en estos puntos, sin embargo, nuestro análisis y crítica irán encaminados al documento que formula el derecho de veto por parte del Presidente de la República. En primer lugar, observaremos su estructura y, después, compararemos dicha estructura con las estructuras de los demás documentos en el proceso legislativo que hemos analizado.

La estructura del documento que dirige el Ejecutivo al Congreso haciendo observaciones y ejerciendo el derecho de veto, tiene la siguiente forma:[474]

I) Debe ir dirigido al Congreso de la Unión o a los integrantes de la Mesa Directiva de la Comisión Permanente;

II) Fundamentación que hace posible la presentación del derecho de veto;

III) Nombre del decreto, el cual es sometido a las observaciones del Ejecutivo, así como los nombres de los legisladores que lo emitieron;

IV) Resumen del contenido del objeto del proyecto del decreto;

V) La precisión de las observaciones son parciales o totales, es decir, solo precisará observaciones a partes o a artículos del Proyecto de Decreto o bien, a la totalidad del documento;

VI) Antecedentes del proyecto de decreto. Esto es todo el proceso legislativo y resoluciones del Congreso hasta el momento de la presentación del proyecto de decreto al Ejecutivo;

VII) Apartado de oportunidad de formular observaciones, argumentando las razones de su pertinencia, como es el caso del plazo establecido para ello;

---

[473] *Ibidem,* p.9.
[474] Anexo 0 Derecho de Veto.

VIII) Observaciones al proyecto de decreto. A cada precepto señalado le correspondería una observación y, con esta, la argumentación del cambio o comentario al respecto, robusteciendo las razones de los comentarios;

IX) Propuestas de modificación, derivadas de las observaciones. Aquí se utilizan las tablas comparativas de los preceptos a los cuales se sometieron a las observaciones del Ejecutivo, utilizando dos columnas entre el precepto contenido en el proyecto de decreto y las modificaciones a los preceptos, lo que debe de decir, según el Presidente de la República, y

X) Firma y fecha de la expedición de las observaciones.

Aquí podemos observar que la estructura es muy similar a los documentos ya vistos, pero con sus particularidades. Llama la atención que tiene una estructura aparentemente igual de compleja que los demás documentos; sin embargo, para producir dicho documento solo es necesaria la voluntad política del Presidente de la República. Resalta, de igual manera, que, a pesar de ser un documento que juega un papel importante dentro del proceso legislativo, no cuente con una parte especifica de argumentación o de consideraciones, esto es, que no cuente con un apartado específico de las motivaciones.

Dentro de las observaciones se motivan algunas de las modificaciones que se propone, pero dichos argumentos, muchas veces, se quedan en la enunciación de preceptos del ordenamiento jurídico o afirma algunos puntos apoyándose en las normas y jurisprudencia, más no se hace un análisis de fondo de las razones de observación.

Proponemos que, al ser un mecanismo con una primacía de política sobre lo jurídico, debería de existir una estructura regulada del derecho de veto, esto es, para obligar al Ejecutivo a justificar o defender de una manera más completa sus puntos de vista del proyecto de decreto. Si el propósito del derecho de veto es salvaguardar el orden de la división de poderes y proteger las incongruencias constitucionales, hay múltiples mecanismos que actúan de la misma forma y con mayor eficacia, tal como la jurisprudencia emitida por el Poder Judicial y los mismos debates ya mencionados dentro del Poder Legislativo.

Convenimos que el derecho de veto es una figura histórica e introducida en distintas culturas jurídicas del mundo, y que, en efecto, es una reminiscencia del gran poder del que gozó el Poder Ejecutivo en el pasado; y como toda forma de concentración de poder debe regularse de mejor forma y establecer las formas en que debe ser emitido.

También es necesario realizar la reflexión en torno a si es necesaria la argumentación en esta decisión del Ejecutivo, tal es el caso, ya que tal parece ser una decisión emanada de la plena soberanía del Presidente de la República, y que con la simple fundamentación puede ejercerlo, gracias a la buena fe es como se da una motivación especial en este documento, aunque la norma no lo requiere. Tal vez estos ejercicios políticos sobre los jurídicos son benéficos, ya que estos poderes sin tanta "regulación" pueden ser un paso para que el ingenio político actúe y el derecho le dé un espacio de actuación, un margen, por el cual debe concretar la propia Constitución.

2.4.2.7. ¿Cabildeo?

En las modernas democracias la representatividad se desgasta y genera nuevas formas de acción política y representación, algunas de forma negativa como las poliarquías y grupos de competencia.[475]

Por otro lado, es sano que existan agrupaciones dentro de un Estado democrático. Los grupos de interés son todo grupo o asociación que trata de influir en las políticas públicas, en la dirección que les conviene, sin asumir la responsabilidad directa del gobierno o ejercicio de poder;[476] sus principales características son las siguientes:

I)   Persuaden a los gobiernos;

---

[475] Al respecto, *véase* Dahl, Robert, *La Poliarquía participación y oposición*, Madrid, Technos, 1971.
[476] *Cfr.* Galaviz Elías, Efrén, *El cabildeo legislativo y su regulación*, México, Instituto de Investigaciones Jurídicas, 2006, p.3.

II) Están organizados y con conocimiento extenso de los problemas sustantivos;

III) No buscan ni se interesan en ejercer responsabilidades públicas;

IV) Sus miembros participan de forma voluntaria, incluso, en algunos casos, pagando cuotas;

V) Sus intereses los determinan sus propios miembros, y

VI) Son autónomos para su gestión.

Para la defensa de su agenda, los grupos de interés tienen a un representante, quien, a su vez, ayuda y equilibra las demandas dentro de un proceso deliberativo, este representante es quien lleva a cabo la actividad de cabildeo.

El término cabildeo o cabildear viene del vocablo inglés *Lobbying*. Según la Real Academia de la Lengua Española, cabildear es *"gestionar con actividad y maña para ganar voluntades en un cuerpo colegiado o corporación"*[477]; es decir, cuando un grupo de personas actúa para influir en las decisiones gubernamentales.[478] El cabildeo puede ser a favor de individuos o grupos, y solo es uno de varios instrumentos de persuasión política, tradicionalmente y por naturaleza política, el cabildeo solo es posible en los poderes Legislativo y Ejecutivo, no así en el poder Judicial.[479]

La doctrina ha clasificado distintos tipos de cabilderos:[480]

I) Dirigentes de asociaciones empresariales que se pueden dedicar a influir en las decisiones gubernamentales;

II) Abogados, cuya práctica legal es la intervención de cabildeo en el Poder Legislativo;

---

[477] Diccionario de la Lengua Española, Edición del Tricentenario, actualización 2018, consultado el 06-08-19 en línea: https://dle.rae.es/?id=6RA4rqb.
[478] *Cfr.* Wooton, Graham, "Presure Groups in Britain: 1720-1970" en *Essay in Interpretation with Original Documents*, Londres, Archon Books, 1975, p.1.
[479] *Cfr.* Galaviz Elías, Efrén, *op. cit.*, p.44.
[480] *Ibídem*, p.45.

III) Profesionales del cabildeo, quienes ofrecen su experiencia y conocimientos en determinada área de políticas públicas, y

IV) Funcionarios del Poder Ejecutivo que buscan influir en el proceso legislativo.

Las principales funciones del cabildeo son:[481]

I) Informar al gobierno, lo que significa establecer contacto para hacer llegar la información, con el propósito concreto de que acepte la propuesta de política;

II) Negociar con el gobierno en cuestiones contractuales, concesiones financieras o comerciales, cambios en leyes y agendas de partidos, y

III) Cabildear al gobierno. Además de presentar información y negociar, se hace necesario agregar alguna presión extrema, ya que la información por sí sola puede que no sea plenamente contundente.

Según el politólogo Charles Miller, existen algunas reglas esenciales de cabildeo, esto a raíz de un estudio sociológico y político de las tradiciones en los parlamentos occidentales.[482] Un cabildeo efectivo debe:

I) Definir claramente los objetivos a perseguir al tratar con el gobierno;

II) Hacer una investigación exhaustiva sobre el estado actual de las políticas públicas en el área que le interesa;

III) Elaborar un análisis perspectivo sobre las tendencias en dichas políticas públicas y escenarios futuros sobre las mismas;

IV) Establecer un sistema amplio de monitoreo sobre el área en que se está interesado;

V) Identificar claramente no solo a quienes toman las decisiones sobre las políticas públicas en su área de interés, sino a quienes influyen o pueden influir sobre ellos;

---

[481] *Ibídem,* p.46.

[482] Al respecto, *véase* Miller, Charles, *Lobbying: Understanding and Influence the Corridors of Power,* 2a. ed., Oxford, Basil Blackwell, 1990, pp.169-175.

VI) Mantener contactos frecuentes con todas esas personas para hacer manifiesto el interés que se tiene y empezar a crear familiaridad con estos actores;

VII) Identificar y entender bien las prácticas profesionales, las consideraciones políticas y administrativas que se acostumbran en la estructura de poder en el área interesada, todo con la idea de encontrar los mejores argumentos que a ellos les sean relevantes, así como la mejor manera de presentárselos, y

VIII) El último objetivo a tener en cuenta sería presentar a los funcionarios algunas ideas fundamentales que dejen una impresión clara del interés que se tiene y, de ser posible, pedir los comentarios o reacciones de estos funcionarios, en torno a las propuestas.

Para poder ejercer de manera adecuada el cabildeo se deben tener conocimientos del proceso legislativo y de elaboración de leyes, reglamentos y normas, debido a que los cabilderos pueden ser apoyo de los legisladores.[483]

Para que un grupo de presión tenga éxito en la aprobación de una propuesta legislativa, se sugiere se negocie y elabore aparte el proyecto para solventar las definiciones y carencias de técnica legislativa.

Algunas técnicas auxiliares son:[484]

I) Mapeo de actores, a través de software y redes sociales;

II) Construcción en relaciones públicas en foros, congresos y discusiones;

III) Selección de espacios y medios idóneos;

IV) Debe mostrarse neutral y dotar de la mayor objetividad posible;

V) Aplicar una metodología de investigación, y

VI) Análisis de Riesgos.

En efecto, podemos concluir que la práctica de cabildeo es susceptible de aplicar la técnica legislativa, ya que, si bien el Poder Legislativo no es su único

---

[483] *Cfr.* Fiori Ehrman, Roberto, "El cabildeo en México, teoría y práctica" en Flores López Raúl (coord.), *op cit.*, p.253.
[484] *Cfr.* Fiori Ehrman, Roberto, *op. cit.*, p. 256.

espacio de acción, es donde en mayor grado se presenta la actividad de cabildear; es por ello por lo que los operadores jurídicos que apliquen o tengan relación con el cabildeo deben observar la técnica legislativa aplicada a la elaboración de normas y otros instrumentos.

4.1.3. Las características del texto normativo y sus reglas

Existen distintos tipos de textos lingüísticos, con características propias, según su objeto de estudio, así, el leguaje de la física es diferente al lenguaje de la química, el de la historia al de la filosofía, entre muchos otros, Así bien, el lenguaje del derecho tiene sus propias características. El texto normativo debe encaminarse a la lógica y al buen uso de las normas y enunciados prescriptivos.

Para elaborar una tipología de las características del texto normativo, es necesario realizar la distinción de las normas. Von Wright parte su teoría de la norma y acción.[485] Afirma que la palabra "norma" tiene varios significados y Wright distingue, al menos, tres sentidos o usos distintos de norma o ley:

I) **Leyes de la naturaleza:** describen regularidades descubiertas por fenómenos naturales, son, por esta razón, descriptivas; pueden ser verdaderas o falsas, pero estos textos deben ajustarse a la realidad, pertenecen al mundo del ser.

II) **Leyes del Estado:** tienen por objeto dirigir la conducta humana, son de esta manera prescriptivas, Estas normas no son ni verdaderas ni falsas y su dirección de ajuste es que el mundo debe ajustarse a lo que dice la norma.

III) **Leyes de la lógica:** en cuanto a las llamadas "leyes del pensamiento", estas reglas pueden, sin ser prescriptivas, determinar una conducta o forma, dependiendo el contexto, pero que tampoco son ni verdaderas ni falsas. En este caso, las leyes de la lógica se parecen más a las reglas de los juegos, en el sentido que más que describir o prescribir las diferencias, determinan cuáles son correctas y cuáles no, son constitutivas.

---

[485] *Cfr.* Von Wright, Henrik, *Norma y Acción: Una Investigación lógica, op. cit.,* pp. 15-32.

Las únicas reglas que pueden adoptar la forma de normas son las reglas prescriptivas y sobre estas reglas también existen varias precisiones que vale la pena enunciar para hacer una mayor diferenciación entre las normas prescriptivas y las reglas de la lógica, siendo estas últimas determinantes, por lo que las llamaremos constitutivas.

Pertenecen, asimismo, a las normas constitutivas las reglas de la gramática y podemos concluir que estas normas determinan una acción más que prescribirla; es decir, solo determinan una corrección sobre el uso de algo.

Como ya se ha visto anteriormente[486], las normas prescriptivas pueden tener el carácter permisivo, obligatorio o facultativo, las cuales son de vital observancia por la sociedad y tienen el respaldo de la fuerza del Estado.

Existe otro sentido en que nos referimos a las normas, las llamadas directrices o normas técnicas, las cuales indican medios a emplear para alcanzar un determinado fin, estas son las normas procedimentales, conformadas por instrucciones.

Es por lo anterior que podemos identificar tres principales tipos normativos:

I)   Normas Prescriptivas;

II) Normas Constitutivas, y

III) Normas Técnicas o Directrices.

Por ende, las exigencias que contengan normas, es decir las exigencias de un texto normativo, son un segmento de un discurso mayor, con el cual los miembros de una comunidad se comunican entre sí, este lenguaje es parte del sistema de comunicación social. Así los legisladores, autores de las normas jurídicas, transmiten con su discurso la voluntad del Estado.[487]

---

[486] Revisar la Unidad 2. Técnica Legislativa de este manual.
[487] *Cfr.* Vernengo, Roberto J., "El Discurso del Derecho y el Lenguaje Normativo", en *ISONOMIA*, Buenos Aires, núm. 4, abril, 1996, pp. 87-95.

Como lo mencionamos anteriormente, el lenguaje que realiza una acción al ser enunciado podría denominarse "enunciado perlocucionario". El origen de hacer con el lenguaje una acción puede tener un origen histórico. Bien así, los lenguajes naturales parecieran adolecer de una serie de defectos congénitos inevitables que tornaban en azarosa la comunicación, el lenguaje que desde las antiguas civilizaciones se consideraba elemento esencial de la naturaleza social, resultaba poco confiable cuando la comunicación requería de cierta precisión y cuando los emisores de los mensajes pretendían imponer su voluntad sobre los receptores, como en el caso de los legisladores.[488] Se advirtió, por cierto, que aquellos discursos donde la exactitud y la precisión eran perentorias, como es el caso del científico, es menester poner en claro las leyes que determinan las relaciones entre expresiones superficialmente bien formadas y los sentidos que mediante ellas pretendemos transmitir.

Pero justamente algunas de las ciencias tradicionales más rigurosas, como la lógica y las matemáticas, pudieron ser pensadas con lenguajes especiales. Estos inconvenientes y ventajas de los lenguajes eran conocidos desde siempre por los juristas en la imprecisión del lenguaje burdo del legislador, los hombres de derecho justificaban una disciplina científica que evitara esos escollos.

El derecho, en rigor, era la versión depurada de inconsistencias, ambigüedades y vaguedades que los juristas elaboraban a partir del material lingüístico producido por los legisladores. Hacer derecho, es decir, dictar leyes, resolver conflictos, concertar actos jurídicos era, a la postre, una actividad lingüística, por boca de los legisladores y jueces. El derecho habla, se decía, el mensaje transmitido en ese discurso era el derecho mismo.[489]

Ya que el derecho contiene órdenes, es común que sus aspectos gramaticales sean expresados como imperativos o como oraciones modales, o sea verbos como: deber, ordenar, regular, imperar, prohibir, son una serie de actos

---

[488] *Cfr.* Vernengo, Roberto J., *op. cit.*, p.88.
[489] Al respecto, véase Bobbio, Norberto, *Scienza del diritto e analisi del linguaggio*, en *Saggi di critica delle scienze*, Turín, 1950, pp. 23; también véase Vernengo, Roberto J., "Algo sobre la semántica de las normas", en *Notas de Filosofía del Derecho*, Buenos Aires, 1965.

ilocucionarios y, a su vez, es notorio que tienen propiedades semánticas características, como los valores de verdad, validez, vigencia y efectividad.[490]

La vigencia y la efectividad son condiciones necesarias y esenciales de la validez, definida, a su vez, como la existencia específica de las normas. Vale decir, hay derecho, hay normas jurídicas, sí y solo sí los actos ilocucionarios normativos de ordenar e imperar son empíricamente satisfechos, si adquieren un efecto perlocucionario satisfactorio, entendiendo, por tal efecto, que el acto lingüístico emitido produce sobre el receptor del mensaje.[491]

Por ende, el derecho y el texto normativo constituyen parte de un discurso que se compone de un conjunto secuencial de actos lingüísticos ilocucionarios. Del estudio de los discursos se han ocupado autores como Jürgen Habermas[492], quien dotó de racionalidad a dichos discursos, a través de una tautología y premisas, tal cosa es, que así se tienen que construir los enunciados que forman parte del texto jurídico.

Las normas contenidas en los discursos normativos, en un contexto de derecho positivo, como en la mayoría de cualquier ordenamiento jurídico moderno, deben de ser válidas, vigentes y eficaces, estos tres conceptos han sido estudiados de forma vasta, ya que resulta complejo definir su contenido y alcances.

Podemos explicar los conceptos de validez, vigencia y eficacia, diferenciándolos entre sí; convendremos en llamar validez a la característica de la norma que está hecha "conforme a derecho" o siguiendo "los criterios establecidos"[493], ambos conceptos relacionados con la obligatoriedad de las normas; la validez es una regla jurídica, afirma Hart,[494] la cual tiene como fin la de dotar de vigencia a la norma jurídica, incluso si esta está en desuso, es válida hasta

---

[490] *Cfr.* Vernengo, Roberto J., El Discurso del Derecho y el Lenguaje Normativo" *op. cit.*, p.91.
[491] *Cfr.* J. L. Austin, *op cit.*, p.6.
[492] Al respecto, véase Habermas, Jürgen, *Faktizität und Geltung: Beitrage zur Diskurstheorie des Rechts und des demokratischen Rechsstaats,* Frankfurt, Suhrkamp, 1993.
[493] *Cfr.* Zamora Fabra, José Luis (coord.), *Enciclopedia de Filosofía y Teoría del Derecho*, vol. dos, México, UNAM-Instituto de Investigaciones Jurídicas, 2015, p.947.
[494] *Íbidem*, p.950.

que el ordenamiento jurídico la revoque, trata sobre reafirmar el derecho y darle seguridad jurídica al sistema como tal, evita el cuestionamiento de su legitimidad.

La efectividad es el grado de uso y realización, concreción y alcance de una norma jurídica válida, es decir, el grado de observancia, obediencia o aplicación de la sanción que trae aparejada una norma. Por último, la vigencia es la vida de la norma dentro de un parámetro de tiempo.

Los discursos que forman parte del texto normativo no solo son construídos por los enunciados del discurso, sino que, a su vez, contienen las propias normas. Según García Máynez, las normas pueden distinguirse entre tres: las normas jurídicas, las normas morales y las normas sociales.[495]

Las normas jurídicas son bilaterales, externas, heterónomas y coercibles; las normas morales son unilaterales, internas, autónomas e incoercibles; las normas sociales son unilaterales, externas, heterónomas e incoercibles.

La unilateralidad quiere decir que solo hay un sujeto a quien la obligación se puede imponer, sin involucrar a ningún otro, esto es, se puede obligar a un sujeto sin crear más relaciones jurídicas más que a el mismo; la norma jurídica es bilateral, ya que crea derechos y obligaciones; es decir, expectativas de cumplimiento que crean relaciones jurídicas, al ser bilaterales crean una red de derechos y obligaciones por titular de estos.

La interioridad concierne a la vida interior y subjetiva, relativa a los propios pensamientos del sujeto, propias de una relación consigo mismo, su conciencia y su ser. Las normas jurídicas son externas por la razón de que pertenecen a las conductas expresadas dentro de un contexto de colectividad, el carácter externo se refiere a los actos externos de los sujetos.[496]

García Máynez se refiere a la autonomía y heteronomía con estas palabras: *"Autonomía quiere decir autolegislación, con un reconocimiento espontáneo de un imperativo creado por la propia conciencia; heteronomía es sujeción a un querer*

---

[495] *Cfr*. Zamora Fabra, *op. cit.,* p.99.
[496] *Cfr*. García, Máynez, *op. cit*., p.18.

ajeno, renuncia a la facultad de autodeterminación normativa".[497]Con esto se refiere a quien impone la norma, esto es, la autoridad, las normas autónomas son creadas por uno mismo, y las heterónomas por alguien diferente al mismo sujeto que debe obedecerla, este último caso es propio de las normas jurídicas.

La coercibilidad, es la posibilidad de que la norma sea cumplida de diferente forma que la voluntad espontánea del sujeto, incluso de forma obligatoria contra la voluntad del sujeto.[498]

Podremos resumir las anteriores características con el siguiente cuadro comparativo, en donde se mencionan los tipos de normas y sus características:

Tipo de Norma	Autonomía / Heteronimia	Interioridad/ Exterioridad	Coercibilidad / Incoercibilidad	Unilateralidad / Bilateralidad	Naturaleza
Moral	Autónoma	Interior	Incoercibles	Unilateral	Creadas por el ser interno y propio.
Social	Heterónoma	Exterior	Incoercibles	Unilateral	Creadas por la colectividad y convención o tradición.
Jurídica	Heterónoma	Exterior	Coercitiva	Bilateral	Creadas por el Estado.

Tabla 4. Los tipos de norma y sus características. Elaboración propia.

Las anteriores características pueden ser llamadas esenciales, esto es, que toda norma jurídica las va a contener, dependiendo de su modalidad, jerarquía, aplicación o contexto, son inmutables.

Sin embargo, en el anterior análisis pudimos desprender otras, de carácter secundario o accesorio. Tales características son:

---

[497] García, Máynez, *op. cit.*, p.22.
[498] *Cfr. Ibídem*, p. 21.

I)   Las normas jurídicas pueden ser generales: de alguna forma, todas las normas jurídicas van dirigidas a la generalidad. El artículo 13 constitucional prohíbe las leyes privativas, es decir, que son inconstitucionales todo tipo de leyes creadas para un ente subjetivo determinado; sin embargo, hay que aclarar que esta característica es un concepto diferente a la generalidad o lo particular, en relación con el sujeto normativo;

II) Las normas jurídicas pueden ser hipotéticas: las normas jurídicas se construyen con la siguiente estructura: un supuesto o hipótesis y una consecuencia o sanción. Por ello podemos afirmar el carácter hipotético de las normas, el cual está íntimamente relacionado con el actuar contingente del derecho, y que de hecho actúa una vez que se ha producido la conducta;

III) Contienen verbos modales o imperativos: recordando que toda norma es una orden, relacionado con el carácter de las normas prescriptivas, la mayoría utilizan verbos de hacer, no hacer o dejar de hacer, así como poder, permitir, obligar, entre otros;

IV) Los enunciados de las normas no son falsos ni verdaderos: estos juicios enunciativos no son falsos ni verdaderos, tienen otras características como las de validez, vigencia y efectividad, dependiendo del resultado de la conducta del sujeto;

V)   Las normas jurídicas pueden ser: válidas, vigentes y efectivas;

VI) Las normas jurídicas pueden ser autoreferentes: según Alchourron y Bulygin, el texto jurídico no solo regula la conducta, sino que tiene la función de crear realidades, pues al regular bajo conceptos que él mismo crea, el derecho suele ser autoreferente.[499] Es menester precisar que no todas las normas tienen esta característica. Existen varias normas que nos remiten a conceptos propios de otras ciencias, por ejemplo, las normas penales, y

---

[499] Al respecto, *véase* Corti, Horacio, "Normas y aparatos conceptuales. Dos aspectos del derecho (a partir de la lectura de una frase de Alchourron y Bulygin)", en *Isonomía*, México, núm. 45, octubre 2016, pp. 141-184.

VII) Muchas otras características diversas que, por no ser el tema para profundizar, ya no lo analizaremos, solo por enunciarlas y ejemplificar, las normas téticas, las normas dinámicas, estáticas, los principios y las reglas; entre muchas otras.[500]

4.1.3.1. Algunas aclaraciones para la utilización de estas reglas

En primer lugar, estas reglas, si bien se pueden aplicar a casi todo texto normativo, no siempre es así, existen muchas variables que dependen para la producción y entendimiento del derecho, variables como la cultura, la política, la economía e incluso dentro de un mismo ordenamiento jurídico, las distintas formas de normas que existen y pueden llegar a existir.[501]

En segundo lugar, estas reglas cambian conforme la propia dinámica del derecho, el ejemplo más claro es el nuevo paradigma de los derechos humanos y fundamentales, con los que poco a poco han cambiado la cultura jurídica occidental, como lo es nuestro ordenamiento jurídico, la integración del control constitucional concentrado y difuso, principio propersona y la interpretación conforme, son ejemplos de estos cambios profundos, los cuales modifican las reglas de clausura. Por lo anterior, ya no se puede dar una salida a los problemas jerárquicos entre normas de forma clásica, por mencionar uno de sus muchos cambios.

En tercer lugar, la distinción entre reglas y principios en forma de normas, ya que las reglas son normas que ordenan algo definitivamente, son mandatos definitivos y categóricos. Por el contrario, los principios son normas que ordenan que algo sea realizado en la mayor medida posible, de acuerdo con las posibilidades fácticas y jurídicas.[502] Dependiendo cualquiera de las dos formas que adopte la norma necesita una revisión más profunda sobre la aplicación de la técnica legislativa a la que se someterá para su redacción.

---

[500] Al respecto, *véase* Contreras, Sebastián, "Ferrajoli y los Derechos Fundamentales", en *Revista de la Inquisición (Intolerancia y Derechos Humanos),* Perú, vol. 16, mayo-2012, pp. 121-145.
[501] Al respecto, véase Ianello, Pablo "Pluralismo Jurídico", en *Zamora Fabra, Jorge Luis,* (coord.), *Enciclopedia de Filosofía y Teoría del Derecho volumen uno*, México, UNAM-Instituto de Investigaciones Jurídicas, 2015, pp.767-790.
[502] *Cfr.* Alexy, Robert, *op. cit.*, p.350.

Por último, estaría bien apoyarse en las ciencias auxiliares del derecho y no solo centrarse en las siguientes reglas o bien combinarlas dependiendo de la naturaleza de la norma. Ciencias auxiliares del derecho como son: la Sociología Jurídica, la Ciencia Forense, la Política Criminal, la Criminología, entre otras más ciencias útiles a los fines de la norma.

Teniendo en cuenta todo lo anterior, proseguiremos a exponer y explicar las reglas sobre estructura del texto normativo, las reglas de redacción, las reglas sobre dinámica legislativa y las reglas sobre lógica de los sistemas normativos. Cada uno de ellos apunta a un aspecto específico en la correcta formulación de un texto legal.

El objeto de la estructura es hacer fácilmente accesible el conocimiento del contenido de la ley y de las normas en ella contenidas. Una buena estructura permite construir un índice de la ley, mediante el cual el usuario, sea profesional o no, puede encontrar rápidamente la norma o el grupo de normas que necesita.

La redacción, por su parte, tiende a asegurar que el texto de la ley será interpretado del mismo modo por todos aquellos que deban utilizarlo.

La dinámica legislativa apunta a asegurar la correcta inserción en el orden jurídico de la ley que estamos elaborando. La sanción de una nueva ley implicará, necesariamente, una adecuación en el orden jurídico vigente a ese momento: deberán modificarse o derogarse otras normas. Un correcto manejo de las reglas referidas a la dinámica legislativa permite una mayor certeza en cuanto a cuáles son las normas que mantienen su vigencia y cuáles las que la han perdido.

Finalmente, las reglas referidas a la lógica de los sistemas normativos procuran evitar las lagunas, contradicciones y redundancias en el orden jurídico.

Estos cuatro pilares de la técnica legislativa estructura, redacción, dinámica y lógica, si bien pueden analizarse y estudiarse por separado, confluyen todos ellos al momento de tener que redactar un texto normativo.

Ello hace que no sea sencillo, en algunos casos, encontrar la ubicación correcta de las reglas que planteamos. En efecto, podrá apreciarse que algunas normas vinculadas, por ejemplo, a la redacción, tienen decisiva influencia en la estructura o en la dinámica. Por tal motivo, hemos tratado de señalar, en cada caso, qué otras reglas deben consultarse.

Finalmente, y aunque no se trata estrictamente de una regla de técnica legislativa, recomendamos que la impresión del documento se efectúe en un tipo y tamaño de letra suficientemente claro y cómodo a la vista.

4.1.3.2. Reglas sobre estructura

La estructura de las proposiciones normativas debe incluir la condición o supuesto que supedita el nacimiento del deber, el mismo deber de realizar la conducta que se prescribe; y la conducta a realizar por el sujeto, esta última es la condición para que la norma jurídica actúe, como ya lo mencionamos, esta conducta debe estar encaminada a la obligación, permisión o prohibición y, por último, debe tener una consecuencia o sanción, la cual es la determinación o imposición de la conducta que han de realizar los sujetos obligados.

La redacción de la norma, conforme a la anterior estructura, tiene que hacerse en forma de un discurso prescriptivo; como todo discurso, debe sujetarse a las normas de la lógica en cuanto a las premisas que sigue.

Los discursos jurídicos tienen que ser racionales con relación al marco jurídico vigente.[503] Para poder fundamentar, de forma racional, en el marco del ordenamiento jurídico vigente, observaremos la estructura interna y externa de las proposiciones normativas que propone el Dr. Robert Alexy.[504]

En la justificación interna se trata de ver si la proposición normativa sigue la lógica de las premisas que la fundamentan; las justificaciones externas son las correcciones de dichas premisas.

Un ejemplo tradicional de la justificación interna sería el siguiente silogismo jurídico:

---

[503] *Cfr.* Alexy, Robert, *op. cit.*, p.213.
[504] *Cfr. Ídem.*

I) *Toda persona que se encuentre en territorio nacional gozará de la protección y reconocimiento de los derechos humanos,* siendo esta una premisa mayor de la norma;

II) *Una persona X se encuentra en territorio nacional,* conocida esta como la premisa menor, y

III) *La persona X gozará de la protección y reconocimiento de los derechos humanos,* siendo esta la conclusión de un silogismo jurídico.

El anterior silogismo, sin embargo, es insuficiente a la hora de aplicar la norma, en todos los casos complicados. Tales casos complicados se presentan, por ejemplo:

1. Cuando una norma contiene diversas propiedades alternativas en el supuesto de hecho.
2. Cuando su aplicación exige un complemento a través de normas jurídicas aclarativas, limitativas o extensivas.
3. Cuando son posibles diversas consecuencias jurídicas.
4. Cuando en la formulación de la norma se usan expresiones que admiten diversas interpretaciones.

Un ejemplo de esto serían las normas penales, cuando, además de la conducta descrita en el hecho, pueden darse elementos para determinar que existe alevosía, ventaja o bien, que el enunciado normativo contemple agravantes y atenuantes al hecho delictivo.

Para resolver las complicaciones antes dichas, siempre debe existir una regla que decida la cuestión, como por ejemplo las normas de clausura, en cuestión de competencia, jerarquía o especialidad de las normas.

Con lo cual es pertinente no dar nada por sentado al momento de elegir una estructura normativa y, si es el caso, señalar qué normas se atenderán de haber diferentes soluciones o alternativas de conducta.

La dificultad de la justificación interna deriva de identificar qué premisas hay que justificar externamente, esto aumenta la posibilidad de reconocer y criticar errores, el aducir reglas universales de clausura facilita la concreción de la norma jurídica.

Ahora bien, la justificación externa es la fundamentación de las premisas usadas en la justificación interna; es decir, que encuentre un respaldo y armonización con el ordenamiento jurídico vigente.[505] La fundamentación de una regla, en tanto regla de Derecho positivo, consiste en mostrar conformidad con los criterios de validez del ordenamiento jurídico, es decir, que la norma esté hecha conforme a derecho y respete el ordenamiento jurídico. En este punto es necesario interpretar las reglas que definen los criterios de validez.

Lo anterior, tiene especial importancia si entre los criterios de validez se encuentran límites constitucionales; por ejemplo, un catálogo de derechos fundamentales o de derechos humanos. Aquí juega un papel esencialmente importante la interpretación jurídica de las normas, el papel de la interpretación jurídica que es el de de aclarar la función de las formas de argumentación para la construcción de premisas, es por ello por lo que es suficiente mencionar las formas de interpretación semántica, genética, histórica, comparativa, sistemática y teleológica.

La semántica cobra importancia ya que es *"la ciencia del hombre que estudia el significado que expresamos mediante el lenguaje natural"*.[506] Es una parte de la gramática que investiga el modo como se proyectan los objetos y situaciones del mundo en el código de la lengua, esto es, las representaciones de objetos en el mundo del lenguaje. Es decir, que, a través de señalamientos extensivos, intensivos, de relación o de aglutinamiento podemos señalar o inferir hechos y realidades objetivas.

En las oraciones que compongan las normas se tiene que relacionar un hecho futuro posible con el contenido descrito en la norma mediante una hipótesis.

---

[505] *Cfr.* Alexy, Robert, *op. cit.*, p.222.
[506] Palma López, Helena, "La Semántica", en Rexach, Gutiérrez, Javier (coord.), *Enciclopedia de Lingüística Hispánica*, vol. 1, Routledge, 2016, p.3.

Con este orden de ideas se pueden observar las siguientes formas de semántica:[507]

I) Las formas de semántica de un hablante que relaciona expresiones simples con referentes al mundo: es cuando el hablante crea un vínculo de relación entre un objeto real y el símbolo asociado, es decir, un nombre. Este mecanismo asociativo permite sustituir el objeto real por el símbolo asociado y referirse al objeto en ausencia de este, como algún pronombre y varios conceptos, dicha asociación puede hacerse por el señalamiento, descripción o relación directa;

II) Las formas de semántica que asocian una expresión compleja con sus condiciones de verdad: se describe un estado de percepción, describiendo situaciones, referencias u oraciones futuras que expresan predicciones, como es el caso de condiciones de aplicación con una hipótesis, es el caso de algunas proposiciones normativas, y

III) Las formas de semántica que crean relaciones entre pensamientos e ideas: las herramientas semánticas que designan la verdad sirven también para formar cadenas de inferencias entre pensamientos e ideas que articulen nuestro sistema de conocimientos en estructuras de razonamiento natural verificable o falseable por el mundo. Pueden existir dentro de estas formas ambigüedades, contradicciones, falsificaciones, entre otras inexactitudes.

Asimismo, pueden existir categorías que expresen un significado saturado como los sustantivos, normas de valor, afirmaciones de verdad o bien, categorías con un significado incompleto, como los predicados, como las posiciones argumentales vacías que deben ser interpretadas, como es el caso de aplicación de las normas jurídicas.

En conclusión, la semántica servirá para:

---

[507] Palma López, Helena, *op. cit.*, pp.4-6

I) Evidenciar la capacidad de relacionar expresiones simbólicas de significado constante, variable, particular o genérico, con objetos y situaciones del mundo;

II) La capacidad de componer expresiones complejas, a partir de otras expresiones simples o complejas, usando algún tipo de algoritmo recursivo, y

III) La capacidad de inferir relaciones entre los significados de distintas expresiones.

Aplicada a la redacción del dispositivo normativo, debemos tener en cuenta que, al usar una correcta semántica, se debe prever el tipo de norma o regla a diseñar, como tal, la hipótesis, el tipo de conducta y la condición de aplicación. Para determinar, por ejemplo, si se trata de una norma que encierra un derecho fundamental o principio; o, por otro lado, una norma con una hipótesis que va a modificar una situación jurídica, es decir, en términos de semántica, una predicción.

Otro aporte significativo <<y que no pierde vigencia>> es la estructura de la norma según Kelsen[508], que es aquella prescripción que impone una sanción, por ejemplo: si A <<de forma ilícita>> entonces debe ser B <<sanción>>, también cabe mencionar que esta forma sencilla puede aplicarse a sanciones positivas <<como la obtención de un derecho>>. Kelsen diferenció también las normas primarias o genuinas que poseen la estructura anterior de las derivadas o secundarias que son simple consecuencia lógica de las anteriores, por ejemplo, los artículos transitorios de las normas principales expedidas.

Alchourron y Bulygin han mencionado que la sanción de las normas que refiere Kelsen puede estar no incrustada en un enunciado normativo, sino en el sistema completo aquel al que pertenece dicho enunciado.[509]

Por su parte, Hart determinó, en su célebre debate con Dworkin, que los principios y reglas no se diferenciaban en su estructura, es decir, no son diferencias

---

[508] *Cfr.* Zamora Fabra, José Luis, *op cit.*, p.109.
[509] *Ibídem,* p.110.

cualitativas, sino de grado.[510] Hart afirma que entre el núcleo de la norma existe una "zona de penumbra", dicha zona es susceptible a la interpretación, entre mayor incertidumbre o penumbra, habrá mayor interpretación, este es el caso de los principios, para las reglas opera de forma inversa.[511]

Los principios son normas que en su núcleo contienen valores o cuestiones axiológicas que, por su naturaleza, deben atenderse en la medida de lo posible, esto de acuerdo con las cuestiones fácticas de cada ordenamiento jurídico. Es así como estos principios no suelen ser dinámicos, sino que representan valores éticos importantes para una sociedad determinada. Los principios toman importancia de acuerdo con los derechos humanos y fundamentales y a la época jurídica actual en la que se ve inmerso el sistema jurídico mexicano.

Así, los principios suelen ser muy vagos y ambiguos, ya que tienen como finalidad establecerse fuera de la dinámica temporal de las normas, suelen ser imperecederos o de larga duración. La mayoría de las veces contienen conceptos jurídicos indeterminados. Los principios no suelen demandar su aplicación concreta sino orientar o fijar un método legítimo sobre alguna conducta en específico o una aspiración que puede ser alcanzada mediante esfuerzos sociales.[512]

También, en su mayoría, los principios están contenidos en las constituciones y regulan el actuar del Estado hacia sus gobernados. Tienen mucho peso en la configuración política-jurídica del Estado, y es por ello por lo que la colisión o antinomia de estos no puede solucionarse por alguna norma de clausura, sino mediante la ponderación de estos. No es el objeto del estudio la forma de resolución de antinomias entre principios es por ello, por lo que solo resaltamos sus características más importantes y el estudio respecto a la distinción de normas y principios se agota. No es recomendable la formulación de principios al redactar

---

[510] *Cfr.* Jaraba Pérez, María Dolores, "Principios y Reglas: Examen del Debate entre R. Dworkin y H.L.A. Hart" en *Revista de Estudios Jurídicos*, España, núm. 10/2010 (Segunda Época) Universidad de Jaén, p.23.
[511] *Cfr. Ibídem*, p. 24.
[512] *Cfr.* Zamora Fabra, José Luis, *op cit.*, p.115.

alguna norma, salvo que sea trascendental, como una reforma a la propia Constitución.

De lo anterior, se puede afirmar que un proceso judicial, un contrato, derecho real o patrimonial son normas; mientras que la aspiración del derecho a la vida, la libertad, la igualdad, la no discriminación, al trabajo, a la vivienda y a la felicidad son normas que contienen principios y valores que escapan a la aplicación y concreción del derecho, menos de forma posible pero no siempre probable.

Al redactar normas que contengan criterios axiológicos como los derechos humanos, es importante señalar en la misma norma o en otras, alguna garantía que haga efectivo su cumplimiento;[513] de lo contrario, el principio se quedaría como un valor axiológico sin ninguna fuerza coactiva que haga efectiva su concreción. Lo anterior, suele ser muy común en los sistemas jurídicos, dichos vacíos o ambigüedades suelen ser resueltos por la jurisprudencia emitida por el Poder Judicial.[514]

Ahora bien, la formalidad de la norma y su forma de escritura forma parte de la estructura lingüística y esta obedece a un número de reglas, las cuales son las siguientes:[515]

a) Títulos:

1. El texto debe ser introducido por un título general que precise el objeto de la ley;

2. El título debe ser breve, concreto y reflejar objetivamente el contenido de la ley;

3. Es recomendable otorgar un segundo título, más breve y sencillo, cuando el título principal es extenso o difícil de recordar. El título

---

[513] Al respecto, *véase* Ferrajoli, Luigi, *op. cit.*, p. 42.
[514] Al respecto, *véase* Hart, L.A., *El Concepto de Derecho*, trad. de Carrió R. Genaro, Buenos Aires, Abelarde Perroit, 1961; Rodríguez, César, *La Decisión Judicial El debate Hart-Dworkin*, Bogotá, Siglo Hombre Editores, 1997; y Dworkin, Ronald, *Los Derechos en Serio*, trad. de Guastavino, Marta, Barcelona, Editorial Ariel S.A., 1989.
[515] *Cfr.* Bourbon Pérez, Héctor, *et. al.*, *Reglas Prácticas de Técnica Legislativa*, Argentina, Instituto Ciencia y Técnica Legislativa, 1999, pp.9-19.

abreviado debe indicarse expresamente en el articulado de la ley, preferentemente entre las disposiciones preliminares;

4. Se evita dar a una ley un título ya asignado a otra ley anterior que continúe en vigor, y

5. Frente a las sucesivas modificaciones de una ley no es recomendable modificar el título.

b) **Temas:**

1. Las normas deben organizarse temáticamente, a fin de contribuir a la claridad del texto y a facilitar la identificación de sus disposiciones;

2. El orden temático se sucede:

   - Disposiciones preliminares;
   - Definiciones;
   - Disposiciones generales;
   - Disposiciones especiales;
   - Disposiciones orgánicas;
   - Disposiciones procedimentales;
   - Disposiciones sancionatorias, y
   - Disposiciones finales y/o régimen transitorio.

3. Lo anterior, se sujetará a las reglas vistas en la Unidad 2, con relación a la forma de presentación y la revisión final del proyecto;

4. El alcance, excepción, limitación o condiciones para la aplicación de la ley debe ubicarse en las disposiciones preliminares;

5. El orden temático debe ir de lo general a lo particular, y de lo sustantivo a lo procesal;

6. Las definiciones que sean indispensables para la interpretación de la ley pueden situarse entre las disposiciones preliminares en un anexo;

7. Las normas procedimentales deben describir el procedimiento cronológicamente;

8. Cuando las disposiciones sancionatorias o penales son pocas deben ir después de la norma cuyo incumplimiento deviene esa sanción, de

lo contrario, si son varias, debe hacerse en un capítulo especial que las contenga, y

9. Las disposiciones transitorias, las cuales deben referirse al ámbito de entrada en vigor de las normas, a las abrogaciones y derogaciones.

c) **Ordenamiento sistemático:**

1. La ley debe ordenarse sistemáticamente y de forma nivelada,

2. Van de acuerdo con los siguientes agrupamientos:

   - Partes/Secciones/Títulos/Capítulos;
   - Partes/Títulos/Secciones/Capítulos, y
   - Partes/Títulos/Capítulos/Secciones.

3. Cuando se opta por un determinado agrupamiento, este debe mantenerse a lo largo de toda la ley;

4. Cada división debe tener su número y una denominación que englobe el contenido de todos los artículos que agrupa, y

5. La numeración puede ser ordinal o cardinal, en números romanos o arábigos, y recomienza en cada división. Debe seguirse el mismo criterio en todo el texto de la ley.

d) **Artículos:**

1. El texto de la ley se divide en artículos. Ninguna parte del texto puede ser excluida de la división de artículos;

2. Cada artículo debe contener una sola norma y cada norma debe estar contenida íntegramente en el artículo;

3. Es aconsejable dotar a los artículos de una denominación o epígrafes;

4. Los epígrafes deben ser construcciones breves, claras y tienen que expresar el objeto de la norma;

5. Los epígrafes no integran la disposición normativa;

6. Los epígrafes no pueden repetirse;

7. No puede epigrafearse algunos artículos sí y otros no;

8. Los artículos deben ser numerados y la numeración debe ser continua, desde el principio hasta el fin del texto legal, independientemente de

las divisiones que pueda tener el texto en partes, títulos, capítulos, etc. La numeración cardinal facilita la lectura;

9. Cuando se introducen nuevos artículos a textos legales tradicionales y extensos, por ejemplo, los Códigos, en lo posible debe respetarse la numeración y utilizarse el *bis, ter, quater.*

10. En los demás casos, cuando se intercala una disposición en el articulado de la ley vigente, pueden reordenarse los números de los artículos a partir de la disposición intercalada;

11. Un texto autónomo no puede incluir artículos *bis, ter*, etc., estos deben reservarse para los artículos que pudieran agregarse con posterioridad;

12. El artículo puede dividirse en párrafos y en incisos;

13. Los incisos pueden contener una enumeración taxativa o meramente enunciativa;

14. Asimismo, los incisos pueden ser acumulativos; es decir, deben cumplirse todos ellos, o simplemente alternativos, al menos uno o cualquiera de ellos;

15. Los incisos se numeran o indican con letras minúsculas a), b), c), etc.;

16. Debe indicarse en el cuerpo principal de la norma si los anexos que esta incluye forman o no parte de la ley;

17. Los anexos se identifican con números o letras y deben llevar título;

18. En los anexos se incluyen los cuadros, tablas, diagramas, planos, descripciones y listados, y

19. En algunos casos, el anexo está integrado en un solo artículo, lo cual es poco práctico y hace a la ley compleja, como, por ejemplo, las tasas de porcentajes de accidentes laborales en la Ley Federal del Trabajo[516].

---

[516] Ley Federal del Trabajo, publicada en el Diario Oficial de la Federación el 1.º de abril de 1970, última reforma publicada el 02-07-2019.

4.1.3.3. Reglas de redacción

La redacción es la forma de saber expresar de manera coherente y precisa las ideas, pensamientos, conceptos e intenciones.[517] La ortografía, del griego *orthos,* recto, justo y *graphia,*[518] escritura, es la parte de la gramática que enseña a escribir correctamente. A continuación, enunciaremos algunas reglas de ortografía y puntuación.

I) **Reglas de puntuación y acentuación:** llevan acento ortográfico las palabras agudas terminadas en vocal y en consonantes como "n", "s" como, por ejemplo: "café", "compás", "león" y "manatí"; las palabras graves o llanas terminadas en consonante que no sean "n", "s" o vocal; y, todas las palabras esdrújulas y sobresdrújulas, como: "cántaro", "húmedo", "héroe", "últimamente" y "dígaselo";[519]

II) **Excepciones más importantes del acento:** los monosílabos no llevan acento, excepto "sí" <<*adverbio de afirmación, nombre, pronombre*>> para no confundirlo con "si", conjunción, por ejemplo: "si me dices que sí, vendrás de paseo." "Dé" *y* "sé" <<verbos>> para no confundirlos con "de" proposición y <<*se*>> pronombre, ejemplo, *"Es mejor que Laura te dé la información."*[520] Mas <<adverbio>> para no confundirlo con <<mas>> conjunción, ejemplo, quiero más pan, mas no tostado. Aun <<adverbio de tiempo>> llevará acento cuando sea sinónimo de todavía. Ejemplo: "la notificación no ha llegado aún a la empresa*",* y

III) **Cuando la palabra termina en:** <<io, ia colocaremos un acento sobre la "i", "o" u, deshaciéndose el diptongo, ejemplo: "alegría", "caserío", "gentío", "baúl"*,* excepto las palabras graves, terminadas en estas vocales, ejemplo: "guardia", "garfio", "media", "radio", "feria."[521]

---

[517] *Cfr.* Ríos Gómez, Martha, *Taller de Ortografía y Análisis de Textos*, México, Secretaría de Salud, 2012, p.2.
[518] Diccionario de la Lengua Española, Edición del Tricentenario, actualización 2018, consultado el 06-08-19 en línea: https://dle.rae.es/?id=RG9EvWw.
[519] *Cfr.* Ríos Gómez, Martha, *op. cit.*, p.4.
[520] *Ibídem*, p.7.
[521] *Cfr.* Ríos Gómez, Martha, *op. cit.*, p. 8.

Las reglas sobre mayúsculas. En un texto deben escribirse con mayúsculas.[522]

I) La primera palabra de un escrito y la que vaya después de punto y seguido, punto y aparte, punto y coma, en una lista, y

II) Todo nombre propio, de entidades políticas e instituciones, los sobrenombres o títulos públicos y nobiliarios.

Los signos de puntuación y entonación son los elementos más importantes para el lector de un texto y lo que más debe cuidar el redactor de este, los signos de puntuación, junto con las reglas ortográficas de las palabras, son, en su conjunto, lo más importante de un texto, gramaticalmente hablando.[523]

Los signos de puntuación facilitan la comprensión de lo que se escribe o se lee. Permiten dar entonación, adecuar la lectura, los signos sirven para pausas, relativas a la entonación y relativos a la distribución.

Los signos de puntuación son: el punto y la coma, los cuales se utilizan de forma alterna y conjunta, el punto representa una pausa mayor y la coma una pausa menor. Se recomienda no limitar el uso de los signos de puntuación ni exagerarlo.

La coma es el signo que indica una pequeña pausa en la lectura. Tiene funciones, a saber:[524]

I) Separar los términos de una enumeración o serie, separar oraciones o frases;

II) Encerrar una palabra o una frase incidental dentro de una oración principal;

III) Cuando la conjunción une dos oraciones largas se usa la coma antes de la conjunción. Se considerará una oración larga si tiene cinco palabras o más, por ejemplo: "la votación se realizará cada mes, y será presencial";

---

[522] *Íbidem*, p.15.
[523] *Cfr.* Ortiz, M, *Los Signos de Puntuación*, Puerto Rico, Universidad de Puerto Rico en Agudilla, 2009, p.3.
[524] *Cfr.* Ortiz, M, *op. cit.*, p.4.

IV) Si las oraciones son cortas no es necesario usar la coma antes de la conjunción, por ejemplo: "la votación será libre y secreta";

V) Se usa coma después de una conjunción adversativa. Por ejemplo: "pero", "obstante", "por lo que"; y antes del modo conjuntivo, por ejemplo: "antes bien", "luego", "así que", "mas", "aunque", "pero", "por eso", "por esto";

VI) La coma conecta oraciones principales, y generalmente está unida a esta por medio de conjunciones y, a veces por adverbios, y

VII) Después de una afirmativa "sí" o negativa "no".

En el uso de la coma se pueden cometer diversos errores. Un error recurrente es la utilización de la coma entre el sujeto y el verbo, por ejemplo: "La Institución citará a los comparecientes". La anterior oración no debería llevar coma; otro error común es situar la coma entre el sustantivo y el adjetivo que lo modifica, por ejemplo: "Ofrecen pruebas fidedignas, completas, suficientes". En la oración anterior, después de "pruebas", no debe llevar coma.

El punto indica una pausa más larga para el lector; puede existir punto y seguido, punto y aparte, punto y coma, dos puntos y puntos suspensivos.[525]

El punto y seguido se usa al finalizar cada oración de un mismo párrafo, el punto y aparte se usa cuando termina un párrafo y el texto continua en otro párrafo.

El punto tiene las siguientes funciones, a saber:

I) Se usa punto después de una abreviatura;

II) Se usa el punto después de los números que forman parte de una enumeración;

III) Es opcional colocar un punto al finalizar cada línea de una enumeración al final;

IV) En una oración con paréntesis se utiliza antes de cerrar el paréntesis;

V) Al finalizar una oración y antes de comenzar un nuevo párrafo, y

---

[525] *Cfr.* Ortiz, M, *op. cit.*, p.10.

VI) Al finalizar el texto.

Los puntos suspensivos sirven para dejar una oración incompleta y el sentido de suspenso. Los puntos suspensivos pueden ir entre corchetes cuando se copia algún texto y se suprimen algunas palabras o pasajes innecesarios. Esto es útil al momento de alguna reforma de algún cuerpo normativo, para no copiar íntegro el contenido normativo, solo se suprimen las partes que se quedan igual.

El punto y coma se usa para señalar una pausa que, por lo general, es más prolongada que la pausa que nos indica una coma, pero más corta que la del punto. O sea, señala una pausa y un descanso en la entonación, se usa el punto y coma en los siguientes casos:

I) Para dividir las oraciones de una cláusula larga que ya contiene una o más comas;

II) Para dividir dos oraciones largas que están unidas por una conjunción. También se usa para unir dos oraciones, aunque no haya conjunción, si la extensión de esta, así lo justifica, por ejemplo: "El escrito inicial de demanda se presenta por escrito; y se tramitará en horas hábiles";

III) Para separar las oraciones yuxtapuestas, oraciones unidas en conjunción;

IV) Para separar los nombres traspuestos en una oración, y

V) Para separar en una serie los elementos que contienen comas, para evitar la confusión.

Los dos puntos indican una pausa larga, la que se escribe después de los dos puntos sirve para completar, aclarar o resumir lo que ha expuesto anteriormente. Se usan los dos puntos en los siguientes casos:

I) Para comenzar una lista de ejemplos;

II) Al comienzo de un discurso;

III) Para separar una palabra o frase que indica ejemplificación, y

IV) Para separar los elementos numéricos en las proporciones aritméticas y en citas bibliográficas.

El uso de los puntos también debe usarse antes del contenido de un artículo, justamente después de nombrarlo o enumerarlo.

Los signos de entonación representan sonidos al leer la oración, los que le dan un sentir específico a la oración. Existen los signos de interrogación y los signos de exclamación.

Los signos de interrogación son dos: un signo de apertura <<¿>> y uno de clausura <<?>> se usan estos en los siguientes casos:[526]

I)   Se colocan al principio y al final de las oraciones interrogantes directas, es decir, las que realizan una pregunta;

II) Se colocan al principio y al final de las oraciones interrogantes directas, aunque no empiece ni termine la oración gramatical, y

III) Se ubican al principio y al final de las oraciones interrogativas en serie, las cuales se separan por comas.

Los signos de exclamación o signos de admiración son dos: uno de apertura <<¡>> y uno de clausura <<!>> estos signos se usan en oraciones para indicar emoción, ironía, intensidad o exclamación. A continuación, los usos de estos signos:

I)   Se colocan al principio y al final de una interjección, y

II) Se colocan al principio y al final de una expresión emotiva, este dentro o fuera de una oración.

Existen algunas indicaciones generales para el uso de los signos de interrogación y exclamación:

I)   En algunas lenguas, como la inglesa, solo se usan los signos de clausura; o sea al final de la oración de interrogación y exclamación;

II) Estos signos se deben colocar exactamente donde comience y termine la admiración o la interrogación, aunque no empiece ni termine la oración gramatical;

---

[526] *Cfr.* Ortiz, M, *op. cit.*, p.12.

III) No se deja espacio entre los signos de interrogación o de exclamación y la letra que les sigue o precede al abrirlos y cerrarlos, respectivamente. Si el signo ocurre al finalizar una oración, no se usa el punto final de la oración; basta con el signo de interrogación o de exclamación;

IV) Se dejan dos espacios después del signo de interrogación o de exclamación que finaliza la pregunta u oración exclamativa, si a esta le sigue otra pregunta u oración exclamativa;

V) Si las oraciones interrogativas o exclamativas son varias, breves y seguidas, solo sería necesario escribir con mayúscula la primera palabra de la primera oración. En este caso, la serie se separa por comas;

VI) Si la pregunta o la admiración forma parte de la oración, se usa una letra minúscula al comenzarla, y

VII) En ocasiones, se combinan los signos de interrogación y admiración, dependiendo del sentido, énfasis o de la entonación que se le da a la oración.

A continuación, se expondrá un cuadro donde se muestra los principales signos de puntuación y entonación, junto con sus símbolos; y uso principal:

Signo de Puntuación/entonación	Símbolo	Uso Principal
Coma	(,)	Dota de una breve pausa a la lectura, sirve para enumerar ejemplos y separar ideas y oraciones.
Punto	(.)	Da una pausa más larga que la coma, sirve para terminar una idea y darle un final a la redacción.
Puntos suspensivos	(...)	Sirve para dejar en suspenso e inacabada una idea o cita, es útil para reproducir solo partes de un texto y no todo en su integridad.
Punto y coma	(;)	Da una pausa más larga que la coma, pero no tanto como en el punto, separa ideas y sustituye la coma, cuando la

		redacción contiene varias comas.
Dos Puntos	(:)	Se usan antes de enumerar o ejemplificar en una redacción.
Interrogación	(¿?)	Se usan los símbolos en su apertura y clausura, antes y después de una pegunta directa.
Exclamación	(¡!)	Se usan los símbolos en su apertura y clausura, antes y después de una oración de admiración, sorpresa, resalto o ironía.

Tabla 5. Signos de Puntuación y entonación. Elaboración propia.

Puede redactarse en primera, segunda, tercera persona o impersonal, las características de cada una de ellas son las siguientes:[527]

I) **Primera persona:** cuando el sujeto al que se refiere a la persona que habla, es sí mismo. Ejemplo: "Yo bailo, nosotros bailamos";

II) **Segunda persona:** se está hablando en segunda persona, cuando quien habla se refiere a la otra persona. Ejemplo: "tú bailas, ustedes bailan";

III) **Tercera persona:** cuando el sujeto se refiere a la persona de quien se habla. Ejemplo: "él o ella bailan, ellos o ellas cantan", y

IV) **Impersonal:** sucede cuando no se habla de la persona y, en cambio, se habla implícitamente en tercera persona, por ejemplo: "se baila, se hace", entre otros.

Los tiempos en los que se redacta son principalmente tres: pasado, presente y futuro, y su utilidad es la siguiente:

I) **Pasado:** se refiere a acciones que ya ocurrieron. Aplicado a la técnica legislativa, este tiempo puede servir para referirse a las acciones pasadas dentro de un procedimiento, o a los antecedentes con relación a los dictámenes, iniciativas, puntos de acuerdo, entre otras;

---

[527] *Cfr.* Ortiz, M, *op. cit.*, p. 16.

II) **Presente:** este tiempo describe acciones que se están realizando en el mismo momento en el que son redactadas, los verbos "ser" se redactan en este tiempo, y

III) **Futuro:** Se refieren a las acciones que aún no ocurren, pero que se podrían llevar a cabo posterior a los momentos donde se escribe, dentro de un procedimiento pueden estar referidos a las facultades, acciones y alternativas de acciones que se pudieran realizar.

La redacción, además de observar las reglas ya enunciadas en este manual, debe de ser clara, precisa, breve y evitar los principales errores del lenguaje.[528] La redacción debe evitar las muletillas, por ejemplo, "que", "cosa" y "algo".

Así también, la redacción objetiva como lo es la redacción de cualquier ciencia, y, por ende, del derecho, debe ser redactada en tercera persona o impersonal, en tiempo pasado y futuro. Lo anterior, en especial en las normas que prescriben conductas y acciones.

La redacción cobra importancia porque con ella se realizan los enlaces del sonido de los vocablos, la configuración sintáctica y, a partir de esos saberes, establecer la relación entre significantes y significados, lo que nos daría una semántica adecuada.[529]

Es por lo anterior que, además de las reglas ortográficas, signos de puntuación y entonación, podemos observar otras recomendaciones prácticas, en cuanto a términos, formas verbales, sintaxis y citas de normas:[530]

a) Términos

1. Se debe emplear la palabra exacta y sin sinónimos de un término o concepto;

---

[528] Al respecto, *véase* la Unidad 2 de este manual

[529] Al respecto, *véase* Toledo Costa, Alicia, *et. al.*, "El análisis semántico, sintáctico y pragmático en la enseñanza de los contenidos gramaticales", en *Varona*, La Habana Cuba, núm. 46, enero-junio, 2008, pp. 60-65.

[530] *Cfr.* Bourbon Pérez, Héctor, *op. cit.*, p.13.

2. Si se usa un término, en un sentido que no es el habitual, se le debe definir, aunque es recomendable no alejarse demasiado del sentido común o habitual;

3. Evitar sustituir los sustantivos por pronombres;

4. En un texto legal reglamentario, la terminología no debe apartarse de la empleada en el texto legal de base;

5. Las modificaciones introducidas a una ley deben respetar su redacción, estilo, terminología y lenguaje;

6. Evitar el uso de términos extranjeros, salvo cuando posean un significado técnico o sean de uso corriente y no tengan traducción;

7. No utilizar abreviaturas, salvo de artículos "art.", y denominación de los Códigos, "CC" por Código Civil, por ejemplo;

8. Al referirse a organismos oficiales, dependencias, entidades, etc., citar la primera vez su nombre oficial completo y especificar las siglas posteriores o denominación para referirse al nombre de la institución en artículos posteriores, y

9. Evitar el uso de arcaísmos, o sea, términos léxicos o gramaticales, utilizados en el pasado y que actualmente han caído en desuso.

b) **Formas Verbales**

1. Se insiste en que la norma debe estar relacionada con el tiempo en que se lee y aplica, no con el que se la elabora y dicta;

2. Preferir el modo indicativo que el subjuntivo;

3. Preferir el tiempo presente al futuro;

4. Emplear el futuro solo cuando es irremplazable por el presente;

5. Emplear el pasado solo cuando se trata de actos anteriores a la ley, o actos pasados en un procedimiento;

6. Utilizar el gerundio solo para enunciar una acción simultánea anterior a la del verbo principal;

7. Sustituir el futuro imperfecto de subjuntivo por el presente indicativo o subjuntivo, por ejemplo, en lugar de "dispusiere", el cual es futuro

imperfecto de subjuntivo, se escribirá "dispone", que es el presente del indicativo, o bien "disponga", que es el presente de subjuntivo, y

8. Sustituir el futuro perfecto de subjuntivo por el pasado pretérito perfecto de indicativo o el pretérito perfecto de subjuntivo. Por ejemplo, en lugar de "hubiere presentado en término", futuro perfecto de subjuntivo, se escribirá "ha presentado en término", pretérito perfecto de indicativo o "haya presentado en término", pretérito perfecto de subjuntivo.

c) **Sintaxis**

1. En la construcción sintáctica preferir el orden lógico;

2. Deben evitarse las oraciones con sujeto tácito;

3. Evitar construcciones ambiguas;

4. Usar construcciones simples; evitar giros rebuscados y sobre abundantes, por ejemplo, en lugar de *"efectuar una presentación"* se escribirá "presentará", en lugar de "se tendrá por caducada" se escribirá "caducará";

5. Usar formas verbales conjugadas en lugar de frases verbales, por ejemplo, se escribirá *"presentará"* en lugar de "deberá presentar";

6. Preferir la formulación positiva a la negativa;

7. Preferir la formulación refleja a la pasiva, limitar el uso de la voz pasiva a los casos en que el interés debe enfocarse en el objeto de la acción y no en el sujeto;

8. Cuando legalmente hay dos posibilidades, referirse a una de ellas positivamente en vez de negativamente a la otra;

9. La formulación de la norma debe ir antes de las circunstancias de su aplicación;

10. Las circunstancias o condiciones se encabezan con las conjunciones "si" o "cuando" y no con el relativo "que";

11. Evitar el uso de proposiciones subordinadas relativas, si pueden sustituirse por un participio en función adjetiva, en lugar de la "institución que demande" referirse a la "institución demandante";

12. Evitar oraciones complicadas y confusas que son, generalmente, el resultado de referencias y excepciones interminables;

13. Escribir párrafos breves;

14. Evitar el uso de palabras innecesarias;

15. Usar correctamente los signos de puntuación;

16. Evitar colocar el verbo al final de la frase;

17. El antecedente y pronombre relativo deben colocarse cerca en la oración, para que surja con claridad la relación entre ambos;

18. Evitar toda estructura anticuada;

19. En el texto legal deben omitirse disposiciones que solo constituyen motivación del texto, son recomendaciones o enuncian intenciones;

20. Las fechas deben escribirse de forma completa y fuera de paréntesis, y

21. Los números se deben escribir con letras, las edades, los espacios de tiempo o duración, dígitos de cero a nueve que establezcan cantidad.

d) **Cita de Normas:**

1. La Constitución, leyes, decretos y códigos se mencionan por su nombre completo al menos la primera vez que se nombra;

2. En las remisiones internas no debe repetirse la referencia "de la presente ley", salvo que sea imprescindible para la claridad de la norma;

3. En las referencias externas se debe citar el número de la ley y la ley que la modifica. Si la norma fue modificada por varias leyes, se indicará solo la última. Si la referencia es a decretos, se remitirá solo a ellos y no a las leyes originales;

4. En la redacción de incisos debe resultar claro si la enumeración es taxativa o no, acumulativa o no, y

5. Evitar el uso de la forma "y/o" porque está constituida por una conjunción que une "y", y otra que separa "o". Su utilización genera contradicciones.

4.1.3.4.   Reglas sobre dinámica legislativa

La dinámica legislativa se refiere a los cambios que suceden en las normas e impactan en el derecho.

Son varios teóricos los que se han empeñado en teorizar y resolver la dinámica de los sistemas jurídicos, entre ellos, Kelsen, quien diferenció entre la concepción estática y la dinámica de los sistemas jurídicos.[531]

Posteriormente, fue Raz quien distinguió entre "sistemas momentáneos" y "sistemas no momentáneos" o simplemente, "sistemas jurídicos", entendiendo por "sistema momentáneo" a cada conjunto de normas asociado a un parámetro temporal determinado y por "sistema no momentáneo" a la unidad que conserva su identidad frente a los cambios.[532]

Otros autores que abonaron al análisis de esta distinción fueron Alchourron y Bulygin, reservando la expresión "sistema jurídico", para la visión estática y "orden jurídico", para la visión dinámica.[533]

El sistema dinámico se sitúa yuxtapuesto al estático y es remplazado por este; los principios se determinan más al estático y las normas al dinámico.

La distinción entre sistemas estáticos y órdenes dinámicos permite, además, analizar de manera formalmente rigurosa cuáles son las consecuencias de los actos de promulgación, en el campo social y medir la efectividad de una norma, entre otras cosas.

Es entonces que una de las cosas que se refieren a la dinámica legislativa es a las abrogaciones, derogaciones y sus cambios, pero, en la técnica legislativa,

---

[531] Al respecto, *véase* Kelsen, Hans, *Teoría Pura del Derecho*, trad. de Roberto Vernengo, México, Universidad Nacional Autónoma de México, 1982, pp. 203-204.

[532] *Cfr*. Raz, Joseph, *El concepto de sistema jurídico*, trad. de Salomón Rolando Tamayo, México, UNAM, 1985, p. 34.

[533] Al respecto, *véase* Alchourron Carlos y Bulygin, Eugenio, "Sobre el concepto de orden jurídico", en *Crítica. Revista Hispanoamericana de filosofía*, Valencia (Venezuela) vol. VIII, núm. 23, 1976, pp.55-77.

las reglas para hacer esos cambios son fundamentales. A continuación, se enuncian reglas prácticas para estos cambios:[534]

a) **Entrada en vigor de la ley:**

1. La parte para enunciar la entrada en vigor de las leyes es en el régimen transitorio;

2. Se puede determinar la fecha y la forma en que entre en vigor la ley, ya sea de forma simultánea o escalonada;

3. La entrada en vigor de la ley puede fijarse para una fecha determinable, como la fecha de promulgación o un plazo a contarse a partir de la fecha de sanción o de promulgación;

4. Distintas disposiciones de una misma ley pueden tener distintas fechas de entrada en vigor. Si se quiere usar esta posibilidad, es necesario preverlo expresamente y con toda claridad, y

5. La entrada en vigor de una ley puede estar sujeta al cumplimiento de una condición, es decir, un hecho futuro que puede ocurrir o no ocurrir en un tiempo determinado, por ejemplo, en la creación de un organismo o capacitación de funcionarios públicos no es conveniente poner como condición la promulgación de otra norma ya que esto puede evitar la entrada en vigor.

b) **Caducidad:**

1. Las leyes se extinguen por caducidad cuando desde su creación, por su propio texto, están sujetas a un plazo o a una condición, y ese plazo o condición se cumple;

2. Cuando es posible, el plazo de vigencia de una ley debe ser cierto, por haber sido fijado con toda precisión, con día, mes y año; o bien, de otra manera suficientemente precisa;

3. No conviene, salvo casos muy excepcionales, sujetar la vigencia de una ley a un plazo incierto, o sea, aquel referido a un hecho futuro que

---

[534] *Cfr.* Bourbon Pérez, Héctor, *op. cit.*, p.16.

necesariamente alguna vez ha de ocurrir, pero no se puede saber cuándo;

4. La vigencia de una ley puede estar sujeta al cumplimiento de una condición resolutoria. Si se elige esta posibilidad, el hecho cuya ocurrencia cumple la condición debe estar descrito con la mayor claridad posible. Si por la naturaleza del hecho su ocurrencia puede ser discutida, es conveniente establecer que tal ocurrencia será constatada por determinado órgano estatal, el cual estará obligado a emitir un acto expreso y a publicarlo en el Boletín Oficial, y

5. La ley también puede caducar por cumplimiento de su objeto, si el objeto es susceptible del agotamiento de las situaciones jurídicas que la ley regula. Como estos casos se parecen a un plazo no determinado expresamente por la ley, si es posible, conviene establecer, de manera expresa, un plazo máximo de vigencia de la ley.

c) **Derogación:**

1. La derogación total o parcial de las leyes debe ser expresa;

2. La derogación debe establecerse en la ley mediante el uso del término "derogase", seguido de la mención de las normas a derogar. No deben usarse otros términos porque pueden dar lugar a confusión. Por ejemplo "Queda sin efecto";

3. Cuando se establece un nuevo régimen legal en reemplazo de otro, este último debe ser derogado expresamente;

4. La derogación de las leyes debe ser hecha con toda precisión, identificando con certeza las leyes o disposiciones legales que se derogan. Las leyes para derogar deben ser identificadas por su número, excepto los Códigos, que deben ser identificados por su nombre completo. Los artículos deben ser identificados por su número, y los incisos por la letra o número correspondiente;

5. La derogación debe mencionar detalladamente todas las leyes a derogar, inclusive aquellas modificatorias de la ley principal;

6. Debe evitarse la derogación genérica indeterminada, que se suele expresar con fórmulas del estilo "Derogase todo lo que se oponga". Con mayor razón deben evitarse las fórmulas del estilo "Derogase en todo cuanto se oponga", que producen muchas más incertidumbres que certezas, y

7. Debe mantenerse el articulado derogado, con la especificación de que está derogado.

d) Modificación:

1. La modificación total o parcial de las leyes debe ser expresa en los decretos;

2. La modificación de la ley debe ser hecha con toda precisión, identificándose de manera certera la ley o disposición legal que se modifica. La ley para modificar debe ser identificada por su número, excepto los Códigos, que deben ser identificados por su nombre completo. Los artículos por modificar deben ser identificados por su número, y los incisos por la letra o número correspondiente;

3. La modificación debe mencionar a la ley principal a modificar. No hay que enumerar detalladamente las anteriores leyes modificatorias de la ley principal;

4. En principio, la modificación de una ley debe hacerse sustituyendo íntegramente una parte del texto de la ley. Esa parte no debe ser menor que un párrafo, inciso o apartado. Aunque se quiera sustituir solamente una palabra o frase, igualmente se le dará forma de sustitución integral de una parte de la escala indicada;

5. La modificación de una ley también puede hacerse mediante el agregado de nuevos artículos, párrafos, incisos o apartados. En este caso, debe asignarse a los nuevos textos una identificación por números, letras o, de otro modo, que sea concordante con el método utilizado por ley a modificar;

6. Si se quiere modificar algún artículo de un texto legal aprobado como anexo de una ley, debe indicarse con precisión el texto a modificar, es decir, diferenciar la ley original del decreto que modifica dicha norma;

7. El agregado de nuevos artículos en una ley anterior debe ser establecido mediante la introducción y transcripción del texto a insertar las modificaciones;

8. Cuando a una ley se agrega un artículo, párrafo, inciso o apartado, en medio de una serie de identificación asignada, se formará tornando la identificación de la unidad del mismo nivel, artículo, párrafo, inciso o apartado inmediato anterior al lugar de inserción, completada con una palabra latina que permita diferenciar. Para la primera unidad agregada la palabra será *bis,* para la segunda *ter* y para las siguientes *quater, quinquies, sexies, septies, octies, nonies,* y *decies;* sin embargo, si los agregados pasan de cuatro, sería conveniente buscar otra manera de insertar los nuevos textos;

9. Cuando se quiere agregar un artículo nuevo antes del artículo 1.º de la ley a modificar, conviene asignar al artículo nuevo el numero 1.º y simultáneamente, cambiar el número del anterior artículo 1.º, que pasará a ser *1.º Bis.* Con los cambios pertinentes, lo mismo vale para el caso de incisos nuevos antes del primer inciso;

10. La modificación de una ley, por supresión de textos, es una derogación parcial de la ley, y debe hacerse como las demás derogaciones. Es conveniente derogar íntegramente unidades del nivel artículo, párrafo, inciso o apartado. Si se quiere derogar una parte menor, es preferible sustituir íntegramente el artículo, párrafo, inciso o apartado;

11. La modificación a una ley debe hacerse utilizando rigurosamente la misma terminología de la ley a modificar y cuidar la redacción de esta;

12. Al modificar una ley debe respetarse en todo lo posible la estructura formal de la ley a modificar, inclusive el método de epigrafiado. Si es necesario modificar también la estructura de la ley, eso debe hacerse respetando sus lineamientos generales; por ejemplo, si se agrega un

nuevo capítulo este debe respetar el estilo de los capítulos ya existentes de la ley, y

13. Las modificaciones a una ley que ha sido objeto de texto ordenado oficialmente aprobado deben referirse al texto ordenado más reciente de esa ley, sin mencionar las leyes modificatorias posteriores al texto ordenado.

e) **Restablecimiento:**

1. El restablecimiento de la ley debe ser hecho de manera expresa, pues equivale a volver a crearla. La derogación de la ley derogatoria no produce por sí misma el restablecimiento de la ley anteriormente derogada;

2. Cuando se restablece una ley extinguida debe incluirse una cláusula que regule la situación jurídica de los hechos y actos producidos en el periodo intermedio durante el cual no rigió la ley restablecida, y

3. Las reglas anteriores valen para todo el restablecimiento de alguna ley.

4.1.3.5. Reglas sobre lógica de los sistemas normativos:

Entendemos por sistema todo:

"conjunto de reglas o principios sobre una materia enlazados entre sí; es decir un conjunto de elementos coordinados y subordinados formando unidad, que puede ser de orden real: sistema de fuerzas, planetario, orgánico, de gobierno; o de orden ideal: sistema científico, filosófico; las ciencias no son más que la organización sistemática de los conocimientos; toda clasificación es un sistema"[535]

Por sistema jurídico se entiende el conjunto de normas positivas, es decir escritas, y que la unidad del sistema jurídico son las normas jurídicas y sus contenidos, así como procedimientos de la creación que se encuentran previstos en las mismas normas.[536]

---

[535] Alonso, Martín, *Enciclopedia del Idioma*, España, Aguilar, 1982, p.3793
[536] *Cfr.* Huerta Ochoa, Carla, *Conflictos Normativos, op. cit.,* p.122.

También debemos observar que dicho sistema se retroalimenta, entendiendo como retroalimentación, el método para controlar un sistema reintroduciéndole los resultados de su desempeño en el pasado. Si los resultados se usan de forma inversa para revisar su desempeño anterior, dentro del sistema, surge una pauta para modificar su pauta de desempeño actual, se tiene un proceso que puede llamarse aprendizaje.[537]

Es así que en el sistema jurídico del derecho existe una fuente del derecho especial, que sirve como retroalimentación del propio derecho, y funciona también para generarlo, esta es la jurisprudencia, a saber, el estudio de casos destacados y las interpretaciones de los órganos oficiales, como la Suprema Corte de Justicia de la Nación.

Como tal, entendemos que la jurisprudencia es una fuente del derecho. Pero es una fuente de derecho que opera en la práctica, es indirecta o bien complementaria. No puede ser considerada dentro de las fuentes primarias, directas o formales. Justamente la labor de la jurisprudencia será la de interpretar, integrar y completar las fuentes formales del derecho, de tal manera que se logre dar perfecta armonía al ordenamiento jurídico.[538]

Según lo establecido por los artículos 94, 105 fracciones I y II de la Constitución Política de los Estados Unidos Mexicanos; el artículo 193, párrafo segundo; 194, párrafo primero, y 197, párrafo cuarto de la Ley de Amparo; los artículos 10, 15, 21, 37, 177, 186, fracción IV, y 232 a 237 de la Ley Orgánica del Poder Judicial de la Federación, la jurisprudencia, en el ordenamiento jurídico mexicano, se genera:[539]

I) **Por reiteración de criterios:** Se integra por el criterio contando en cinco sentencias resueltas en el mismo sentido, no interrumpidas por otra en contrario y emitidas por un mismo órgano jurisdiccional;

---

[537] *Cfr.* Bradford, Keeney, *Estética del Cambio*, 2a. ed., España, Paidós, 1994, p.83.
[538] *Cfr.* Manzor Schiele, Carolina, *La Jurisprudencia como fuente del derecho: El papel de la jurisprudencia*, Chile, Universidad Católica de Chile, 2008, p.198.
[539] Al respecto, *véase* Manzor Schiele, *op. cit.*

II) **Por unificación de criterios:** tiene como finalidad preservar la unidad de interpretación de las normas que integran el orden jurídico nacional al decidir las tesis que deben prevalecer como jurisprudencia obligatoria, cuando existen criterios divergentes sustentados por Tribunales Colegiados o por Salas del Máximo Tribunal en torno a un mismo problema legal, aunque se afecten las situaciones jurídicas derivadas de las sentencias dictadas en los juicios que se emitieron los criterios contradictorios, y

III) **Derivadas de las resoluciones en controversias constitucionales y acciones de inconstitucionalidad:** cuando las controversias que se resuelvan por disposiciones generales de estados o de municipios, impugnadas por los mismos, y en caso de que la Suprema Corte de Justicia de la Nación las declare inválidas, estas tendrán efectos generales cuando hubiera sido aprobada por una mayoría de por lo menos ocho votos; de igual manera, respecto a las acciones de inconstitucionalidad.

Ya que el papel de todo jurista es encontrar la mejor norma para resolver un caso concreto, es por ello por lo que, a la falta de la norma, las instituciones judiciales y legislativas deben dotar de contenido y solución a esos vacíos, la jurisprudencia ocupa ese papel.[540] La jurisprudencia debe observarse por el legislador para saber qué conceptos la integran y cómo armonizarlos de forma sistémica con el ordenamiento jurídico.

Para poder incluir conceptos o interpretaciones, sobre todo tratándose de conceptos jurídicos indeterminados, la técnica legislativa propone una serie de reglas para el fin antes citado. Dichas reglas utilizan los principios de lógica y de los sistemas jurídicos.

Sin embargo, antes de la enunciación de estas reglas, debemos dar una introducción a la "Lógica de los Sistemas Normativos". Esta lógica se refiere a la

---

[540] Al respecto, *véase* Magallón Ibarra, Jorge Mario, *Los sonidos y el silencio de la jurisprudencia mexicana*, México, UNAM-Instituto de Investigaciones Jurídicas, 2004, p.333 y 334.

elaboración de la ley, cuando se agrupan casos reales o pautas posibles en conjuntos que llamaremos *"casos genéricos"* o *"casilleros",* esto se hace por medio de la utilización de determinados atributos o circunstancias que pueden dar lugar a que la solución de un determinado caso genérico dependa de la existencia o no de dicho atributo o circunstancia.[541]

A manera de ejemplo: si se legisla sobre la duración mínima de un contrato de comodato de inmuebles, puede tomarse una decisión política diferente en los casos en que se trate de una vivienda que en los casos en que se trate de inmuebles destinados al comercio; o bien, si estamos legislando sobre escrituración de inmuebles, puede ser que la solución dependa, entre otros atributos a tener en cuenta, del hecho de que el escriturador se encuentre en posesión del inmueble o que no tenga la posesión.

Esta subdivisión del conjunto en general en *"casilleros"* menores o en casos genéricos debe hacerse abarcando la totalidad de los casos reales o individuales posibles, y de un modo tal que ningún caso individual esté contemplando en más de un casillero, es decir, que no pertenezca a más de un caso genérico.

Si algún casillero queda sin solución, tendremos una laguna normativa; si algún casillero tiene dos o más normas que se refieran a él, con soluciones diferentes, se tendrá una contradicción normativa, y si las soluciones son iguales, se tendrá una redundancia normativa.[542]

De lo anterior, podemos constatar la importancia de las reglas sobre lógica de sistemas normativos, es por ello por lo que se enuncian las reglas siguientes:[543]

a) **Agrupamiento de casos individuales en casos genéricos o "casos agrupados":**

1. Si de un conjunto de casos va a tomarse algún atributo para dar soluciones distintas, según que ese atributo exista o no, o que se verifique o no la ocurrencia de determinado hecho, las normas deben

---

[541] *Cfr.* Bourbon Pérez, Héctor, *op. cit.*, p.151.
[542] *Cfr. Ibídem*, p.36.
[543] *Cfr. Ibídem*, p.18.

redactarse siempre de acuerdo con la existencia o no de dicho atributo, o la ocurrencia o no de ese hecho. No debe buscarse el atributo contrario, por ejemplo: *"buena fe vs mala fe"* es incorrecto; lo correcto es *"buena fe vs falta de buena fe"*;

2. Cerciorarse de que el conjunto de agrupamientos resulta exhaustivo: cada paso individual debe estar contemplado en algún caso agrupado, por ejemplo, "contratos anteriores a 1990 vs contratos posteriores a 1990", no es exhaustivo; los contratos celebrados durante 1990 no entran en ningún agrupamiento. A alguno de los dos habrá que agregarle *"inclusive"* o *"exclusive"*, y

3. Verificar, asimismo, que el conjunto del agrupamiento resulte excluyente: ningún caso individual debe estar contemplado en más de un caso agrupado, por ejemplo: inmuebles destinados a vivienda vs inmuebles destinados a local comercial, no es excluyente, porque existen numerosos inmuebles que son local comercial y también vivienda. A alguno de los dos habrá que agregarle: "exclusivamente".

b) **Las soluciones en cada agrupamiento o *"casos agrupados"*:**

1. Revisar prolijamente si la solución que se dio a cada grupo de casos se ajusta al objeto de la ley que se ha elaborado;

2. Solucionar todos los agrupamientos de casos individuales, aunque la probabilidad de existencia de situaciones reales en uno de los grupos sea muy pequeña;

3. Comprobar que los atributos que se han previsto sean efectivamente, relevantes al momento de decidir una solución determinada. Muchas veces, al ir tomando las decisiones parciales, determinado atributo termina por no utilizarse;

4. Como consecuencia de lo anterior, verificar que se ha utilizado la menor cantidad posible de normas, por ejemplo, un sistema de dos normas que establezca que *"los menores de edad no pueden portar ningún tipo de arma"* y, también, que los "mayores de edad no pueden portar ningún tipo de arma" puede emplearse sin alterar el resultado,

por una sola norma que diga: todas las personas no pueden portar armas;

5. Si al revisar el proyecto se encuentra algún problema lógico -como lagunas, contradicciones o redundancias normativas-, analizar si ello proviene de una decisión política errónea o si es producto de una redacción o una estructura defectuosa, y

6. Analizar cuidadosamente cada grupo de casos, buscando hipótesis posibles de existencia de casos individuales para los cuales la solución es injusta.

c) **Incorporación de la ley y al orden jurídico:**

1. Tener en cuenta que las redundancias y las contradicciones de la ley necesariamente se trasladan al orden jurídico; no así las lagunas;

2. No desesperar tratando de evitar todas las lagunas en la elaboración de una ley. Cerciorarse previamente si alguna o algunas de ellas no se solucionan al incorporar la ley al orden jurídico, y

3. El hecho de que la ley no tenga contradicciones ni redundancias no garantiza que estas no aparezcan al incorporar la ley al orden jurídico. Puede suceder que alguna de las normas que se han incorporado a la ley, ya estaban en el orden jurídico.

TERCERA PARTE: TÉCNICA LEGISLATIVA APLICADA

CAPÍTULO 5. Técnica Legislativa aplicada en diversos documentos legislativos

5.1. Iniciativa

La iniciativa debe presentarse por escrito, y las partes que la integran y a las cuales debe ceñirse el escrito, a continuación, se revisarán los elementos de técnica legislativa de forma concreta, dentro del documento que integra la iniciativa:

5.1.1. Encabezado o título

Se debe indicar el señalamiento preciso de lo que se refiere el ordenamiento; pueden existir diferentes modalidades,[544] por ejemplo: título de *"modificación"*. En este caso, tomaría la siguiente forma:

"Ley que modifica (…) ". La modificación implica también el adicionar, suprimir y sustituir articulados.

El título de "Interpretación". En el caso de la interpretación la fórmula es:

"Ley Interpretativa (…)." Se señalará claramente el número del dispositivo y la materia, por ejemplo: "Ley de Interpretación del Artículo 364; por la que se establece el plazo para interponer acción contestataria".

El título de "Derogación y Abrogación"; derogación significa: dejar sin efecto, en forma parcial, un dispositivo legal, mientras que, cuando hablamos de la abrogación, nos referimos al dejar sin efecto en forma total una norma, siendo la fórmula en uno u otro caso:

"Ley que deroga (abroga) (…)" Sin embargo, cabe señalar que, por costumbre, se ha venido utilizando equivocadamente el término derogación, para todos los casos en que se deja sin efecto un dispositivo legal ya sea en forma parcial o total.

O bien, pueden adoptar un título común y de cualquier otra forma, como haciendo referencia a la materia que se pretende regular o el objetivo de esta.

---

[544] *Cfr.* Centro de Investigaciones Judiciales, *Guía Metodológica para la elaboración de iniciativas legislativas*, Perú, 2007, p.6.

Para ejemplificarlo mostraremos extractos de varias iniciativas actuales de nuestro ordenamiento jurídico:

"Iniciativa con proyecto de decreto por el que se adiciona la fracción X al artículo 116 de la Constitución Política de los Estados Unidos Mexicanos, suscrita por el Senador Jorge Carlos Ramírez Marín, integrante del Grupo Parlamentario del Partido Revolucionario Institucional."

En el anterior título, que corresponde a una iniciativa con la cual se pretende adicionar la fracción X al artículo 116 constitucional, podemos observar que se hace referencia al objeto de su contenido, es decir, a adicionar una fracción a un artículo constitucional; en este caso, referente a los Símbolos Patrios. La anterior iniciativa pretende reformar un precepto constitucional.

De la misma forma, el siguiente título que se expone pertenece a una iniciativa que busca reformar una disposición de la Ley Orgánica del Banco del Ahorro Nacional y Servicios Financieros; haciendo un buen uso del título que refleja el objetivo de la misma:

"INICIATIVA CON PROYECTO DE DECRETO POR EL QUE SE REFORMAN Y ADICIONAN DIVERSAS DISPOSICIONES DE LA LEY ORGÁNICA DEL BANCO DEL AHORRO NACIONAL Y SERVICIOS FINANCIEROS."

El título es correcto ya que hace referencia a que es un decreto, y que su objetivo primordial, es reformar diversas disposiciones de la Ley Orgánica del Banco del Ahorro Nacional y Servicios Financieros.

a) Presentación y fundamentación:

La presentación de la iniciativa va inmediatamente después del título, y debe contener los siguientes datos: nombre del legislador, grupo parlamentario al que pertenece, la legislatura y la Cámara a la cual corresponda, así como también debe ser acompañada de la fundamentación que hace posible su presentación. La fundamentación debe ser completa.[545]

---

[545] Tesis 1.4o. P./56 TCC, *Semanario Judicial de la Federación*, Octava Época, tomo XIV, noviembre de 1994, p.450.

De esta forma, y retomando nuestros ejemplos anteriores, podremos observar este contenido en la siguiente iniciativa:

"El que suscribe, Jorge Carlos Ramírez Marín, integrante del Grupo Parlamentario del Partido Revolucionario Institucional en la LXIV Legislatura del Honorable Congreso de la Unión, con fundamento en lo dispuesto en los artículos 71 fracción II y 78 fracción III de la Constitución Política de los Estados Unidos Mexicanos; los artículos 116 y 122 de la Ley Orgánica del Congreso General de los Estados Unidos Mexicanos; así como por los artículos 55 fracción II y 179 del Reglamento para el Gobierno Interior del Congreso General de los Estados Unidos Mexicanos, somete a consideración de esta Honorable Asamblea, la siguiente Iniciativa con proyecto de decreto por la que se adiciona la fracción X al artículo 116° de la Constitución Política de los Estados Unidos Mexicanos, al tenor de la siguiente..."

Los datos se redactan de forma seguida, y son previos a la fundamentación de la iniciativa, como observamos en nuestro segundo ejemplo, la iniciativa contiene la Cámara de donde proviene:

*"El Suscrito Senador Jesús Encinas Meneses, del Grupo Parlamentario de Morena de la LXIV Legislatura del Senado de la República, en ejercicio de la facultad que me confieren los artículos 71 fracción II de la Constitución Política de los Estados Unidos Mexicanos, 8 numeral 1, fracción I, 164 numeral 1 y 169 del Reglamento del Senado de la República, someto a la consideración de esta soberanía, la siguiente **Iniciativa con Proyecto de Decreto por el que se reforman y adicionan diversas disposiciones de la Ley Orgánica del Banco del Ahorro Nacional y Servicios Financieros**, al tenor de la siguiente..."*

5.1.2. Exposición de motivos

Son las razones que la sustentan y la descripción del proyecto Una buena exposición de motivos debe tener la forma de una investigación, es decir, enunciar la problemática que se quiere atacar o que dio motivo a la iniciativa, así como la necesidad de esta y la validez del fin perseguido.

La estructura introductoria de la exposición de motivos debe comenzar con la introducción del objeto que se someterá a estudio, seguido de la descripción de la problemática. Para esto, pueden referirse a las causas de la problemática, pueden ser cuestiones políticas, científicas, económicas o jurídicas, como es el caso de la Iniciativa con proyecto de decreto por el que se adiciona la fracción X al artículo 116 de la Constitución Política de los Estados Unidos Mexicanos, suscrita por el senador Jorge Carlos Ramírez Marín, la cual pretende adicionar la facultad a los estados de legislar en materia de símbolos patrios, debido al fundamento constitucional -causa jurídica- que reconoce la pluriculturalidad de la nación mexicana, con lo anterior, para que se puedan dar expresiones diversas de símbolos patrios, siempre observando las buenas costumbres.

Como se puede ver, los motivos de dicha reforma son jurídicos, y el objetivo es dotar de armonía al sistema jurídico mexicano, dándole una garantía positiva a los pueblos originarios y a las entidades federativas.

También, dentro de la iniciativa se puede hacer auxilio de doctrina del derecho o de fuentes internacionales, tal como la iniciativa ejemplificada, la cual hace uso de la Convención para la Salvaguardia del Patrimonio Cultural Inmaterial de la UNESCO. Asimismo, se puede hacer uso de ejemplos históricos, cuando la problemática tiene una raíz muy antigua o bien se hace referencia a hechos homólogos que puedan dar un panorama del problema actual, tal como la iniciativa lo menciona de forma ilustrada, con el caso de la bandera de Yucatán, la cual tiene aceptación social, pero es informal, y hace una mención de que surgió en el proceso independentista del siglo XIX. En este caso, incluso citó el precepto jurídico donde se prohibía izar dicho símbolo patrio. Una vez dando los motivos de atacar la problemática con una regulación, se concluye la exposición de estos, en la afirmación de la solución que se plantea, previendo posibles problemas o bien argumentando la viabilidad de la iniciativa.

5.1.3. Texto normativo o contenido de la iniciativa

Posteriormente, se redacta el contenido de la iniciativa como quedaría en la norma. Puede que se redacte en forma de una ley completa, o la abrogación de algún precepto para sustituirlo por otro. Una herramienta útil para este propósito suelen ser los cuadros comparativos del precepto actual y el que contiene las modificaciones.

Este es el contenido medular, ya que es la propuesta de forma concreta de los preceptos jurídicos que integran la iniciativa y que aspira a convertirse en norma. Este es el contenido que será analizado, debatido y votado para su aprobación.

5.1.4. Régimen transitorio

La disposición que toda norma debe contener es, el término transitorio, el cual en su denominación, infiere la función de estos artículos que es, en principio, temporal y sirve para regular los procesos de cambio en el sistema jurídico[546]. En este sentido, son los que señalan la entrada en vigor de una disposición o la derogan, es una norma temporal, ya que pierde su eficacia una vez que ha cumplido su cometido; por ello, es por lo que no puede establecer prescripciones genéricas con carácter vinculante para los particulares. De hecho, los artículos transitorios regulan a la autoridad misma o a la norma que lo incluye.

Existen varios abusos del régimen transitorio, ya que, muchas veces, el legislador se posiciona más allá del fin del régimen transitorio e incluye prescripciones fuera de la temporalidad. Así, pueden existir artículos transitorios intemporales, como por ejemplo, el artículo cuarto transitorio de la reforma al Poder Judicial de diciembre de 1994, el cual proponía que los ministros de la Suprema Corte de Justicia de la Nación ocuparan su cargo durante quince años, <<antes el cargo era vitalicio>> y que su sustitución se llevara cabo de manera escalonada. Independientemente del precepto y su aplicación, cuestiones de índole prescriptiva no pueden estar dentro del régimen transitorio.

---

[546] *Cfr.*Ochoa Huerta, Carla, "Artículos Transitorios y Derogación", *op. cit.,* pp.825.

De forma sencilla, los artículos transitorios de la iniciativa del Anexo 2 nos dan un buen ejemplo de la correcta técnica legislativa dirigida hacia esos artículos, refiriéndose el transitorio primero a la entrada en vigor de la futura ley, el segundo de la derogación de las disposiciones contenidas en la iniciativa y a la armonización administrativa que los órganos del gobierno deben cumplir, así como el plazo, el transitorio tercero enuncia la forma de llevar a cabo los cambios necesarios y sus recursos; por último, señala el nuevo carácter del nombre de la institución que pretende reformar, en este caso, el Banco de Ahorro Nacional y Servicios Financieros.

5.1.5. Fecha, nombre y firma del legislador

En este punto al final se firma el documento, acompañado del nombre del legislador que propone la iniciativa, así como la fecha y el lugar donde se presenta.

5.1.6. Notas o referencias

De ser necesario y dependiendo del estilo de redacción, se pueden adjuntar notas y referencias que se encuentren en el documento, solo las necesarias para poder entender algún contexto y para resumir información de consulta.

Una vez redactada la iniciativa, se presenta impresa y de forma electrónica para su inclusión en la orden del día y correspondiente publicación en la Gaceta. Cuando se considere conveniente, pueden anexarse en la iniciativa los documentos que sean necesarios para su análisis.

La iniciativa puede ser suscrita por uno o varios legisladores, sea a título personal o como miembros de algún grupo parlamentario, esto es lo que se le conoce como *"Iniciativa con Aval de Grupo"*[547]. Las iniciativas con ese carácter tienen preferencia en el orden de prelación de la orden del día.

Es importante que la iniciativa contenga todos estos requisitos, ya que, de no ser así, la Mesa Directiva cuida que las iniciativas cumplan con las normas que regulan su presentación y, en caso de no apegarse a la norma, no las incorpora al

---

[547] *Cfr.* Garita, Alonso Arturo, *op. cit.*, p.73.

orden del día, notificando al proponente. Lo anterior, para salvaguardar el principio de legalidad y certeza jurídica.[548]

Una vez que la iniciativa está debidamente integrada y se presenta en el orden del día, se turna para enviar a las comisiones o comisión que corresponda, para efectos del dictamen. Las iniciativas y proyectos se turnan hasta a dos comisiones adicionales, estas se analizan y dictaminan.

De conformidad con la Ley Orgánica del Congreso, las comisiones ordinarias tienen a su cargo las cuestiones relacionadas con la materia propia de su denominación y, conjuntamente con la de Estudios Legislativos, el análisis y dictamen de las iniciativas de leyes y decretos de su competencia.

Antes de comenzar con las especificaciones del Dictamen, se expondrá lo referente al Punto de Acuerdo, debido a su estructura, similar a la Iniciativa.

5.2. Punto de Acuerdo

El Punto de Acuerdo es la herramienta principal de las legislaturas para comunicar una postura. La estructura del Punto de Acuerdo es la siguiente: título del Punto de Acuerdo, presentación y fundamentación, ocasionalmente consideraciones, contenido del Punto de Acuerdo, lugar y fecha, firma de quien suscribe.

5.2.1. Título

El encabezado del Punto de Acuerdo tiene que enunciar el tema que va a tratar, así como la denominación: *"Proposición con Punto de Acuerdo"*, de la siguiente forma:

"PROPOSICIÓN CON PUNTO DE ACUERDO RESPECTO A LA MASACRE OCURRIDA EL PASADO SÁBADO 3 DE AGOSTO EN LA CIUDAD DE EL PASO, TEXAS, ESTADOS UNIDOS DE AMÉRICA."

---

[548] *Cfr.* Garita, Alonso Arturo, *op. cit.*, p. 74.

5.2.2. Presentación y fundamentación

La presentación contiene los nombres del o las y los legisladores, así como los grupos parlamentarios y la comisión o comisiones, si viene de la Comisión Permanente, Congreso de la Unión o bien, la Cámara que lo emite, así como la legislatura a la que pertenece. A su vez, también debe fundamentarse en los preceptos jurídicos que hacen posible la presentación de los Puntos de Acuerdo.

5.2.3. Consideraciones

Se trata de una narración breve y sencilla de la cronología de algún suceso, datos o motivos de por qué se acuerda en algún sentido, solo se agrega alguna consideración si se deben contextualizar de alguna forma los puntos de acuerdo. Para poder observar un ejemplo de esta versión se puede consultar el anexo 3, que se adjunta al presente manual para tales efectos.

5.2.4. Contenido

Se enumeran de forma ordinal y se escribe el número con letra. Es ahí donde se hace la comunicación que quiere exhortar el legislador, pueden ser pronunciamientos a favor o en contra de alguna decisión nacional, pésame o simplemente una condena a algún hecho ocurrido, si los sucesos son de carácter internacional, siempre se harán con congruencia de la política exterior mexicana y siempre considerando los principios de derecho internacional.

5.2.5. Lugar y fecha

Debe incluir el lugar donde fue dada la proposición con Punto de Acuerdo y la fecha en que se dio.

5.2.6. Firma de quien suscribe

Debe contener las firmas de los integrantes del grupo parlamentario o comisiones que emiten los Puntos de Acuerdo.

De igual manera que pasa con las iniciativas, los Puntos de Acuerdo se presentan por escrito y de manera electrónica para que puedan subirse al sistema y publicarse.

5.3. Dictamen

La estructura del dictamen legislativo deberá contener los siguientes elementos:

5.3.1. Encabezado o título

En el cual se especifica el asunto objeto de este, así como el ordenamiento u ordenamientos a los que se pretende modificar, derogar o abrogar, así como de qué comisión o comisiones provienen los dictámenes, de la siguiente forma:

"DICTAMEN DE LAS COMISIONES UNIDAS DE SEGURIDAD PÚBLICA Y DE ESTUDIOS LEGISLATIVOS SEGUNDA POR EL QUE SE DESECHA INICIATIVA CON PROYECTO DE DECRETO QUE REFORMA EL ARTÍCULO 26, SE DEROGAN DIVERSAS FRACCIONES DEL ARTÍCULO 27 Y SE ADICIONA EL ARTÍCULO 30 BIS, TODOS DE LA LEY ORGÁNICA DE LA ADMINISTRACIÓNPÚBLICA FEDERAL."

5.3.2. Nombre de las comisiones dictaminadoras

Inmediatamente después del título, el cuerpo del dictamen comienza enunciando el nombre de las comisiones, los integrantes de las comisiones que lo suscriben, si son parte del Congreso o de alguna de sus Cámaras, la legislatura ante la cual se presenta y el grupo parlamentario al que pertenecen las y los legisladores que presentan el dictamen. Se puede nombrar a las comisiones en su conjunto e incluso volver a repetir el nombre del dictamen; en efecto, la parte inicial suele parafrasear el título del dictamen.

5.3.3. Fundamento legal y reglamentario

Es la enunciación de los preceptos legales que hacen posible la presentación del dictamen.

5.3.4. Método de Trabajo

En este apartado se describe el método de trabajo, es decir, deben enumerarse los elementos señalados en el artículo 190 del Reglamento del Senado de la República, esto es, debe servir como una especie de índice del dictamen, señalando los apartados de antecedentes del proceso legislativo, el contenido de la iniciativa, las consideraciones generales y específicas, así como si se requiere el texto normativo propuesto y transitorio.

Como se mencionó antes, la metodología no es un índice ni un apartado de contenido, una verdadera metodología debería abarcar, las técnicas utilizadas, el orden del estudio de los datos y cómo se realizó el análisis de los datos.

El fin de la metodología como tal, es dotar de rigor científico o académico a cualquier trabajo, proyecto o investigación; el método es cómo y con qué materiales se realizó la investigación.[549] La metodología también ordena la elaboración del trabajo, teniendo como recomendación el siguiente orden: materiales y método en concreto, resultados y, por último, la discusión de dichos resultados; de lo generado en el anterior proceso, se conformarán las conclusiones.

La metodología es aplicable, dependiendo del fenómeno que se estudie, así que pueden ser usadas diferentes metodologías, aunque si bien es cierto el artículo 190 del Reglamento del Senado de la República menciona como la metodología solo el orden de la estructura del dictamen, lo cual es incompleto debido a la falta de elementos que den una certeza ordenada a los análisis.

Sin embargo, en este sentido, se tendría que seguir el orden establecido por el ordenamiento jurídico mexicano, hasta que no se exponga un cambio en este sentido, es recomendable seguir las formas preestablecidas en el precepto antes citado.

5.3.5. Antecedentes generales

Es la narración que da constancia del trámite de inicio del proceso legislativo, de recibo y turno para el dictamen de la referida iniciativa, así como las actuaciones de trámite durante la sesión, de la Mesa y de los datos de identificación de origen de la iniciativa. En este punto deben ser ordenados cronológicamente y con sus respectivas fechas. Al redactar este apartado se debe introducir, de manera breve, en el contexto de la iniciativa con relación al proceso legislativo.

---

[549] Al respecto, *véase* Verdugo Castellanos, Mario, "La difusión de las investigaciones y el formato IMRYD: Una pesquisa a propósito de la lectura crítica de los artículos científicos" en *Acimed,* Vancouver, 2007, disponible en: http://bvs.sld.cu/revistas/aci/vol15_1_07/aci04107.htm consultado 05/09/2019.

Los antecedentes deben tener, como mínimo, los siguientes datos: la fecha de la sesión celebrada, la Cámara que celebró la sesión, el grupo parlamentario que presentó la iniciativa, el nombre completo de la iniciativa, la fecha del turno a las comisiones por parte de la Mesa Directiva, la comisión que recibió la iniciativa y la fecha en que lo hizo.

5.3.6. Contenido, objeto y descripción de la iniciativa o proyecto

El contenido del dictamen debe comenzar relatando el o los hechos que dieron origen a la iniciativa, así puede referirse a la exposición de motivos de la iniciativa, donde se parafrasean los argumentos del apartado, siempre aludiendo a los proponentes y sus razonamientos. Es por ello que se deben tomar los puntos esenciales de la iniciativa y sus argumentos.

Posteriormente, deben esgrimirse los principales cambios normativos que se proponen en la iniciativa, se debe señalar, desde la fuente de la iniciativa, si esta deroga, abroga, crea o modifica algún precepto, si este crea o modifica algún órgano, cuáles son sus ejes, atribuciones e inserciones en el sistema jurídico.

5.3.7. Consideraciones de orden general y específico

Se refiere a la parte argumentativa del propio dictamen. Es aquí donde se exponen los resultados del análisis de la iniciativa. según Miguel Ángel Camposeco Cadena, los elementos de las consideraciones: *"en esencia constituyen una gama de directrices prácticas, pero de conveniente y necesaria aplicación las cuales, para permitir un dictamen favorable, deben atender la existencia o la comprobación de varios aspectos sustantivos".*[550] Dichos aspectos son los que se exponen a continuación:

I) La justificación, fundada y motivada de la competencia de la comisión que dictamina;

II) Un resumen del dictamen y su contenido;

---

[550] Cadena Camposeco, Miguel Ángel, *op. cit.*, p.70

III) La revisión de las posibles alternativas y opciones coincidentes a la naturaleza;

IV) Curso y efectos del proyecto;

V) De ser posible, las previsiones de los costos económicos, jurídicos y sociales de la aplicación de la nueva ley, así como la referencia al funcionamiento y capacidad de los órganos encargados ya de su aplicación o de la resolución de los conflictos que la misma pueda plantear;

VI) Dentro del esquema y cuerpo normativo, es útil revisar la ordenación de los contenidos que se articulan como texto normativo propuesto, para poder determinar su presentación final escrita;

VII) La observación de ciertas reglas sobre el título de la nueva disposición, definiendo si se trata de una ley o un decreto, recordando que la concisión y sencillez permiten distinguir al cuerpo normativo de otros ya existentes. Por ello, resulta importante la denominación si se trata de una norma singular o de un cuerpo orgánico de normas, y

VIII) Las consideraciones, en estricto sentido, que pueden ser acordes o no a la iniciativa, así como también se puede plantear la inviabilidad de algunas partes, la viabilidad o las modificaciones como estaban en la iniciativa o modificaciones alternas a esta. En este punto, pueden ser de forma general y particular.

5.3.8. Texto normativo y transitorio

Si del resultado de los datos contenidos en las consideraciones se desprenden datos suficientes para dar una propuesta diferente a la iniciativa, se deben redactar en este apartado, siempre comparándolas con la iniciativa original. Para lo anterior, es muy útil, recomendable y usual que se redacten dentro de un cuadro comparativo. Aquí proponemos algunos elementos que debe contener un cuadro comparativo:

I) El texto original de la norma o iniciativa.

II) La propuesta del dictamen.

III) las modificaciones por parte de la comisión dictaminadora, si es el caso.

La primera columna se refiere al contenido de la prescripción vigente, la segunda columna serán las modificaciones o adiciones de la iniciativa. Puede que en este punto solo se analice la iniciativa sin que la comisión dictaminadora quiera modificar o redactar algo diferente en ella. Si la comisión dictaminadora cree pertinente modificar la iniciativa o la redacción de esta, puede agregarse la tercera columna donde se vacían dichas modificaciones.

Para una mejor aclaración, se pueden agregar las aclaraciones necesarias sobre la estructura del cuadro comparativo.

5.3.9. Acuerdo del dictamen

Es la forma en que la comisión dictaminadora comunica la decisión sobre la iniciativa o el asunto sometido al análisis del dictamen, suele ser un punto enunciado como "único", donde se redacta la aprobación o al desechar la iniciativa analizada.

5.3.10.   Firmas de quienes suscriben

Las firmas de todos los que suscriben el dictamen son de los miembros de las comisiones, señalando su cargo dentro de la comisión o grupo parlamentario, así como el sentido del voto que emitieron.

5.3.11.   Lugar y fecha de reunión

El lugar y fecha de la suscripción del dictamen debe hacerse o bien al final del documento o al final del acuerdo del dictamen.

Una vez revisada la estructura del dictamen, proseguiremos a señalar los puntos importantes de este documento, con relación al proceso legislativo.

En función del dictamen, las comisiones pueden convocar a audiencias públicas o reuniones, con el fin de escuchar al autor o autores de la iniciativa, a especialistas en la materia, representantes de organizaciones y grupos interesados, así como a ciudadanos. Asimismo, pueden recibir de las dependencias y entidades de la Administración Pública Federal, y de los distintos órdenes de gobierno, los elementos de información que estimen convenientes para el desahogo de sus trabajos.

De forma general se establece que las iniciativas, para su análisis y discusión, inicialmente se turnan hasta a dos comisiones adicionales a la de Estudios Legislativos; sin embargo, se prevé que, para efectos de opinión, se puede turnar la iniciativa al número de comisiones que se estime necesario, lo cual no significa que la emisión del dictamen deba supeditarse a la emisión de una opinión ya que, si esta no es presentada en tiempo y forma, se debe entender que la comisión opinante declina su derecho a emitirla; en todo caso, las opiniones no son vinculantes.

Una vez turnado y emitido el proyecto de dictamen, se envía a los integrantes de las comisiones unidas para su discusión interna, votación y aprobación. Cabe mencionar que los dictámenes sobre proposiciones con punto de acuerdo deben cumplir los mismos requisitos que los de carácter legislativo.

Vendría bien agregar aquí el papel de las subcomisiones. Las subcomisiones o grupos de trabajo son integradas a propuesta de la junta directiva de la comisión, y tiene como objeto la elaboración de proyectos de dictamen o de proyectos de informes o resoluciones para atender asuntos específicos.

Las subcomisiones se integran por el acuerdo que adoptan las comisiones que las crean, conforme a las siguientes bases: se procura reflejar la pluralidad de los grupos parlamentarios que participan en la comisión; se nombra a un senador o senadora para coordinador(a); se establece el plazo aproximado para realizar las tareas asignadas y someter sus resultados a la consideración de la comisión y, cuando la subcomisión no está en condiciones de cumplir su encomienda, la comisión resuelve al respecto.

La junta directiva de la comisión da seguimiento y apoyo a los trabajos de la subcomisión. Las reuniones de las comisiones no requieren de la expedición de un acta, pero los acuerdos adoptados se resumen en una síntesis firmada por las y los senadores asistentes.

Posteriormente de la presentación del dictamen, se da paso a la primera lectura que se hace al Pleno; la publicación en la Gaceta de la respectiva Cámara, 24 horas antes de su lectura, surte efectos legales de la misma. Para hacer más ágil y expedito el proceso legislativo se ha dispensado la lectura del dictamen; sin embargo, en caso de requerir la lectura, esta es llevada a cabo por la Secretaría de la Mesa Directiva y durante la lectura de un dictamen no procede interrupción alguna, salvo por moción de procedimiento.

Antes de pasar a la discusión se debe realizar la segunda lectura, la cual es el conocimiento adicional que se hace al Pleno, con respecto a un dictamen, ocurre en una sesión posterior a aquella en que se hace la primera lectura de un proyecto y es el paso previo para iniciar la discusión de un dictamen legislativo. Los dictámenes con proyectos de Ley o Decreto se debaten y votan solo después de haberse efectuado dos lecturas ante el Pleno, en sesiones consecutivas. A propuesta del presidente, el Pleno puede dispensar la lectura parcial o total de un dictamen.

Actualmente, las lecturas se han perfeccionado con la utilización de los nuevos mecanismos de difusión de los asuntos a discutirse en una sesión, los cuales pueden ser consultados vía electrónica o, en su caso, de manera impresa en la Gaceta, con lo cual, la publicidad de los asuntos se realiza de forma dinámica y de forma más económica, con esto, se hace más efectivo el procedimiento.

5.4. Voto Particular

Un voto particular debe contener los siguientes elementos:

5.4.1. Encabezado o título

De igual manera que con el dictamen, en este se específica el asunto objeto de este, así como el ordenamiento u ordenamientos que se pretende establecer, modificar, derogar o abrogar.

5.4.2. Nombres de quienes que lo emiten

Debe incluir, de forma completa, los nombres de las y los legisladores y sus comisiones que generaron el dictamen por el que se emite voto particular; de igual forma, el nombre de la Cámara de donde emana y la legislatura correspondiente.

5.4.3. Fundamento legal y reglamentario

Se tienen que fundamentar los preceptos jurídicos que hacen posible la formulación y presentación del voto particular.

5.4.4. Antecedentes

Aunque es cuestión de estilo, se recomienda realizar una breve descripción de los hechos que dieron lugar a la iniciativa y al dictamen sobre el que se hace el voto particular.

5.4.5. Consideraciones de orden general y específico

Se hace la argumentación jurídica y de motivos del por qué se considera que debería de modificarse la iniciativa difiriendo del dictamen presentado, toda vez que el voto particular es una consideración propia de un legislador que tiene diferencias del dictamen de su comisión dictaminadora; es decir, se propone una redacción distinta a la propuesta en el dictamen, se tienen que verter aquí los motivos de la adecuación. Se explican el disentimiento respecto del dictamen de la mayoría.

5.4.6. Señalamiento de voto particular

Debe señalarse si la propuesta alterna difiere por completo del dictamen de la mayoría o solo en alguna parte o algún sentido en específico.

5.4.7. Texto normativo y régimen transitorio

De igual forma que como sucede en el dictamen, en el voto particular se hacen las modificaciones pertinentes en la propuesta alterna del dictamen, generando otra modificación.

Puede usarse la herramienta del cuadro comparativo, aunque si se usara dicha herramienta, el cuadro tendría cuatro columnas, es decir, la norma vigente, las modificaciones del dictamen, las modificaciones del voto en particular y una de observaciones. No obstante, lo anterior depende del estilo de la estructura, pues existen votos en particular donde se reproduce de forma íntegra el dictamen, es decir, entonces las propuestas normativas alternas se redactan de forma independiente, o pueden existir algunos donde el cuadro comparativo solo se contraste entre el contenido propuesto por el dictamen y el propuesto por el voto en particular.

5.4.8. Firmas autógrafas del autor o autores

Los nombres de los legisladores que emiten el voto en particular, así como su firma autógrafa.

5.4.9. Lugar y fecha de emisión

El lugar se ceñirá a la ubicación del Congreso o cámaras donde se ubique, así como la fecha de emisión del voto en particular.

Para poder revisar el contenido y estructura a detalle de un voto en particular, se puede consultar el anexo correspondiente.

Una vez leído, presentado el dictamen o bien se haya dispensado su lectura, y resuelto el voto en particular, se procede al debate en general y se observan las reglas del debate y los oradores; cuando se agota la lista de oradores registrados, la presidencia declara concluido el debate en lo general y se procede a la votación del dictamen, previa consulta sobre la existencia o no de artículos reservados.

5.5.   Reserva

El documento que contenga la reserva debe adoptar la siguiente estructura:

I) La fecha en que se presenta la reserva;

II) Debe ir dirigido al Presidente o Presidenta de la Mesa Directiva;

III) Nombre de el legislador que suscribe y su grupo parlamentario;

IV) Fundamentación legal que hace posible la presentación de la reserva,

V) La solicitud de registrar la reserva para su discusión en lo particular debe señalar qué precepto, de qué cuerpo normativo va encaminada y el dictamen donde se integra dicho cuerpo normativo;

VI) Para los cambios propuestos, tradicionalmente y por su utilidad, este apartado se redacta con una tabla comparativa entre lo que dice el precepto y lo que debe decir, esto es, la modificación o redacción propuesta en la reserva, y

VII) Firma autógrafa del legislador que suscribe la reserva.

Cada artículo o grupo de artículos se debate y resuelve sucesivamente en el orden que les corresponde dentro del cuerpo normativo del dictamen.

Para los debates en particular sobre artículos reservados o adiciones, la presidencia procede a desahogar cada propuesta registrada, El debate debe llevar el siguiente orden:

I) El autor o, en su caso, un representante de las y los autores explica al Pleno el sentido y los alcances de la reserva;

II) Se consulta al Pleno si se admite o no a debate;

III) Si no se admite, se tiene por desechada. En su oportunidad, se somete a votación el artículo reservado, en los términos del dictamen;

IV) De admitirse, se elaboran listas de oradores en contra y a favor. Inicia primero la postura en contra;

V) Concluida la discusión del artículo reservado, se consulta al Pleno si el asunto ha sido suficientemente debatido o no. Si la respuesta es negativa, intervienen hasta dos oradores en cada nuevo turno;

VI) De solo registrarse oradores a favor, al concluir sus intervenciones los dos primeros, se procede a consultar nuevamente si el asunto ha sido suficientemente discutido, y

VII) Agotada la lista de intervenciones registradas, se declara concluido el debate y previa lectura, por un secretario o una secretaria, del texto a considerar, se somete a votación del Pleno; de ser aprobado, se incorpora en el cuerpo normativo; de no ser así, prevalecen los términos originales propuestos en el dictamen y se somete a votación el artículo reservado.

CAPÍTULO 6. Errores Comunes de Técnica Legislativa

6.1. Errores Sustantivos

Si bien es cierto que la finalidad del presente manual es contribuir a la creación de normas de calidad que coadyuven a la construcción de un verdadero Estado de Derecho, también es cierto que, en la práctica y por naturaleza humana, es imposible evitar todos los errores de cualquier tipo.

No obstante, existen errores que se han ido reproduciendo y creando un espiral de vicios en la creación de normas, estos vicios pueden superarse, siempre y cuando se trate de no repetir los errores más comunes en el proceso legislativo, y corregirlos, en la medida de lo posible, con la técnica legislativa.

A continuación, se enunciarán los errores más comunes en la creación de normas, cabe mencionar que los errores ortográficos y de redacción no se mencionarán, salvo que tengan íntima relación con la elaboración de los proyectos de ley. Lo anterior, porque ya se han explicado las reglas de naturaleza ortográfica y redacción, así como los abusos en que el legislador puede caer al elaborar el texto normativo.

Ahora bien, bajo estos términos, los errores elementales, son errores que sirven desde la base o raíz de la norma misma, teniendo una génesis defectuosa, son todas las inexactitudes, incoherencias, faltas de lenguaje y demás errores que se encuentran en la estructura de la ley o de su semántica.

Estos errores están relacionados con la formalidad que demanda la ley, como son: el encabezado, el fundamento legal, los errores de motivación en la exposición de motivos, los errores dentro del texto normativo y los contenidos en el régimen transitorio.

Antes de observar los errores correspondientes a la formalidad de las partes de los textos normativos, se enuncia una lista de errores generales en la presentación de documentos normativos:

I. Redactar el documento sin señalar los apartados correspondientes, es decir, de forma seguida redactar la iniciativa, punto de acuerdo o reserva sin tomar en consideración la estructura que marca la ley o bien, en desorden o sin el subtítulo correspondiente;

II. Elaborar correcciones manuscritas de forma inadecuada, es decir, con una mala caligrafía, sin firma o sin precisar qué se corrigió. Este recurso debe ser de carácter emergente y nunca una regla o norma a seguir, como tal, es cuando ya no es posible reelaborar el documento ni emitir otro;

III. Incluir en la motivación los métodos utilizados o bien, lo que se pretende hacer, sin mencionar ningún motivo o argumento de forma clara;

IV. Incluir algún antecedente, motivo, consideración, fundamentación o algún otro elemento en un apartado que no corresponda, esto es, tener una estructura mezclada o en desorden, y

V. Realizar un texto normativo con propuestas intrascendentes o sin justificación; es decir, que no tengan ningún problema por resolver, falten elementos de investigación o no se tenga un nexo causal con la realidad, siendo estos textos vacuos, innecesarios y ociosos.

6.1.1. Encabezado o título

Para comenzar, se afirma que toda inobservancia a las reglas señaladas para el encabezado de normas se traduce como un error en el mismo, pero, aún así, existen vicios y errores identificables que deben revisarse en la elaboración de textos normativos.

Como se ha dicho anteriormente, el encabezado o título de un texto normativo debe contener un título general que precise el objeto de la ley, por este motivo debe resaltarse para identificar desde el título, el contenido del texto elaborado. Muchas veces, el texto puede no estar resaltado e incluso, no hacer mención del contenido de esta, algunas veces se resalta al destinatario como si fuera un título. Lo anterior, es incorrecto.

SEN. ENRIQUE JACKSON RAMÍREZ PRESIDENTE DE LA MESA DIRECTIVA DEL SENADO DE LA REPÚBLICA P R E S E N T E.

Otro error encontrado con relación al encabezado del texto normativo es cuando no se menciona desde este la naturaleza del contenido, cuando no se menciona con exactitud si es un decreto, una iniciativa que expide, modifica, reforma, abroga o deroga la norma, se está dentro de este supuesto. Mencionar en el título "Reformas a la Ley" o "Reformas en materia de..." no nos comunica de forma efectiva el contenido del texto, tal como se hace en el siguiente ejemplo:

"DE REFORMAS A LA LEY DEL BANCO DE MÉXICO, A CARGO DEL C. DIP. FELIPE DE JESÚS RANGEL VARGAS, DEL GRUPO PARLAMENTARIO DEL PARTIDO ACCIÓN NACIONAL"

Tal como se observa en el anterior ejemplo, el título es inexacto, puesto que, si bien menciona que se reformará la Ley del Banco de México, no especifica si es sobre un punto o materias exactos, o de forma diversa, o bien, si se abrogan, derogan o adicionan. Otra alternativa para solucionar este defecto es mencionar la referencia sobre qué acción en esencia se realiza con la reforma. Por ejemplo, si se reforman tales disposiciones con relación a tal facultad del órgano, tal permiso o tal facultad. En el mismo ejemplo se puede observar el error de agregar elementos externos al tema, objeto y contenido del texto en el título, como, por ejemplo, el o los grupos parlamentarios, tal como se observa en el ejemplo citado.

También es común observar que el título no está resaltado o bien el tamaño de letra es más pequeño, lo cual, si bien formalmente no es un error, pareciera que se omite o es difícil de encontrarlo en la lectura.

No solo el título es parte del encabezado, también se debe observar que, inmediatamente después del título, se deben precisar los nombres de las y los legisladores, su grupo parlamentario y la legislatura correspondiente, es decir, los datos de identificación, como en el siguiente ejemplo, en el que se observa que falta la legislatura:

"Los suscritos diputados del Grupo Parlamentario del Partido Acción Nacional, con fundamento en los artículos 71 y 73 fracciones X y XXX de la Constitución Política de los Estados Unidos Mexicanos, venimos a presentar la siguiente iniciativa de decreto de reformas de la Ley del Banco de México, al tenor de la siguiente: ..."

Lo anterior, atendiendo el principio de legalidad y para resguardar la seguridad jurídica ya que, si un legislador propone una iniciativa, debe estar en funciones, es decir, encontrándose en una legislatura en funciones.

6.1.2. Fundamento legal

Como ya se hizo mención anteriormente, la fundamentación legal es un pilar esencial del principio de legalidad, y una fundamentación deficiente no solo significa que el acto mismo se pueda calificar de ilegal e inconstitucional en alguna instancia posterior, sino que se deja en indefensión al gobernado.

Muchas veces los textos normativos no están fundamentados de forma adecuada, estos pueden enunciar el fundamento constitucional, legal, pero faltando el reglamentario o bien, hacerlo de forma parcial, sin mencionar incisos, artículos, párrafos o fundamentar una ley ya derogada. Una fundamentación inadecuada puede observarse en el siguiente ejemplo:

> *"Los suscritos diputados del Grupo Parlamentario del Partido Acción Nacional, con fundamento en los artículos 71 y 73 fracciones X y XXX de la Constitución Política de los Estados Unidos Mexicanos, venimos a presentar la siguiente iniciativa de decreto de reformas de la Ley del Banco de México, al tenor de la siguiente: ..."*

La fundamentación, en el anterior ejemplo, se señala de forma inadecuada ya que se precisa solamente la fundamentación constitucional y hace caso omiso a la fundamentación legal o reglamentaria que hace posible la presentación del texto normativo, como autoridad, por principio de legalidad, se debe siempre fundamentar y motivar todo acto emitido por esta; es por ello por lo que este defecto trasciende en formas sustanciales. Caso contrario, pero de la misma forma deficiente, el contenido en "Reserva por lo que se modifica la fracción IV del artículo 3 del proyecto de decreto por el que se expide la Ley de Fomento a la Confianza Ciudadana".[551] En este ejemplo de reserva, se fundamentan solo algunas disposiciones relacionadas con las reservas, sin fundamentar todos los preceptos aplicables a las mismas. El anterior caso es una fundamentación parcial.

---

[551] Anexo 13. Iniciativa con fundamentación legal parcial.

Existen casos más graves donde se omite toda fundamentación legal, como por ejemplo, la "Iniciativa con Proyecto de Decreto que adiciona diversas disposiciones a la Ley General de Instituciones y Sociedades Mutualistas de Seguros" y el "Punto de Acuerdo con relación a la declaración del Presidente Vicente Fox Quesada del 9 de abril del 2002" En los anteriores ejemplos no se enuncia la fundamentación correspondiente, de hecho, se puede observar, en ambos documentos, cómo su estructura no está precisada, ni se tiene una elaboración metodológica, esto no puede ser posible puesto que, aunque se presume la legalidad, buena fe y es un ejercicio democrático, se debe ceñir a los principios que rigen al proceso legislativo, como lo es la certeza jurídica, así bien, la fundamentación debe responder la cuestión de cómo es posible presentar el texto legal.

6.1.3. Exposición de motivos o motivación

El principal error en la exposición de motivos es que los argumentos sean defectuosos o bien no se tenga una justificación externa entre ellos, es decir, que estén bien construidos, pero no tengan relación causal con el problema a tratar o sean válidos, pero intrascendentes, como por ejemplo, la iniciativa con fecha de 22 de julio de 2015, la cual presenta muchas deficiencias, no tiene título ni fecha de presentación, sin embargo, el error que más se destaca en esta iniciativa, es que su exposición de motivos es desbalanceada conforme al fin que persigue.

La iniciativa pretende establecer el 21 de octubre como fecha conmemorativa como "Día Nacional de la Robótica"; sin embargo, si bien es cierto que los argumentos presentados son válidos, tales como datos tangibles del campo científico mexicano en la área de robótica; datos sobre el presupuesto destinado a esa misma rama; así como las definiciones teóricas respecto al tema, no se es necesaria para establecer un fin que no pretende resolver ningún problema, aun así que en la exposición de motivos se desprenden datos y argumentos que tienden a justificar una mejora del presupuesto destinado a la innovación científica en el ramo de la robótica, así bien, la motivación está mal desarrollada conforme al fin.

También existen errores de forma en cuanto a la motivación, como el que se observa en la "Iniciativa Proyecto de Decreto que reforma las fracciones IV, y, VII y VIII y adiciona un transitorio al artículo 3° de la Constitución Política de los Estados Unidos Mexicanos". En dicha iniciativa encontramos el ejemplo de que el apartado de exposición de motivos está mal situado como un subtítulo sin resaltar, ni centrado dentro del documento. Dicho apartado debería ser identificable conforme a la estructura del texto normativo.

La motivación, ya en la práctica, suele confundirse con la metodología aplicada dentro de un texto normativo. De lo anterior, se precisa que la motivación responde a la pregunta del "qué" y la metodología al "cómo", así que no se pueden combinar estos dos apartados o incluir elementos de uno en otro. Para ejemplificar el anterior error, se enuncia el "Voto Particular con relación al Dictamen de la Minuta con Proyecto de Decreto por el que se reforman y derogan diversas disposiciones de la Ley para el Desarrollo de la Competitividad de la Micro, Pequeña y Mediana Empresa". Dentro del contenido del Voto Particular aludido, se encuentra una motivación que contiene elementos de que se hizo para llegar a esta decisión parlamentaria, lo cual es incorrecto ya que no se utilizan fundamentos y confunde el contenido dentro del texto normativo.

La motivación no solo debe contener datos fácticos y una buena argumentación, también debe ser la idónea para el fin que persigue, aquí pueden ser tan diversos los motivos como los fines, así que debe cuidarse la relación entre ambos. Un ejemplo de este error es tratar de incluir una norma que obligue, permita o faculte una conducta sin argumentar las razones de ello, o de manera incompleta.

Lo anterior, es el caso de la "Iniciativa con Proyecto de Decreto por el que se adiciona una fracción I bis al artículo 118 de la Ley General de Salud, en materia de promover en la población la educación y medidas necesarias para limitar la exposición al medio ambiente". En esta iniciativa se pretende que la Secretaría de Salud promueva en la población la educación y medidas necesarias para limitar la exposición al medio ambiente; sin embargo, no argumenta la idoneidad, razonabilidad ni ponderación de esta medida en sus motivos; simplemente, las consecuencias graves del medio ambiente, pero esto, por orden constitucional y por los imperativos sobre derechos fundamentales, no es suficiente dicha motivación, si se quiere reducir un derecho fundamental o bien, el texto normativo presuma algún contenido sensible a estos, debe redactarse una motivación especial dirigida a la idoneidad del fin perseguido.

6.1.4. Texto normativo

El texto normativo debe observar todas las reglas mencionadas en este manual, especialmente para evitar la ambigüedad, las antinomias y anomias de la ley, así como para esclarecerla. Fijando esas reglas, fuera de los siguientes errores que se enuncian, el texto normativo puede tener errores en su forma de redacción, en su forma de presentación y de fondo.

Por lo que hace a los errores de su forma de redacción, puede que, para derogar, adicionar o reformar una disposición a una ley vigente, no se haga uso correcto de los puntos suspensivos, es decir, que no se agreguen los símbolos a las disposiciones que deben quedar íntegras tras la reforma. Lo anterior, puede leerse de tal forma que pareciera que se pretende reformar el contenido íntegro, sin ser la intención así.

Otro error de redacción es dar por puesto el nombre de alguna ley o norma cuando se remiten dentro del texto normativo, tal como lo hace el artículo 40, numeral 1, del Estatuto de los Servicios Parlamentarios, Administrativos y Técnicos del Senado de la Republica, que a la letra dice:

"Artículo 40

1. En términos del Artículo 135 de la Ley, el Senado cuenta con las

siguientes instituciones de investigación jurídica y legislativa:

... Del anterior precepto, nos percatamos el mal uso de la remisión de una ley dentro del texto normativo. Lo anterior por no señalar la ley a que se refiere, y es que en alguna parte de la norma lo hace. No debe obviarse qué ley se está citando, ya que el articulo al no mencionar a cuál ley se refiere, nos deja en una ambigüedad normativa, la cual difícilmente tendrá solución en la aplicación de un caso en concreto.

Cuando se trata de redactar normas procedimentales, instructivas y de carácter puntual, tales como las normas procesales o en materia penal, estás deben ser exactas sin ningún tipo de ambigüedad o interpretación diferente a la enmarcada de la lectura de la norma. También se debe tener cuidado en no reproducir procedimientos, tal como es el caso del artículo 138, párrafo primero, inciso e), fracciones I y II de la *"Ley Orgánica del Congreso General de los Estados Unidos Mexicanos"*, el cual enuncia lo siguiente:

> *"ARTICULO 138. 1. Para las minutas sobre iniciativas preferentes remitidas para los efectos de las fracciones D o E del artículo 72 constitucional, se observará lo siguiente:*
>
> *a) ...c)*
>
> *d) Cuando la minuta sea desechada, en todo o en parte, modificada o adicionada por la Cámara revisora deberá devolverla a la Cámara de origen, para los efectos del artículo 72, fracciones D o E, de la Constitución, sin que la iniciativa, materia de la minuta, pierda su carácter de preferente;*
>
> *e) Si transcurre el plazo sin que se formule el dictamen correspondiente, procederá lo siguiente:*
>
> *I. La Mesa Directiva deberá incluirla como primer asunto en el orden del día de la siguiente sesión del Pleno para su discusión y votación en sus términos, y sin mayor trámite.*
>
> *II. Cuando la minuta sea desechada, en todo o en parte, modificada o adicionada por la Cámara revisora, la cual deberá devolverla a la Cámara de origen, para los efectos del artículo 72, fracciones D o E, de la Constitución.[552]"*

El anterior artículo está mal redactado en su inciso "e)", fracción II, ya que repite el procedimiento establecido en el inciso "d)", creando la confusión de que la iniciativa preferente nunca acabe de ser archivada y dando al procedimiento de iniciativa preferente un carácter infinito. Este tipo de redacción defectuosa puede

---

[552] Ley Orgánica del Congreso General de los Estados Unidos Mexicanos, publicada en el Diario Oficial de la Federación el 3 de septiembre de 1999, última reforma publicada el 8 de mayo de-2019.

alterar los procedimientos, afectar la esfera jurídica de los gobernados, partes o autoridades de manera trascendental, es por ello por lo que se debe cuidar la redacción o bien no repetir procedimientos establecidos en otras normas, solo mencionarlos si es menester hacerlo.

También, dentro de este mismo estatuto, el uso de párrafos tiene inconsistencias, pues estos están ordenados en números, pero tiene artículos donde solo consta de un solo párrafo, y atendiendo al uso de numeración, se enumeran todos, existiendo casos donde hay más de un párrafo y otros donde es uno solo, teniendo muchas disposiciones solo con un número, creando confusión de que falta un segundo, así que, siguiendo esta observación, es mejor no enumerar una norma en sus párrafos si una gran parte solo tiene uno solo. En los casos donde los artículos tienen más de un párrafo deben enumerarse, pero para atender el uso de la lógica normativa deben ser todos los párrafos, sin excepciones.

En los dictámenes elaborados por las comisiones, muchas veces se suele señalar el contenido de las iniciativas que le son turnadas a las comisiones, sin embargo, este señalamiento algunas veces reproduce el contenido total de la iniciativa, haciendo el dictamen engorroso, poco ágil a la lectura y nada económico en cuanto a estructura, lo cual no se recomienda. En cambio, se recomienda solo citar textualmente las partes esenciales de la iniciativa, que no podrían entenderse sin su reproducción, citar en nota al pie remitiendo a la iniciativa o parafrasear el contenido es una mejor opción; este error puede observarse en el "dictamen de la comisión de pueblos indígenas con proyecto de decreto por el que se modifican las fracciones XXV, XXXIII, XLVIII y se incluyen las fracciones XLIX al artículo 4 de la Ley del Instituto Nacional de los Pueblos Indígenas". En este dictamen, en su apartado IV, titulado "Contenido de la Iniciativa" se reproduce de forma íntegra la iniciativa a la que hace mención; de hecho, se puede observar cómo tiene un formato de cita textual, la cual, cabe señalar, tiene más de dos cuartillas, así que no es la forma correcta de citar a la iniciativa dentro del dictamen.

Los errores de forma de presentación del texto normativo son los que se presentan en su forma al integrarse. Por ejemplo, cuando no se hace uso de herramientas como los cuadros comparativos, no se resaltan como texto normativo, no se redactan de forma ininterrumpida o bien, no se atienden todas las reglas antes vistas sobre el dispositivo normativo.

Los errores de fondo suceden cuando las disposiciones normativas no atienden a los fines de su propia lógica; un ejemplo de ello es que dentro de las disposiciones preliminares se enuncie un objetivo de la norma y este no sea atendido, o bien cree órganos y no los faculte en el mismo texto normativo, no guarde relación con los principios constitucionales o, en su caso, no sea el medio idóneo para atender la justificación del problema. Hay que señalar que estos errores de fondo son subsanables mediante el mismo proceso legislativo, ya que es una de sus funciones. La retroalimentación, en la cámara de origen o de revisión, forma parte de este, si el texto normativo se caracteriza por una incongruencia tal que no es posible subsanar, será desechado.

6.1.5. Régimen transitorio

Las disposiciones transitorias son de plena importancia, pues llenan los vacíos legales que se pueden dar en relación con la entrada en vigor de las normas, determina las autoridades que participarán mientras entra en vigor un nuevo régimen legal, prescribe las adecuaciones de un nuevo sistema legal, entre otros aspectos ya señalados anteriormente.

Es muy común de una técnica legislativa deficiente confundir el régimen transitorio con el texto normativo no transitorio, de este error se redactan disposiciones transitorias en el régimen normativo y disposiciones sustantivas en el régimen transitorio, esto es incorrecto ya que una de las características del régimen transitorio, como lo dice su nombre, es que son temporales, dejan de surtir efecto cuando el fin es cometido, solo señalan las formas de integración de la nueva ley en el ordenamiento, y si se redactan en el texto normativo sustantivo, entra una gran contradicción doctrinal e instrumental del derecho, puesto que no pueden perder vigencia las disposiciones normativas si no es que se abroguen o deroguen.

De igual forma, una norma sustantiva ubicada dentro del régimen transitorio constituye un abuso de este régimen, ya que muchas veces esto deja un texto normativo oscuro que puede contener normas lesivas a los principios del ordenamiento jurídico, y por su naturaleza el régimen transitorio no suele discutirse mucho, y muchas veces se promulga la ley sin revisarse el apartado transitorio, donde dichas disposiciones pueden generar antinomias e incluso contradicciones a la Constitución.

Hasta ahora se ha mencionado el riesgo y costo jurídico que pueden traer estas contradicciones, pero hay también costos políticos, si se llega a dar una disposición polémica dentro del régimen transitorio, la población mirará este fenómeno como una acción deshonesta por parte del Poder Legislativo y minará la relación entre los gobernados y el Estado, lo cual afecta el progreso democrático del Estado de Derecho.

Un ejemplo de estos abusos del régimen transitorio se encuentra en la Ley de la Industria Eléctrica,[553]cuyos artículos transitorios "Décimo Cuarto", "Décimo Quinto" y "Décimo Noveno" establecen normas de carácter sustantivo, derivado de la complejidad de la reforma y de la ley misma, se abusó del régimen transitorio y se confundieron preceptos entre ambas partes de la norma.

En este orden de ideas, el artículo transitorio "Décimo Cuarto" establece las facultades de los titulares e integrantes de las sociedades titulares de interconexión legados, podrán celebrar contratos de participante de mercado y sus obligaciones para entrar al Mercado Eléctrico Mayorista; el transitorio "Décimo Quinto" regula las disposiciones relacionadas con los requisitos de usuario calificado, dentro del contexto de los contratos legados; el transitorio "Décimo Noveno" establece la posibilidad de celebrar contratos legados bajo el suministro básico.

Como se puede observar, se eligió este ejemplo ya que, si bien es cierto que dichas disposiciones se relacionan con los "contratos legados", es decir, contratos dados antes de la reforma, y estas normas regulan su uso; sin embargo, en cuanto a las facultades de *usuario calificado"* y de las sociedades no deberían estar

---

[553] Ley de la Industria Eléctrica, publicada en el Diario Oficial de la Federación el 11 de agosto de 2014.

situados dentro de los transitorios, bastaría con observar el principio de retroactividad de la ley, y de este último punto surgen dos cuestiones: ¿es una medida necesaria?; y ¿que se regulen sus facultades da una protección mayor al principio de retroactividad de la ley? Tal pareciera que el principio de retroactividad de la ley justifica estas acciones, pero no es así, solo causa una inflación normativa y, en todo caso, dichas disposiciones deberían estar en el texto normativo no transitorio, y bastaría con señalar que los contratos legados funcionarán bajo el principio de retroactividad.

El mal uso de los transitorios de por sí es polémico, y más aún cuando se trata de ramas estratégicas del Estado, como es el caso del ejemplo. Se debe observar muy bien cómo se va a integrar y delimitar su uso a la sola entrada en vigor y señalar algunas funciones de los órganos que crea la norma.

También es común que el régimen transitorio ordene preceptos que no lleguen a cumplirse de manera eficiente, como es el caso de la reforma en materia de justicia penal, justamente el Código Nacional de Procedimientos Penales,[554]cuyos artículos transitorios "Séptimo", "Octavo", "Décimo", "Décimo Primero" y "Décimo Segundo", regulan la sincronización de recursos materiales y humanos, infraestructura jurídica y material, con relación al plazo señalado para la entrada en vigor de la ley y nuevo sistema de justicia penal; sin embargo, este régimen transitorio no tuvo eficacia puesto que, por diversas complicaciones, no fue posible tal sincronización.[555] Aquí el legislador debe prever un plazo razonable y proporcional a las tareas que se asignen en los artículos transitorios, el cual debe estar basado en proyecciones lo más exactas y planeadas posibles no en simples estimaciones. Tal parece que será el mismo caso de las reformas hechas a la *"Ley Federal del Trabajo."*[556]

---

[554] Código Nacional de procedimientos Penales, *op. cit.*, artículos transitorios, Séptimo, Octavo, Décimo, Décimo Primero y Décimo Segundo.
[555] *Cfr.* Hermosillo, Hilda (2017, junio, 20) *Falta de Infraestructura retrasa consolidación del Sistema Acusatorio*, La Jornada, recuperado de https://www.lja.mx/2017/06/falta-infraestructura-retrasa-consolidacion-del-sistema-acusatorio/
[556] Ley Federal del Trabajo*, op. cit.*, régimen transitorio.

En la Ley Federal del Trabajo, en los artículos transitorios del *"DECRETO por el que se reforman, adicionan y derogan diversas disposiciones de la Ley Federal del Trabajo, de la Ley Orgánica del Poder Judicial de la Federación, de la Ley Federal de la Defensoría Pública, de la Ley del Instituto del Fondo Nacional de la Vivienda para los Trabajadores y de la Ley del Seguro Social, en materia de Justicia Laboral, Libertad Sindical y Negociación Colectiva".* Publicado en el Diario Oficial de la Federación el 1 de mayo de 2019, en sus transitorios "Tercero", "Quinto" y "Sexto" se establecen las formas de integración del nuevo sistema de justicia laboral de la ley, pero estas disposiciones son similares a las que tuvo el "Código Nacional de Procedimientos Penales", de tal suerte que puede que el tiempo diseñado para la sincronización de este régimen legal no sea suficiente, haciéndose, una vez más, mal uso de este apartado transitorio.

Atendiendo a la característica de que los artículos transitorios no pueden dar disposiciones generales, pues son artículos con efectos temporales, las disposiciones deben tener un plazo temporal razonable, pues todo plazo de realización cierta es un término, no una condición, redactar artículos transitorios con condición de realización suele ser inadecuado, puesto que, si dicha condición no se llega a realizar, estos cambian su naturaleza jurídica a un artículo no transitorio. Lo anterior, iría contra la lógica de los sistemas normativos.

6.2. Errores procedimentales

Los errores dentro de los procedimientos legislativos o procedimentales son aquellos que están relacionados con las etapas del proceso de creación de normas, cuyas consecuencias son a veces irremediables, otras veces llegan a tener un costo político muy alto, así como muchas otras veces, la población señala las incongruencias, los errores y la aparente incompetencia de los legisladores.

Las críticas hechas hacia el Poder Legislativo suelen ser exageradas, pues dichos errores legislativos son corregibles con la atención necesaria y la práctica. No obstante, la acumulación de estos errores entorpece el funcionamiento institucional del Estado, y abonan a la falta de gobernabilidad, seguridad jurídica y plena democracia.

Es por ello por lo que estos errores deben corregirse y no repetirse, a veces suelen ser fruto de vicios incrustados en nuestro sistema jurídico, muchas otras, fruto de la inexperiencia de las legislaturas, pero al enunciarlos podemos dar un paso a su superación.

6.2.1. Acuerdos

Los acuerdos emitidos por los órganos del Congreso, las Cámaras que lo componen, y las comisiones, son normas de carácter interno. Dichas proposiciones deben observarse ya que es una herramienta de los órganos de las cámaras para regular algunas acciones dentro de la legislatura correspondiente, su alcance se respalda por sus facultades y competencias.

Muchas veces existen errores respecto al trámite y la forma de acatar los acuerdos. Así, si un órgano emite una norma dentro de un acuerdo, otro órgano no puede desconocer dicha norma, podría solicitar la modificación, pero nunca desconocerla emitiendo otra, es decir, cada órgano conoce de su competencia y de sus acuerdos, así como no se puede alegar un acuerdo que ya no tiene efectos jurídicos, tampoco se puede, deliberadamente y de manera unilateral, desconocer la proposición.

Lo anterior, constituiría no dar límites a la emisión de acuerdos y de competencia, dejando el funcionamiento jurídico del Poder Legislativo sin una autoridad responsable y erosionando la certeza y seguridad jurídica.

Así, por ejemplo, si la Junta de Coordinación Política emite un acuerdo sobre algún plazo o forma de presentar un dictamen, si una comisión solicita una ampliación de un término o condición, debe solicitarla al órgano que emitió el acuerdo. En caso de errar la solicitud y solicitar dicha acción a otro órgano, por ejemplo, a la Mesa, se generarían dos vertientes, la primera, la Mesa declina la competencia a favor el órgano correspondiente, en este caso, declina la competencia en favor de la Junta y, en el segundo caso, la Mesa no acepta la competencia advirtiendo a la o las comisiones de su error de técnica.

Otro error sería, como ya lo mencionamos, que la comisión emita su proposición para desconocer un acuerdo o modificarlo, sin ser esta quien lo emitió originalmente, lo cual es una falta al reglamento y al orden normativo existente. Así que, emitir acuerdos de un órgano modificando los otros, implica falta de certeza jurídica.

Abusar de la herramienta del acuerdo también presupone un error de técnica legislativa, y esto puede ser causado por diferentes factores entre los cuales están:

I) **La no observancia de las disposiciones legales y reglamentarias,** las disposiciones reglamentarias norman diferentes procedimientos de los órganos legislativos, aunque si bien es cierto que en muchos casos la praxis legislativa es contingente y no se logra encontrar fundamento para alguna situación emergente, también lo es que muchas situaciones pueden encuadrarse en los supuestos normativos, los cuales por principio de legalidad, son obligatorios para su aplicación, y es un error utilizar los acuerdos internos para disponer sobre situaciones ya reglamentadas, por ejemplo "El acuerdo de la Mesa Directiva para normar la sesión especial en la que se recibirá la visita de la Alta Comisionada de Naciones Unidas para los Derechos Humanos, Michelle Bachelet", en este acuerdo se crea una "Sesión Especial" para llevar a cabo la visita de una personalidad distinguida, lo cual es incorrecto, toda vez que de conformidad con el articulo 49 y 56, fracción III del Reglamento del Senado de la Republica, existe la posibilidad de celebrar la "Sesión Solemne" para recibir invitados distinguidos, haciendo de este acuerdo sea sobrante, y solo puede devenir de la inobservancia del Reglamento del Senado, ya que los acuerdos son emitidos como disposiciones internas para normar lo no previsto en el reglamento.

II) **La intención de abusar de las funciones,** cuando se emite un acuerdo, que este integre un mandamiento que se extralimite más que la propia ley aplicable o reglamento, esto es que el acuerdo vaya contra la ley y el reglamento por otorgar facultades que originalmente en ellos no existen;

exceden a la ley, por ejemplo, "El acuerdo que modifica el resolutivo cuarto del acuerdo de la Mesa Directiva del Senado de la Republica por el que se establece el procedimiento para la elección de la Presidenta o el Presidente de la Comisión Nacional de los Derechos Humanos" publicado en la Gaceta del Senado de la Republica el día 30 de octubre de 2019. En dicho acuerdo, se establece una diferencia sustancial con el articulo 10 Ter de la Ley de la Comisión Nacional de los Derechos Humanos[557], toda vez que el acuerdo ordena que si en la segunda votación no se reúne la mayoría calificada referida, se procederá a realizar una tercera votación respecto de la misma terna; con lo cual contradice al artículo 10 Ter, el cual menciona que, si no se reuniera la votación requerida para designar al Presidente, la comisión o comisiones correspondientes deberán presentar una nueva terna, tantas veces como sea necesario para alcanzar la votación requerida.

El acuerdo ordena un procedimiento diferente al establecido por la norma, con lo cual se está ante un acuerdo con contenido que no se rige por la ley correspondiente.

III) **Como forma de estrategia,** cuando no obligatoriamente se deban utilizar estas herramientas, y aun, así, se utilizan de forma deliberada por algún legislador, existe la posibilidad de que tengan un fin estratégico o político, en la práctica legislativa y esto conlleva al mal uso y abuso de los acuerdos, aletargando el proceso legislativo, conforme a los intereses políticos.

6.2.2. Dictamen

Durante la votación en comisiones y pleno, el dictamen debe presentarse conforme marcan las leyes correspondientes, respetando el turno de actos correspondientes, así como los requisitos para su aprobación o desechamiento, según sea el caso.

---

[557] Ley de la Comisión Nacional de los Derechos Humanos, publicada en el Diario Oficial de la Federación el 29 de junio de 1999, última reforma publicada el 25 de junio de 2018.

Un dictamen es aprobado cuando está votado a favor de su emisión, en los términos, esto no debe confundirse con que sea emitido en un sentido determinado dentro de la materia que le atañe, sino que, como documento emitido por las comisiones, debe ser aprobado por los miembros de esta, con una mayoría de votos de los miembros de esta.

Recapitulando lo anterior, un dictamen que no es votado por la mayoría o que esté aprobado en un sentido "a favor" o "en contra", debe reflejarse en sus resolutivos. Muchas veces es votado en un sentido contrario al de su contenido, esto dificulta la forma en que va a tomarse el dictamen por la Mesa ya que, como se mencionó con anterioridad a lo largo de este capítulo, estos errores generan antinomias y se hace imposible el actuar efectivo y obediencia de las normas.

En este caso se subsana tomando el dictamen en el sentido de los resolutivos, ignorando la votación, lo cual es incorrecto y es indebido, pero muchas veces la política actúa para la resolución de estos conflictos, es decir, lo soluciona de facto para dar celeridad al procedimiento legislativo.

Algunos ejemplos del anterior error procedimental son los siguientes documentos:

I) La propuesta de modificación al "*RESOLUTIVO TERCERO*" del "*DICTAMEN DE LA PRIMERA COMISIÓN DE TRABAJO RELATIVO A LA RATIFICACIÓN DE LAS PERSONAS DESIGNADAS POR EL EJECUTIVO FEDERAL EL 24 DE ABRIL DE 2017, PARA OCUPAR LOS CARGOS DE MAGISTRADAS Y MAGISTRADOS DE LA TERCERA SECCIÓN DE LA SALA SUPERIOR DE LA SALA.ESPECIALIZADA EN MATERIA DE RESPONSABILIDADES ADMINISTRATIVAS DEL TRIBUNAL FEDERAL DE JUSTICIA ADMINISTRATIVA*";

II) La sustitución del "DICTAMEN DE LA PRIMERA COMISIÓN DE TRABAJO DE GOBERNACIÓN, DE PUNTOS CONSTITUCIONALES Y DE JUSTICIA, CORRESPONDIENTE A LA IDONEIDAD O NO, DE LOS ASPIRANTES PROPUESTOS POR EL EJECUTIVO FEDERAL EL VEINTICUATRO DE ABRIL DE DOS MIL DIECISIETE, A OCUPAR LOS CARGOS DE

MAGISTRADOS DE LA TERCERA SECCIÓN DE LA SALA SUPERIOR Y A MAGISTRADOS DE LA SALA ESPECIALIZADA EN MATERIA DE RESPONSABILIDADES ADMINISTRATIVAS DEL TRIBUNAL FEDERAL DE JUSTICIA ADMINISTRATIVA", y

III) Las listas de asistencia y votación de ambos documentos.

De los anteriores ejemplos se desprenden las siguientes inconsistencias:

I) En el primer dictamen se observa un error de forma, debido a que la asistencia fue de 11 legisladores de 28, con lo cual no pudo haberse aprobado el dictamen. Aún así, fue emitido, y

II) El segundo dictamen fue emitido en sustitución del primero, en este de 8 legisladores solo votaron 4, dos votos a favor y dos abstenciones, sin embargo, en el dictamen se presume que se votó a favor, cuando las listas de asistencia no lo reflejan.

Lo anterior, pone en graves dificultades al procedimiento legislativo, debido a que se crean anomias que los órganos legislativos no pueden resolver, a menos de que, lo resuelvan de facto y sin tener alguna norma jurídica para consultar, lo cual sucedió en este caso, en último momento, en el que no se consideró la votación, lo cual no era lo idóneo, pero sí lo necesario, ya que, al existir discrepancias entre la votación y la resolución del dictamen, dejaba sin posibilidad de elección al Pleno.

6.2.3. Votos particulares

Siguiendo la lógica del procedimiento legislativo, cuando un dictamen es aprobado en lo general, se tienen por desechados los votos particulares emitidos. En caso de ser rechazado, se ponen de inmediato a debate y resolución del Pleno los votos particulares en el orden de su presentación, así que deben presentarse previamente al debate en lo general.

El error procedimental de esta etapa, respecto a los votos particulares, sería que al momento de presentar el dictamen, previo a su discusión, bien no se presenten los votos particulares o bien, se omita el paso de su presentación, pues si el dictamen es discutido y rechazado se tendría que discutir los votos particulares, pero al no haber sido presentados o si han sido omitidos, el procedimiento legislativo se quedaría sin materia, dejando en indefensión a los legisladores que hayan emitido un voto particular, siendo un grave defecto que menoscaba el carácter democrático del procedimiento legislativo.

Este error se subsana de manera ilegal e inconstitucional si el dictamen es aprobado, puesto que, al no presentarse votos particulares, no existiría problema, pero al ser rechazado se obstaculiza el procedimiento, pues no hay facultad de retroceder el procedimiento legislativo, o al menos existe una anomia en este sentido.

Para darle solución a esta problemática, se debe observar de manera muy atenta el procedimiento legislativo con relación a los votos particulares, pues estos, al ser la expresión de las opiniones diversas dentro de las comisiones, deben resguardarse de manera especial.

Uno de los casos paradigmáticos, en cuanto a la repetición de las votaciones parlamentarias, fue el suscitado en España, donde, por una sentencia de amparo con número de expediente STC 361/2006 dentro del Diario de Sesiones del Senado de aquel país, el núm.3 de 12 del mayo de 2004, en su página 5961, en que el Presidente repite la votación de una moción, a solicitud de los representantes de varios grupos parlamentarios que alegaron no haber oído la expresión "comienza la votación", lo cual es un acto esencial en aquel ordenamiento jurídico, y a pesar de la protesta del representante del grupo mayoritario.[558]

En nuestro sistema jurídico no se pueden apelar tales decisiones, por lo que es necesario se regulen dichas actuaciones o bien, se observen de manera adecuada los procedimientos de creación de leyes.

6.2.4. Reservas

Recapitulando, las reservas se refieren al debate en lo particular, donde se contempla la posibilidad de suprimir o modificar artículos contenidos en el cuerpo

---

[558] Al respecto, *véase* Márquez Escudero, Piedad, "¿Es posible repetir las votaciones parlamentarias? ¿vota el diputado o el grupo parlamentario?, A propósito de la STC 361/2006", en *Teoría y Realidad Constitucional*, Madrid, num.20, 2007, pp. 611-631.

del dictamen e incorpora la posibilidad de que se adicione contenido al texto normativo.

Ya nos hemos referido a los errores elementales a la hora de redactar las modificaciones, como el uso de signos y la forma de representar la derogación y abrogación, sin embargo, muchas veces por su naturaleza de modificación, las reservas suelen tramitarse de manera confusa y sin claridad en su orden.

En primer término, nos referiremos a los conflictos que surgen a raíz de la continuidad. Bajo este tenor de ideas, la discusión del dictamen con "Proyecto de Decreto que expide la Ley de Fomento a la Confianza Ciudadana", de las Comisiones Unidas de Justicia, de Economía, y de Estudios Legislativos.[559] En la discusión del citado dictamen se formularon en total veintitrés reservas por diversos legisladores, algunas se referían a los mismos artículos del proyecto de ley, en este sentido se aceptaron reservas que, por la naturaleza de repetición, ya no era posible aceptarlas, como por ejemplo: si se acepta una reserva al artículo 15 con tal modificación y, posteriormente, se acepta una reserva al artículo 15, esto es jurídicamente posible, puesto que si se toma con base al artículo 15, original, esto ya no es posible, pues, desde la primera reserva referida, ese artículo se modificó, entrando así a una anomia de trámite de las reservas.

Es entonces que se debe respetar la cronología de las reservas para no encontrarse en el caso de que existan dos textos normativos a diferentes referidos a la misma parte del proyecto de ley.

Una vez que se acepta una reserva posterior, que se refiere a un artículo que ya fue modificado en teoría por otra reserva, se debe compaginar el contenido si es posible, sistematizar la información, combinar y realizar precisiones por medio de la interpretación teleológica, que es la interpretación que dilucida el fin último de la voluntad del legislador; si la integración que se haga de los textos de las reservas

---

[559] Dicho documento, junto con sus reservas, se puede consultar con fecha de publicación en la Gaceta del Senado de la Republica, jueves 11 de abril de 2019, con número de registro LXIV/1SPO-121/94096.

no afecta el fin último del legislador o bien, ayuda a concretarlo, esta solución es posible.

De ser posible, el legislador autor de la reserva para dar una solución al conflicto de modificación, de ser imposible la adecuación del texto normativo, debe retirarse la reserva. Muchas veces y dado el carácter político del órgano legislativo, se dejan las modificaciones como están, debido a un consenso difícil o un tema delicado políticamente hablando, es por ello que se insiste en el cuidado y evitar estos errores desde su presentación.

Si una reserva se refiere al contenido de su anterior cronológica, se puede aceptar y discutir, previo su integración en el texto normativo, y también desde la presentación de reservas, quien la presenta debe proponer los cambios necesarios en todo el documento, no de forma parcial sino total en el documento. Así, por ejemplo, si se presenta una reforma a una norma y se quiere cambiar un concepto por otro, o bien una autoridad por otra referida dentro del texto normativo, deben cambiarse todos los artículos donde se encuentre o se haga referencia al concepto autoridad, término, etc.; o bien, realizando la nota general correspondiente de realizar los cambios totales al documento para hacer la adecuación, esto último de la nota general solo es aconsejable cuanto la tramitación de la reserva o modificación sea urgente.

6.2.5. Régimen transitorio

El régimen transitorio obedece al cuerpo normativo del que es parte, pueden existir tantos regímenes transitorios con sus propios artículos como tantos cuerpos normativos independientes existan, incluso en un mismo documento, como es en el caso de las reformas a varias normativas, a las cuales les corresponde un régimen transitorio por decreto o normas que reforman, así como pueden tener uno general que regule la entrada de todos ellos, así puede haber un régimen transitorio particular y general. Haciendo esta aclaración, estos son los puntos siguientes que deben revisarse sobre el régimen transitorio:

I. **Regulación de otras normas desde el régimen transitorio:** cuando desde un artículo transitorio se realiza un mandato dirigido a la reforma, creación, adecuación legislativa de algún otro cuerpo normativo o bien realiza el mandato de creación de ley al órgano legislativo, como por ejemplo, de un mandato constitucional, el artículo transitorio debe regular bases mínimas para su realización pero siempre respetando la autonomía legislativa de otras normas. Por principio constitucional esto no tiene conflicto alguno por el respeto que debe imperar sobre el pacto federal, no obstante, no se pueden regular cuestiones inexistentes o coartar la libertad de legislación desde un régimen transitorio, es por ello que solo se habla de plazos y términos para armonizar el sistema jurídico.

II.   **Establecer regulaciones generales en el régimen transitorio:** En la Unidad 4. Aplicación Práctica de la Técnica Legislativa hemos revisado esta cuestión, la del uso inadecuado del régimen transitorio; muchas veces se establecen regulaciones sustantivas en este apartado, esto es inadecuado ya que la característica especial del régimen transitorio es la temporalidad, esto podría tener consecuencias violatorias a la certeza y seguridad jurídica, ya que, si bien es cierto que el régimen transitorio forma parte del texto normativo, obedeciendo a las normas de técnica legislativa, estos deben limitarse a su función, porque carecería de sentido si no fuera así, lo que generaría problemas de aplicación e interpretación, como por ejemplo, cuando se establece un plazo en un artículo transitorio, pero sus efectos de la interpretación se entienden generales o crea procedimientos que otorgan ciertos derechos, obligaciones y vínculos jurídicos, los cuales no se podrían desconocer si el transitorio cumple su temporalidad, siendo un grave conflicto normativo en estos casos.

Ya que el evitar conflictos normativos es uno de los objetivos de la técnica legislativa, se trata de observar estas reglas para que no vayan contra normas fundamentales y se genere, por ende, una mejor gobernabilidad, acceso a la justicia, eficiencia de la aplicación de normas y mejor concretización de los derechos fundamentales y funcionamiento del Estado.

6.2.6. Fe de erratas

La errata, según el Diccionario de la Real Academia de la Lengua Española, viene del latín *errata* que significa *"cosas erradas"*.[560] La fe de erratas, por su parte, es una *"lista de las erratas observadas en un libro, inserta en el final o al comienzo, con la encomienda que de cada una debe hacerse."*[561] Es entonces una herramienta eficaz para subsanar errores materiales; es decir no errores derivados del razonamiento o de la lógica de la redacción, sino errores gramaticales al momento de plasmar el texto, es decir, del trabajo físico de redacción.

En los textos que nos ocupan, o sea los textos normativos, existen varios razonamientos para la utilización de la fe de erratas, atendiendo al proceso legislativo. El Ejecutivo, vía Secretaría de Gobernación, tiene como encomienda publicar en el Diario Oficial de la Federación las leyes y decretos que expidan los órganos legislativos, es entonces que, con la publicación de dichos textos normativos que contengan errores de "imprenta"[562]al momento de buscar darlos a conocer a todos los habitantes, utiliza la herramienta de la fe de erratas ya que tiene que darlos a conocer al público, y debe evitarse el mal entendimiento en su lectura.

A modo de ejemplo, la propia Constitución Política de los Estados Unidos Mexicanos, publicada en el Diario Oficial de la Federación el 5 de febrero de 1917, tuvo una fe de erratas al día siguiente[563], con lo cual queda patente que, pesar de que el Congreso Constituyente fue convocado ex profeso para atender solo el proyecto de constitución formulado por el primer jefe del Ejército Constitucionalista, Venustiano Carranza, aún así se presentó una fe de erratas, por lo cual es entendible que esta se presente, dado el error natural del ser humano.

---

[560] Diccionario de la Lengua Española, Edición del Tricentenario, actualización 2018, consultado el 06-08-19 en línea: https://dle.rae.es/?id=G3n1OsL.

[561] Diccionario de la Lengua Española, Edición del Tricentenario, actualización 2018, consultado el 06-08-19 en línea: https://dle.rae.es/?id=HhQFg5H.

[562] Al respecto *véase* Barrón Roa, Blanca Azucena y Bustos Vázquez Vicente, "Fe de Errata y su uso en Textos Normativos", en *Epikeia Derecho y* Política revista de la Universidad Iberoamericana León, México, núm. 23 primavera 2014, pp.1:12.

[563] La fe de erratas se publicó en el Diario Oficial de la Federación del día martes 6 de febrero de 1917, puede ser consultada en el portal del Instituto de Investigaciones Jurídicas de la UNAM, en: http://www.juridicas.unam.mx/infjur/leg/constmex/pdf/f001.pdf

Así, la doctrina en México ha considerado la fe de errata como un error cometido en la publicación de un texto normativo. Al respecto, Eliseo Muro Ruiz señala que su fin es:

"Apuntar los errores que se suscitaron al momento de publicar una ley, los cuales pueden aparecer un día o varios meses después. Así la fe de erratas rescata la equivocación que se hace en un impreso legal por descuido, torpeza, confusión o por su ilegibilidad, como una letra invertida, una cifra combinada, palabras incompletas, un párrafo empastelado, un renglón fuera de lugar o una puntuación que se omita. De ahí que, la fe de erratas sea un instrumento de la técnica legislativa que detecta los errores materiales de una legislación, con el fin de salvar todo un proceso legislativo"[564]

Dado que la fe de errata consiste en la corrección de un texto que contenga alguno o varios errores, por ende, los requisitos que han de seguirse para emitirla consisten en:

I)   Debe difundirse muy poco tiempo después de que el texto normativo sea publicado;

II) Debe publicarse en el mismo medio de difusión oficial donde se publicó el texto normativo;

III) Debe indicarse de forma clara la errata, contrastándola con el texto publicado, además de señalarse dónde y en qué fecha se publicó el texto original. Esto es, se debe consignar como "dice" y como "debe decir", y

IV) La fe de erratas solo debe referirse a pequeños errores en el texto, tanto por lo que hace al decreto legislativo, como por lo que hace al decreto promulgatorio, por ende, si se detecta un error importante en la construcción de una oración, o si la construcción es tal que la idea transmitida por la oración es oscura o distorsionada al punto que la

---

[564] Muro Ruiz, Eliseo, *op. cit.*, p.208.

misma es confusa o errónea, este error entonces se debe corregir por medio de una reforma.

Así también Muro Ruiz precisa que la facultad de subsanar: "... *se atribuye al organismo que cometió el error"*, aspecto que en lo sustancial coincide con lo expuesto por Miguel Alejandro López Olvera, quien señala respecto a la corrección de erratas en la publicación oficial de las leyes, que se *"deberá advertir si éstas se han producido por meros errores tipográficos o de impresión, o bien por errores producidos en el texto remitido para su publicación"*[565]

Cabe mencionar que debe haber total correspondencia entre el documento publicado por el Diario Oficial de la Federación y el enviado por el órgano legislativo. También es importante destacar que, en ninguna circunstancia, la fe de erratas debe enmendar el texto original en cuanto a su esencia o cambiando la voluntad del legislador, ni tampoco modificar sustancialmente el mismo, es decir, cualquier modificación que cambie sus efectos jurídicos originales.

El Poder Judicial ha emitido ciertas directrices y aclaraciones para el uso de estas herramientas, las cuales se enumeran a continuación:

I)   La fe de erratas no trasciende la validez de las normas[566];

II) La fe de erratas no debe considerarse de manera aislada e independiente, al ser complemento del ordenamiento que corrige, y tener como soporte el texto contenido en los decretos legislativo y promulgatorio;[567]

III) La fe de erratas se define como la herramienta que permite subsanar errores involuntarios, retrayéndose a partir de la primigenia publicación, para efectos de la validez legal;[568]

---

[565] López Olvera, Miguel Alejandro, "Técnica Legislativa y Proyectos de Ley", en Carbonell, Miguel, *et. al., Elementos de Técnica Legislativa*, México, Porrúa, 2010, p.208.
[566] *Cfr.* Tesis 2a./J. 219/2009, *Semanario Judicial de la Federación y su Gaceta*, Novena Época, tomo XXXI, enero de 2010, p.302.
[567] *Cfr.* Tesis 2a./J. 74/2004, *Semanario Judicial de la Federación y su Gaceta*, Novena Época, tomo XIX, junio de 2004, p.351.
[568] *Cfr.* Tesis I.13º. A.20 K. TCC, *Semanario Judicial de la Federación y su Gaceta*, Novena Época, tomo XVII, marzo de 2003, p.1764.

IV) La fe de erratas no implica el ejercicio de una facultad legislativa, pues el cumplimiento de una obligación al subsanar un error por omisión, cometido al efectuarse,[569] y

V) La fe de erratas no implica suplantar la voluntad del legislador ya que la autenticidad del texto debe atenderse al aprobado por las cámaras durante el proceso legislativo y no al diferendo de este que se haya enviado al Ejecutivo para su promulgación[570]

Como conclusión, la fe de erratas debe utilizarse como última medida de corrección, y si bien esta no debe velar sobre el contenido sustantivo de la norma, sino a cuestiones de errores materiales, estos pueden ser más variados que los simples errores de imprenta; puede que, debido a un error material, se tergiverse el significado de esta, en este punto se recomienda que sea el órgano que originó el error el que haga la fe de erratas respectiva. La ventaja del sistema democrático y de la participación del Poder Ejecutivo y Legislativo en el proceso legislativo es que pueden existir comunicaciones en este sentido. En todo caso, no se debe de olvidar que la norma persigue cuestiones de interés público, con lo cual no debe preferirse ignorarlo por cuestiones de forma, esto es actividad de la democracia.

CAPÍTULO 7. Consideraciones Finales

Como conclusión de todo lo mencionado, podemos afirmar que el presente documento es una herramienta indispensable para aprender y practicar la correcta técnica legislativa; sin embargo, el mejoramiento de la calidad en el texto normativo corresponderá a la práctica mantenida a través del tiempo.

Seguir por sí solo, la guía y los consejos que integran este libro no mejorara la calidad normativa, si no se realiza antes la observación correcta de las normas que rigen el procedimiento legislativo, así como actualizarse de los criterios jurisprudenciales y atender la doctrina internacional aplicable.

---

[569] *Cfr.* Tesis 2ª XXX ./2001, *Semanario Judicial de la Federación y su Gaceta*, Novena Época, tomo XIII, mayo de 2001, p.449.
[570] *Cfr.* Tesis P.VI /2003, *Semanario Judicial de la Federación y su Gaceta*, Novena Época, tomo XVIII, julio de 2003, p.28.

También, se debe tener una técnica legislativa con estilo propio y flexible, puesto que las normas y dinámicas legislativas irán cambiando; utilizar el lenguaje y tecnicismos correctos para cada ocasión o tipo de norma; adecuar los vocablos del idioma en caso de utilizarla en conjunto con otra lengua diferente a la natal y, por último, realizar la correcta investigación antes de reformar o crear alguna ley.

Atendiendo a la realidad, es imposible que este documento aporte todas las aristas de la técnica legislativa existente y por existir, así que se recomienda tener este manual como base para proyectar posteriormente. Otra consideración es observar que este manual está inserto dentro del sistema jurídico mexicano, el cual es sumamente complejo y observa solo las leyes emanadas del Estado.

Servirá como una herramienta que medirá la evolución y mejora en la elaboración de documentos, ninguna enseñanza será un dogma inamovible, sino que, por el contrario, será una base dinámica para adecuar la ley a las necesidades sociales del momento.

Puntualmente y por capítulo, se muestran las siguientes conclusiones del presente estudio practico:

PRIMERA: Todas las ciencias pueden ser aglutinadas en una técnica primigenia y general que ayuda a sobrevivir al ser humano en su ambiente cultural, está "antropotécnica" tiene distintos usos, el derecho es uno de ellos, el derecho al ser una ciencia es técnica, y la técnica legislativa es la destreza de aplicar el derecho a la creación de normas.

SEGUNDA: La producción legislativa en México en el pasado estaba unificada en un solo poder: el Poder Ejecutivo, debido al régimen presidencial esté marcaba fuertemente el contenido de todas las normas, sin embargo, el desarrollo de la democracia trajo consigo la participación de varios actores diferentes al poder central del Presidente, esto produjo un caos por falta de necesidad de técnica legislativa y esto genero ingobernabilidad, simulación, corrupción y denuncio la falta de profesionalismo de los legisladores mexicanos.

TERCERA: Dentro del proceso legislativo, se deben observar la lógica formal de las normas, como la completitud, coherencia y consistencia del orden jurídico, así como, los aspectos lingüísticos de carácter, conducta, condición de aplicación, sujeto normativo de la norma. Todo lo anterior junto con la estructura de las normas y las reglas ortográficas son criterios esenciales de debe contener toda norma sin excepción, si es qué se quiere tener un sistema jurídico solido bajo el principio de seguridad jurídica.

CUARTA: La redacción de una norma debe llevar un proceso de necesidad y de investigación con profundo análisis del problema qué se quiere resolver. Esto anterior, para evitar la inflación legislativa, populismo legislativo y dotar de mayor certeza posible a la ley.

QUINTA: Muchos documentos jurídicos emitidos por los órganos legislativos del estado mexicano responden en mayor o menor medida a los criterios esenciales de técnica legislativa, sin embargo, las regulaciones actuales solo observan algunas reglas obligatorias de forma, más no en el fondo de la lógica de la norma, aun así, se pueden ejemplificar casos de éxito de la correcta aplicación de la técnica legislativa.

SEXTA: Son muchos los errores comunes de la aplicación de la técnica legislativa en México, existen tanto los errores sustantivos y los procedimentales, estos ejemplifican la hipotesis central del presente estudio, ya que estos errores se traducen en normas defectuosas en el derecho mexicano, esto de igual manera, realza la necesidad de tratar a la técnica legislativa con la seriedad y vinculación adecuada, es una rama poco explorada en la investigación en México y a su vez una de las más útiles qué nos brindaran seguridad jurídica cuando se apliquen de forma correcta.

También es importante recalcar, que quedan temas pendientes a desarrollar que por el momento es difícil abordar, por ejemplo el uso de las inteligencias artificiales que doten a los operadores jurídicos de lógica jurisdiccional, parlamentaria y política para suplantar algunas funciones, el papel de la técnica legislativa en los usos y costumbres de pueblos originarios y por supuesto la precisión doctrinal de los actos parlamentarios y otros actos de autoridad, sin embargo, confiamos que la obra será de utilidad no solo para sus objetivos sino para incentivar la investigación en dichos temas.

En conclusión final, debemos reflexionar que no existe una técnica legislativa adecuada ni absoluta, y que todo depende del contexto histórico y la complejidad del sistema jurídico; sin embargo, el valor de este manual reside en que es una herramienta no solo para la práctica, mejoramiento, aprendizaje de la técnica legislativa, sino que puede ser utilizado para la crítica constructiva y el combate a las deficiencias del Estado, la corrupción y las fallas sistemáticas que se traducen en faltas a los derechos fundamentales, así que es una aportación para el fortalecimiento de la democracia y del Estado de derecho, puesto que las mejoras de la técnica legislativa debe servir para la construcción de una mejor calidad de vida de las personas y nunca al contrario.

II. BIBLIOGRAFÍA

1. Acosta, Joaquín, "Interpretación Constitucional: entre legicentrismo, neoconstitucionalismo y constitucionalización", en *Revista del Instituto de Ciencias Jurídicas de Puebla*, México, año x, num.37, enero-junio, pp. 84-102.

2. Alchourron Carlos, y Bulygin Eugenio, "Sobre el concepto de orden jurídico" en *Crítica Revista Hispanoamericana de filosofía*, vol. III, núm. 23, 1976.

3. Alchourrón y Bulygin, *Introducción a la Metodología de las Ciencias Sociales y Jurídicas*, Buenos Aires, Astrea, 1993.

4. Alchourron, Carlos y Bulygin Eugenio, *Análisis lógico y derecho*, Madrid, Centro de Estudios Constitucionales, 1991.

5. Alexy, Robert, *Teoría de la Argumentación Jurídica*, trad. de Manuel Atienza, 2a. ed., Madrid, Centro de Estudios Políticos y Constitucionales, 2014.

6. Algazi Béjar, Luisa "¿Quién legisla en México? Descentralización y proceso legislativo" en Revista mexicana de Sociología 74, México, núm. 4, octubre-diciembre, 2012, ``. 619-647.

7. Alonso, Martín, *Enciclopedia del Idioma*, España, Aguilar, 1982.

8.   Alsemino, Valeria, "La División de Separación de Poderes (de la Teoría clásica a lo que ocurre en la realidad)", *en Anales de la Facultad de Ciencias Jurídicas y Sociales*, México, año 13, núm. 46, 2016, pp. 160-191.

9.   Álvarez Gardiol, Ariel, *Introducción a una teoría general del derecho. El método jurídico,* Buenos Aires, textos jurídicos, 1975.

10. Aragón Reyes, Manuel, *Estudios sobre el Parlamento*, México, UNAM-Instituto de Investigaciones Jurídicas-Cámara de Diputados LXIII Legislatura, 2017.

11. Arteaga Nava, Elisa y Trigueros G., Laura, *Derecho Constitucional (Diccionarios Jurídicos Temáticos)*, México, 2000.

12. Atienza, Manuel, "Contribuciones para una Teoría de la Legislación", en *Doxa Alicante, CEC*, núm. 6, 1989, pp. 385-403.

13. Atienza, Manuel, "Razón práctica y legislación" en *Revista Mexicana de Estudios Parlamentarios,* México, primera época, vol. I, núm. 3, septiembre-diciembre, 1991, pp. 9-31.

14. Barragán, Julia, *Como se hacen las leyes, 10 estudios de Técnica Legislativa*, Barcelona, Bosch Casa Editorial, S.A., 1986.

15. Barrón Roa, Blanca Azucena y Bustos Vázquez Vicente, "Fe de Errata y su uso en Textos Normativos", en *Epikeia Derecho y Política, revista de la Universidad Iberoamericana León*, México, núm. 23 primavera 2014, pp.1-12.

16. Béjar, Luisa "Elites parlamentarias en México. Los presidentes de las comisiones", en Béjar, Luisa (coord.), *Qué hacen los legisladores en México. El trabajo en comisiones*, México, Porrúa, 2009.

17. Béjar, Luisa, "El gobierno frente al Congreso de la Union", en Vazquez Reveles, Francisco (coord.), *El gobierno panista de Vicente Fox. La frustración del cambio,* UNAM, 2008.

18. Belloso Nuria, Martin, "Entre la Ciencia y la Técnica del Derecho ¿Hacia una Hermenéutica Telemática?", en *Anales de la Catedra Francisco Suarez*, Castilla, núm. 47, 2013.

19. Bentham, Jeremy, *Tácticas Parlamentarias*, 1a. ed., México, LXVII Legislatura Cámara de Diputados, 2015.

20. Berizonce, Roberto Omar, "El principio de legalidad formal bajo el prisma de la Constitución normatizada", en *Revista del Instituto Colombiano de Derecho Procesal*, núm. 40, junio de 2015, pp. 10-20.

21. Berlín Valenzuela, Francisco, *Derecho Parlamentario*, México, Fondo de Cultura Económica, 2000.

22. Berlín Valenzuela, Francisco, *et. al.,* Diccionario de Términos Parlamentarios, 2a. ed., México, Cámara de Diputados LVI Legislatura, 1998.

23. Berumen Campos, Arturo, "Ponderación de Principios y Tópica Jurídica", en *Boletín Mexicano de Derecho Comparado*, México, nueva serie, año XLVIII, núm. 143, mayo-agosto de 2015, pp.532-546.

24. Bobbio, Norberto, *Origen y Fundamentos del poder político*, México, Grijalbo, 1985.

25. Bobbio, Norberto, *Scienza del diritto e analisi del lingaggio, en Saggi di critica de lla Scienze*, Italia, Turín, 1950.

26. Bourbon Pérez, Héctor, *et. al., Reglas Practicas de Técnica Legislativa*, Argentina, Instituto Ciencia y Técnica Legislativa, 1999.

27. Bradford, Keeney, *Estética del Cambio*, 2a. ed., España, Paidós, 1994.

28. Brönstrup, Celsi y Godoi, Elena, "Comunicación, Lenguaje y comunicación organizacional", en *Signo y pensamiento*, Colombia, vol. XXVI, núm. 51, julio-diciembre, 2007, pp. 26-37.

29. Bunge, Mario, "El Derecho como técnica social de control y reforma" en *Isonomía*, Perú, núm. 13, octubre, 2000, pp. 121-137.

30. Burgoa, Ignacio, *Derecho Constitucional Mexicano*, México, Porrúa, 1973.

31. Byung Chul, Han, *Psicopolítica*, Alemania, Herder, 2014.

32. Camacho Vargas, José Luis, *El Congreso Mexicano*, 5a. ed., México, Cámara de Diputados, 2015.

33. Campo Fernández, Andrea, *El Derecho Transitorio*, México, Poder Judicial de la Federación, 2012.

34. Camposeco Cadena, Miguel Ángel, *El Dictamen Legislativo,* México, Instituto de Investigaciones Legislativas de la H. Cámara de Diputados, 1998.

35. Carbonell, Miguel, *et. al., Elementos de Técnica Legislativa*, México, Porrúa, 2010.

36. Cariola Agatino, "El Derecho Natural y su Historia, la afirmación de la libertad de conciencia en el Estado Democrático" en Revista de Estudios Políticos (Nueva Época), México, núm. 116, abril-junio, 2002, pp. 107-143.

37. Cariota, Ferreira, *El Negocio Jurídico*, Madrid, Aguilar, 1956.

38. Carpizo, Jorge, *El Presidencialismo Mexicano*, 1a. ed., México, Siglo Veintiuno, 1978.

39. Centro de Investigaciones Judiciales, *Guía Metodológica para la elaboración de iniciativas legislativas*, Perú, CIJ, 2007.

40. Cervantes Gómez, Juan Carlos, *Derecho Parlamentario*, 1a. ed., México, Serie Roja, 2012.

41. Chávez González, Jorge (coord.), *Congresos Estatales*, México, Cámara de Diputados, Servicio de Investigación y Análisis, 2002.

42. Contreras, Sebastián, "Ferrajoli y los Derechos Fundamentales", en *Revista de la Inquisición (Intolerancia y Derechos Humanos),* Perú, vol. 6, mayo-2012, pp. 121-145.

43. Corti, Horacio, "Normas y aparatos conceptuales, dos aspectos del derecho (a partir de la lectura de una frase de Alchourron y Bulygin)" en *ISONOMIA,* México, núm. 45, octubre 2016, pp.141-184.

44. Cox, Gary & ,McCubbins, Mathew, "Procedimental cartel theory", en *Setting the Agenda Responsable Party Goverment in the US House of Representatives*, Cambridge, 2005.

45. Cox, Gary, *Legislative Leviathan: Party Government in the House*, United States, University of California, 1993.

46. Dahl, Robert, *La Poliarquía participacion y oposición*, Madrid, Tecnos, 1971.

47. Deposato, Scott y Cantú, Francisco, "The new federalism of México party system" en *Journal of politic of Latín América*, United States, 2010.

48. Díaz Cayeros, Alberto "Dependencia Fiscal y estrategias de coalición en el federalismo mexicano" en *Política y Gobierno*, México, vol. XI, núm. 2, segundo semestre, 2004, pp. 229-261.

49. Díaz Picazo, Luis, *Experiencias jurídicas y de derecho*, Barcelona, Ariel, 1983.

50. Dworkin, Ronald, "Como el derecho se parece a la literatura", en *las Leyes y el Derecho,* Harvard University Press, Cambridge, 1987, pp. 143-166.

51. Dworkin, Ronald, *Los Derechos en Serio*, trad. de Marta Guastavino, Barcelona, Editorial Ariel S.A., 1989.

52. Echavarría Solozábal, Juan José, "Opinión Pública y Estado Constitucional", en *Derecho Privado y Constitución*, México, núm. 10, septiembre-diciembre, 1996, pp. 399-412.

53. Ehrman, Roberto, "Perspectivas sobre la investigación legislativa en México", en *Pluralidad y Consenso*, núm. 20, agosto, 2012, pp. 35-41.

54. Encinas Rodríguez, Alejandro, "La Carta de Derechos de la Constitución de la Ciudad de México", en *Defensor: Revista de derechos humanos*, México, núm. 3, marzo, 2017, pp. 4-10.

55. Farrel, Martin, "Lagunas del Derecho", en *Escritos y ensayos Revista del Instituto de Investigaciones Jurídicas*, núm. 39, pp.1-30.

56. Ferrajoli, Luigi, *Derechos y Garantías, La Ley del más Débil*, 4a. ed., Madrid, Trotta, 2004.

57. Ferrero, Guglielmo, *Los genios invisibles de la ciudad*, trad. Eloy García, España, Tecnos, 1998.

58. Ferro Martínez, Hernán, "Los principios de la legitimidad política (Ferrero y los genios invisibles de la ciudad)" en *Revista Diálogos de Saberes*, Colombia, julio-diciembre, 2009, pp. 201-211.

59. Feyerabend, Paul, *Tratado contra el Método*, 1a. ed., Madrid, Tecnos, 1975.

60. Fiori Ehrman, Roberto, "El cabildeo en México, Teoría y práctica", en Flores López Raúl (coord.), *Estrategia y Práctica Parlamentaria en un Congreso Plural, México*, Senado de la Republica LXI Legislatura, 2011.

61. Flores Velázquez, Rafael, "La relación entre el Ejecutivo y el Congreso en materia de política exterior durante el sexenio de Vicente Fox: ¿Cooperación o conflicto?", en *Política y Gobierno*, México, vol. XV, núm. 1, semestre de 2008, pp. 113-158.

62. Foucault, Michel, *El nacimiento de la biopolítica,* México, Fondo de Cultura Económica, 2004.

63. Foucault, Michel, *La verdad y las formas jurídicas*, Brasil, Gedisa, 2001.

64. Galaviz Elías, Efrén, *El cabildeo legislativo y su regulación*, México, UNAM-Instituto de Investigaciones Jurídicas, 2006.

65. Gamboa Montejano, Claudia, *Democracia directa; referéndum, plebiscito e iniciativa popular*, México, Cámara de Diputados, Dirección de Servicios de Investigación y Análisis, 2014.

66. García Máynez, Eduardo, *Introducción al estudio del derecho*, 53ª ed., México, Porrúa, 2002.

67. García Rabell, Enrique, "La Reforma Política de la Ciudad de México", en *Revista Mexicana de Derecho Constitucional*, México, núm. 30, enero-junio, 2017, pp. 244-270.

68. García Sánchez, Verónica, *La Participación Ciudadanía y el Poder Legislativo*, México, Cámara de Diputados, Servicios de Investigación y Análisis, 2014.

69. Garita, Alonso Arturo, *et. al., La Función Legislativa en el Senado de la República*, 1a. ed., México, Ediciones Mesa Directiva, 2015.

70. Gehlen, Arnold, *El hombre, su naturaleza y su lugar en el mundo*, 26. ed., Salamanca, Ediciones Sígueme, 1987.

71. Gény, Francois, "La Technique Législative dans la Codification Civile Moderne", en *Le Code Civil 1804-1904*, Francia, Livre du Centenarie, 1904.

72. Gerónimo Brenna, Ramón, "El ordenamiento de las leyes", en *Revista electrónica de Teoría y Práctica de la elaboración de normas jurídicas,* Argentina, año I, num.1, noviembre de 2004, pp.4-19.

73. Giulani, Alessandro, "¿Ciencia o Técnica del Derecho?", en *Dianet*, Italia, 1995, pp. 245-280.

74. Gómez Castro, Santiago, "Sobre el concepto de antropotécnica en Peter Sloterdijk" en *Revista de Estudios Sociales*, España, núm. 43, agosto, 2012, pp. 63-73.

75. González, Alberto Matías y Hernández Alegría, "Positivismo Dialéctica materialista y fenomenología: tres enfoques filosóficos del método científico y la investigación educativa", en *Revista Actualidades Investigativas en Educación*, vol. 14, núm. 3, septiembre-diciembre, 2014, pp. 1-20.

76. Granados Covarrubias, Manuel, "Huella Social y anhelos progresistas: Constitución CDMX", en *el Cotidiano*, México, núm. 203, mayo-junio, 2017, pp. 15-23.

77. Grosso Marina, Beatriz, et. al., *Técnica Legislativa, Marco Teórico*, Corte Interamericana de Derechos Humanos, 2006.

78. Grosso Marina, Beatriz, *et. al., Técnica Legislativa: Marco Teórico*, Corte Interamericana de Derechos Humanos, 2006.

79. Guastini, Riccardo, *Estudios sobre interpretación jurídica*, trad. de Miguel Carbonell, 2a. ed., México, UNAM, 2000.

80. Guinboarg, Ricardo, "El sexo de los ángeles, el construccionismo en las ciencias sociales", en Abeldó Perrot, *Lecciones y Ensayos*, Buenos Aires, núm. 67, 2003.

81. Habermas, Jürgen, "La doctrina clásica de la política y su relación con la filosofía social", en Habermas Jürgen, *Teoría y Praxis*, Barcelona, Ediciones Atlaya, 1994.

82. Habermas, Jürgen, *Fakzitat und Geltung: Beitrage zur Diskurstheorie des Rechts und des demokratischen Rechsstaats*, Frankfurt, Suhrkamp, 1933.

83. Habermas, Jürgen, *Problemas de Legitimación en el Capitalismo Tardío*, trad. de José Luis Echeverry, Madrid, Teorema, 1999.

84. Hamilton, William Gerard, *Lógica Parlamentaria*, Senado de la República, México, 2007.

85. Hart, L.A., *El Concepto de Derecho*, trad. de Genaro Carrie R., Buenos Aires, Abelarde Perroit, 1961.

86. Heller, William y Weldon, Jeffrey, "Legislative rules androting stability in the Mexican Chamber of Deputies", en *Annual Conference of the Midwest Political Science Association*, Chicago, 2001.

87. Helmut, Maurer, *Derecho Administrativo Alemán*, 1a. ed., México, Trotta, 2012.

88. Huerta Ochoa, Carla, "Artículos transitorios y derogación" en *Boletín Mexicano de Derecho Comparado*, UNAM-Instituto de Investigaciones Jurídicas, nueva serie, año XXXIV, num.102, septiembre-diciembre de 1996, pp.479-505.

89. Huerta Ochoa, Carla, *Conflictos Normativos*, 2a. ed., México, Instituto de Investigaciones Jurídicas, 2017.

90. J. L., Austin, *Cómo hacer cosas con las palabras*, Londres, Oxford, 1962.

91. Jakobs, Günther, *Sociedad, Norma y Persona, en una Teoría de un Derecho Penal Funcional*, trad. Cando Meliá y Fejio Sánchez, Madrid, Civitas, 1996, pp. 11, 12, 15 y 16.

92. Jaraba Pérez, María Dolores, "Principios y Reglas: Examen del Debate entre R. Dworkin y H.L.A Hart", en *Revista de Estudios Jurídicos*, España, núm. 10/2010 (Segunda época), pp. 1-24.

93. Jaregui Serrano Pérez, Nicolás, "Hacia una teoría de los Actos Parlamentarios", en *Revista de Derecho Político*, núm. 9, primavera 1981, pp. 67-85.

94. Jerome, Frank, "Palabras y Música, Algunas observaciones sobre la interpretación de las leyes", trad. Roberto Vernengo, en *Colombia Law-Review,* núm. 47, 1947, pp. 30-51.

95. Jimenez, William Guillermo, "El concepto de política y sus implicaciones en la ética pública a partir de Carl Schmitt y Norbert Lechner" en *Revista del CLAD Reforma y Democracia,* Venezuela, núm. 53, junio, 2012, pp. 215-238.

96. Kelsen, Hans, *Teoría Pura del Derecho*, trad. de Roberto Vernengo, México, Universidad Nacional Autónoma de México, 1982.

97. Kelsen, Hans, Teoría Pura del Derecho, trad. Roberto Vernengo, México, Universidad Nacional Autónoma de México, 2a. ed., 1982.

98. Kirchmann, Julius, *La jurisprudencia no es ciencia*, Madrid, Colección Civitas, 1949.

99. Laclau, Martín, "El problema filosófico de la interpretación en la actualidad", en *Anuario de filosofía jurídica y social*, Buenos Aires, núm. 9, 1989, pp. 203-215.

100. Langston, Joy, "Legislative recriotiment in México", en Siavelis, Peter (coord.), *Pathways to Power: Political Recruitment and Democracy in Latín América,* United States, Pennsylvania State University Press, 2008.

101. Laporta San Miguel, Francisco, "El Lenguaje de la Ley", en *Revista Española de la Función Consultiva*, núm. 6, julio-diciembre de 2006.

102. Levi Obregón, Gonzalo, "El cambio de paradigma del Estado Legislativo al Constitucional en México", en *Argumentum*, Brasil, vol.19, núm. I, enero-abril 2018, pp.2011-235.

103. Linz, Juan, "Democracia presidencial o parlamentaria: ¿Qué diferencia implica?", en *Cuestiones Constitucionales*, México, núm. 29, julio-diciembre, 2013, pp. 83-107.

104. López Ruiz, Miguel, *Redacción Legislativa*, 1a. ed., México, Senado de la República LVII Legislativa, 2002.

105. Mabel García, Silvana, "El Derecho como ciencia", en *Invenio*, Argentina, vol.14, núm. 26, junio, 2011, pp. 12-38.

106. MacCormick, Neil, "Coherence in Legal Justification", en Krawtietz, W., *et. al., Theorie der Normes, Fetssgabe für O. Weinberger*, zum. 65, Gebirstag, Berlin, Ducker und Humbolt, 1984.

107. Magallón Ibarra, Jorge Mario, *Los sonidos y el silencio de la Jurisprudencia mexicana*, México, UNAM-Instituto de Investigaciones Jurídicas, 2004.

108. Manzor Schiele, Carolina*, La Jurisprudencia como fuente del derecho: El papel de la jurisprudencia*, Chile, Universidad Católica de Chile, 2008.

109. Marcia López, Rafael, "Sobre Política Jurídica" en *Revista Telemática de Filosofía del Derecho*, México, núm. 9, 2005, pp. 267-277.

110. Marmer, Irving, *Introducción a la Lógica*, Argentina, EUDEBA. 1989.

111. Márquez Escudero, Piedad, "¿Es posible repetir las votaciones parlamentarias? ¿Vota el Diputado o el Grupo Parlamentario? A propósito de la STC 361/2006", en *Teoría y Realidad Constitucional*, núm. 20, 2007. pp. 611-631.

112. Márquez Gómez, Daniel, *Los procedimientos administrativos materialmente jurisdiccionales como métodos de control en la administración pública*, México, Instituto de Investigaciones Jurídicas, núm. 28, 2003.

113. Martínez, García, María Asunción, El procedimiento legislativo, Madrid, Congreso de los Diputados, 1987.

114. Mata Magaña, Jaime Izmael, et. al., "Los acuerdos y prácticas parlamentarias como instrumento de fortalecimiento del Poder Legislativo" en Flores López, Raúl (coord.), *Estrategia y Práctica Parlamentaria en un Congreso Plural*, México, Senado de la República LXI Legislatura, 2011.

115. Meehan, José H., Teoría y Técnica Legislativas, Argentina, Despalma, 1976.

116. Menaut Perreira, Antonio Carlos, Lecciones de Teoría Constitucional, México, Porrúa, 2005.

117. Méndez de Hoyos, Irma, *Transición a la democracia en México, competencia partidista y reformas electorales, 1997-2003*, México, Flacso, 2006.

118. Méndez Dieguez, Yurisander, "El Derecho y su correlación con los cambios de la sociedad" en *Derecho y Cambio Social*, Perú, año. 8, núm. 23, 2011, pp. 1-28.

119. Millas, Jorge, *Filosofía del Derecho*, Chile, Editorial Publilex, 1970.

120. Miller, Charles, *Lobbying: Understanding and Influence the Corridors of Power*, 2a. ed., Londres, Oxford, Basil Blackwell, 1990.

121. Ministerio de la Presidencia, Gobierno de España, *Directrices de Técnica Legislativa*, 2a. ed., España, Ministerio de España, 2006.

122. Ministerio de la Presidencia, Gobierno de España, *Directrices de Técnica Normativa*, 2a. ed., España, Ministerio de España, 2006.

123. Mondragón Rodríguez, Reyes, "El proceso de producción legislativa, un procedimiento de diseño Institucional", en Carbonell, Miguel, (coord.), *Elementos de Técnica Legislativa*, México, UNAM, 2000.

124. Montejano Gamboa, Claudia, *et. al., El Veto: Análisis del artículo 72, inciso c) de la Constitución Política de los Estados Unidos Mexicanos*, México, Sentido de Integración y Análisis División de Política e Interior, 2001.

125. Mora Donatto, Cecilia, *Teoría de la Legislación*, México, UNAM-Instituto de Investigaciones Jurídicas, 2012.

126. Morales Vega, Gabriela y Campos Serrano, Carolina, *Derechos Humanos y la Interpretación de la Corte en México*, 1a. ed., México, Dofiscal, 2016.

127. Muro Ruiz, Eliseo, "Enseñanza de la Técnica Legislativa" en *Acadêmica Revista sobre la Enseñanza del Derecho,* México, núm. 11, año 6, 2008, pp. 63-91.

128. Muro Ruiz, Eliseo*, Algunos elementos de Técnica Legislativa*, México, UNAM-Instituto de Investigaciones Jurídicas, 2007.

129. Nacif, Benito, "Las relaciones entre los poderes ejecutivo y legislativo tras el fin del presidencialismo en México", en *Política y Gobierno*, México, vol. XI, 2004, pp. 9-42.

130. Nava Arteaga, Elisur, *Derecho Constitucional*, 3a. ed., México, Oxford, 2011.

131. Nietzsche, Friedrich, *Genealogía de la Moral*, México, Alianza Editorial, 2011.

132. Nohlen, Dieter, *Ciencia Política y Justicia electoral quince ensayos y una entrevista*, México, UNAM-Instituto de Investigaciones Jurídicas, 2018.

133. Nohlen, Dieter, *Sistemas Electorales y Partidos Políticos*, México, Fondo de Cultura Económica, México, 1998.

134. OCDE, Recommendation of the Council of the OCDE on improving the Quality of Goverment.

135. Ortiz, M., *Los Signos de Puntuación*, Puerto Rico, Universidad de Puerto Rico en Aguadilla, 2009.

136. Palma López, Helena, "La Semántica", en Rexach, Gutiérrez, Javier (coord.), *Enciclopedia de Lingüística Hispánica*, vol. I, Routledge, 2016.

137. Parada Gutiérrez, Oscar, "Qué caracterizamos bajo la locución "Leyes Generales", tratados internacionales de derechos humanos, estructura jerarquía del sistema jurídico mexicano", en *Congreso Redipal Virtual*, México, abril-2012, Redipal, pp. 1-29.

138. Parra Marín, María Dolores, "Problemática en torno a las fuentes en el Derecho Romano clásico, referencia especial a Pubilio Iuvencio Celso-hijo", en *Anales de Derecho*, Murcia, núm. 23, 2003, pp. 225-233.

139. Pedroza de la Llave, Susana Thalía, *El Congreso de la Unión: integración y regulación*, México, Universidad Nacional Autónoma de México, 1997.

140. Pettruti, Carlos Enrique, "El arte del Derecho", en *Revista Derecho y Ciencias Sociales*, Córdoba, núm. 2, 2010, pp. 22-32.

141. Piazuelo Tena, Isaac, "Conceptos Jurídicos Indeterminados y generalización de la custodia compartida", en Revista de Derecho Civil, España, vol. V, núm. 1, enero-marzo, 2018, pp.99-131.

142. Platón, Aristocles, *Diálogos IV: La República*, trad. Conrado Eggers Lan, Gredos, 1988.

143. Ramírez Ríos, Ricardo, *Metodología para la investigación y redacción,* España, Eumed, 2017.

144. Ramírez Tena, Felipe, Derecho Constitucional Mexicano, México, Porrúa, 1972.

145. Rangel Cortes, Víctor, "Las leyes y su sentido autocrático", en *El mundo del Abogado*, México, núm. 185, septiembre, 2014, pp. 36-52.

146. Reale, Miguel, *Teoría Tridimensional del Derecho*, 1a. ed., México, Tecnos, 1997.

147. Revorio Diaz, Javier, "Lenguaje de las normas, normas del lenguaje, sobre la corrección del lenguaje normativo", *en Revista Española Consultiva de Castilla-la Mancha*, num.4, octubre 2017, pp. 1-35.

148. Reyes Mendoza, Libia, *Introducción al estudio del derecho*, 1a. ed., México, Red Tercer Milenio, 2012.

149. Reyes Rodríguez, Mondragón, "El proceso de producción legislativa. Un procedimiento de diseño constitucional", en *Isonomía*, México, núm. 13, octubre, 2000.

150. Ríos Gómez, Martha, *Taller de Ortografía y Análisis de Textos*, México, Secretaría de Salud, 2012.

151. Rodríguez Ruiz, Virgilio, "Santo Tomas de Aquino en la filosofía del Derecho", en En-claves del Pensamiento, México, año X, núm. 19, enero-junio, 2016, pp. 13-40.

152. Rodríguez, César, *La Decisión Judicial El debate Hart-Dworkin*, Bogotá, Siglo Hombre Editores, 1997.

153. Rojas Chacón, Oswaldo, "La Desnaturalización de los Artículos Transitorios en la Reforma Constitucional Político-Electoral de 2014", en De la Garza Serna, José María (coord.), *La dinámica del cambio constitucional en México*, UNAM-Instituto de Investigaciones Jurídicas, 2018.

154. Ruiz Muro, Eliseo y Cuevas Reyes, Jessie Guadalupe, "La negociación y el cabildeo en el acto legislativo en el Congreso de la Unión del siglo XXI, en Flores López, Raúl (coord.), *Estrategia y práctica parlamentaria en un Congreso Plural*, México, Senado de la República, 2011.

155. Sánchez Sandoval, Augusto, *Epistemologías y Sociología Jurídica del Poder*, México, Universidad Nacional Autónoma de México, 2012.

156. Santoalla, Fernando, *Derecho Parlamentario Español*, Madrid, España, Calpe, 1990.

157. Sartori, Giovanni y Morlino, Leonardo, *La Comparación en las Ciencias Sociales,* España, Alianza Editorial, 1994, p.45.

158. Sartori, Giovanni, *Ingeniería constitucional comparada*, 1a. ed., trad. de Roberto Reyes Mazzoni, México, Fondo de Cultura Económica, 2011.

159. Schmitt, Carl, *El concepto de lo político*, Madrid, Alianza Editorial, 1998.

160. Shiavone, Aldo, *Ius la invención del Derecho en occidente*, trad. German Prósperi, buenos Aires, ed. Ariana Hidalgo, 2009.

161. Shutgart, Matthew y Carey, John, *Presidents and Assemblies: Constitutional Design and Electoral Dynamics*, Cambridge, Cambridge University Press, 1992.

162. Sieckmann, Jan, "La Norma jurídica" en Fabra Zamora, Jorge Luis y Rodríguez Blanco, Verónica (coord.), *Enciclopedia de Filosofía y Teoría del Derecho*, México, vol. II, Universidad Nacional Autónoma de México, 2013.

163. Sloterdijk, Peter, *Esferas II*, Madrid, Siruela, 2004.

164. Sloterdijk, Peter, *Has de cambiar tu vida; sobre antropotécnica*, trad. Pedro Madrigal, España, Pre-textos, 2013.

165. Sloterdijk, Peter, *Normas para el parque humano*, trad. Teresa Rocha Barco, 4a. ed., Madrid, Siruela, 2006.

166. Sloterdijk, Peter, *Sin Salvación: tras las huellas de Heiddeger*, Madrid, ediciones Akal, 2011.

167. Sotelo Raigosa, Luis *¿Cómo hacer una iniciativa de Ley? Legisprudencia y eficiencia de la legislación*, México, Senado de la Republica, Mes Directiva, 2008.

168. Toledo Costa, Alicia, *et. al.,* "El análisis semántico, sintáctico y pragmático en la enseñanza de los contenidos gramaticales", en *Varona,* La Habana Cuba, núm. 46, enero-junio, 2008, pp. 60-89.

169. Tosi Silvano, *Derecho Parlamentario Argentino*, Buenos Aires, Ediciones Ciudad Argentina, 1997.

170. Tsbelis, Georgr, "Decision making in political systems: Veto players in presidentaism, parlamentarism, multicameralism, and multipartysm" en *British Journal of Political Science*, Cambridge, num. 25, 1995, pp. 289-325.

171. Tsebelis, George y Money, Jeannette, *Bicameralism*, London, Cambridge University Press, 1997.

172. Ubertone, Fermín, "La calidad del texto normativo" en *La Calidad de la Función Legislativa (Un aporte para el debate)*, Córdoba, Congreso Argentino de Administración Pública, Sociedad y Gobierno y Administración Pública, 2003.

173. Ubertone, Fermín, "La calidad del texto normativo" en *La calidad de la función Legislativa (Un aporte para el debate),* Córdoba, Congreso Argentino de Administración Pública, Sociedad Gobierno y Administración Pública, 2003.

174. Urteaga, Eguzki, "La teoría de sistemas de Niklas Luhmann", en *Revista Internacional de Filosofía*, Málaga, vol. XV, 2010, pp. 301-317.

175. Valle Gómez, José de Jesús, "El cabildeo al Poder Legislativo en México: origen y evolución" en *Espiral, Estudios sobre Estado y Sociedad*, vol. XIV, núm. 42, mayo-junio, 2008, pp. 97-123.

176. Vallejos Siles, Abraham, "La Dictadura en la República Romana Clásica como referente paradigmático del régimen de excepción constitucional", en *Revista de la Facultad de Derecho*, Perú, núm. 73, pp. 411-424.

177. Vernengo, Roberto J., "El Discurso del Derecho y el Lenguaje Normativo", en *ISONOMIA*, Buenos Aires, núm. 4, abril de 1996, pp. 87-106.

178. Vernengo, Roberto J., *Algo sobre semántica de las normas*, en Notas de Filosofía del Derecho, Buenos Aires, 1965.

179. Vidal Castillo, Abril, "Ser y Deber ser del Derecho en las concepciones del ser y del valor de la persona humana", en *Dianet,* 1967, pp. 120-148.

180. Von Wright, Henrik, *Norma y Acción: Una investigación lógica*, trad. de Carlos García Ferrero, Madrid, Tecnos, 1979.

181. Von Wright, Henrik, *Sein und Sollen Normen Werte und Handlungen*, Frankfurt, Sunkamp, 1994.

182. Witker, Jorge, "Las Ciencias Sociales y el derecho" en *Boletín Mexicano de Derecho Comparado*, México, vol. 48, núm. 142, ene-abr, 2015.

183. Wooton Graham, "Presure Groups Britain: 1720-1970", en *Essay in Interpretation with Ordinal Documents*, Londres, Archon Books, 1975.

184. Yáñez, Adelso, "El enunciado y el contexto enunciativo; hacia la pragmática", en *Comunicación*, Costa Rica, año 11, núm. 002, enero-junio, 2000, pp. 1-18.

185. Zagrebelski, Gustavo, *El Derecho Dúctil, Derechos y Justicia*, Madrid, Trotta, 1995.

186. Zamora Fabra, José Luis (coord.), *Enciclopedia de Filosofía y Teoría del Derecho, vol. Dos*, México, UNAM-Instituto de Investigaciones Jurídicas, 2015.

187. Zarza, Alberto, *El Congreso en la Argentina Finisecular*, Argentina, Universidad Nacional de Córdoba, 1986.

III. LEGISLACIÓN CONSULTADA

1. Código de Comercio, publicado en el Diario Oficial de la Federación el 7 de octubre el 13 de diciembre de 1889, última reforma publicada el 28-03-2018.

2. Código Federal de Instituciones y Procedimientos Electorales, publicado en el Diario Oficial de la Federación el 14 de enero de 2008.

3. Código Nacional de Procedimientos Penales, publicado en el Diario Oficial de la Federación el 5 de marzo de 2014, última reforma publicada el 09-08-2019.

4. Código Penal Federal, publicado en el Diario Oficial de la Federación el 14 de agosto de 1931, última reforma publicada el 12-04-2019.

5. Constitución Política de los Estados Unidos Mexicanos, publicada en el Diario Oficial de la Federación el 5 de febrero de 1917, última reforma publicada el 06-06-2019.

6. El Estatuto de los Servicios Parlamentarios, Administrativos y Técnicos del Senado de la Republica, emitido el 25 de abril del 2013.

7. Ley Agraria, publicada Diario Oficial de la Federación el 26 de febrero de 1992, última reforma publicada el 25-06-2018.

8. Ley de la Industria Eléctrica, publicada en el Diario Oficial de la Federación el 11 de agosto de 2014.

9. Ley Federal de Defensoría Pública, publicada en el Diario Oficial de la Federación el 28 de mayo de 1998, última reforma publicada el 01-05-2019.

10. Ley Federal del Trabajo, publicada en el Diario Oficial de la Federación el 1º de abril de 1970, última reforma publicada el 02-07-2019.

11. Ley General de Asentamientos Humanos, publicada en el Diario Oficial de la Federación el 28 de noviembre de 2016, última reforma publicada el 14-05-2019.

12. Ley General de Cultura Física y Deporte, publicada en el Diario Oficial de la Federación el 7 de junio de 2013, última reforma publicada el 19-01-2018.

13. Ley General de Educación, publicada en el Diario Oficial de la Federación el 13 de julio de 1993, última reforma publicada el 19-01-2018.

14. Ley General de Salud, publicada en el Diario Oficial de la Federación el 7 de febrero de 1984, última reforma publicada el 01-05-2019.

15. Ley General del Equilibrio Ecológico y la Protección al Ambiente, publicada en el Diario Oficial de la Federación el 28 de enero de 1988, última reforma publicada el 05-06-2018.

16. Ley Orgánica del Congreso General de los Estados Unidos Mexicanos, publicada en el Diario Oficial de la Federación el 3 de septiembre de 1999, última reforma publicada el 08-05-2019.

17. Ley Reglamentaria de las Fracciones I y II del Articulo 105 de la Constitución, publicada en el Diario Oficial de la Federación el 11 de mayo de 1995, última reforma publicada el 27-01-2015.

IV. JURISPRUDENCIA DEL PODER JUDICIAL DE LA FEDERACIÓN CONSULTADA

1. Tesis P./J. 79/2005, *Semanario Judicial de la Federación y su Gaceta*, Novena Época, tomo XXII, julio de 2005, p.915.

2. Tesis 1a /J.32/2011, *Semanario Judicial de la Federación y su Gaceta*, Novena Época, tomo XXXII, abril de 2011, p.228.

3. Tesis P./J. 52/2009, *Semanario Judicial de la Federación y su Gaceta*, Decima Época, tomo XXX, julio de 2009, p.1449.

4. Tesis P./J. 56/2002, *Semanario Judicial de la Federación y su Gaceta*, Novena Época, tomo XV, marzo de 2002, p.995.

5. Tesis P./ J. 118/2004, *Semanario Judicial de la Federación y su Gaceta*, Decima Época, tomo XX, diciembre de 2004, p.954.

6. Tesis 2a. /J. 133/2017, *Semanario Judicial de la Federación y su Gaceta*, Decima Época, tomo II, octubre de 2017, p.1062.

7. Tesis P. /J. 33/2007, *Semanario Judicial de la Federación y su Gaceta*, Novena Época, tomo XXV, mayo de 2007, p.1524.

8. Tesis P./J. 122/2006, *Semanario Judicial de la Federación y su Gaceta*, Novena Época, tomo XXIV, noviembre de 2006, p.879.

9. Tesis P./J. 160/2000, *Semanario Judicial de la Federación y su Gaceta*, Novena Época, tomo XII, diciembre de 2000, p.1118.

10. Tesis P./J. 10572009, *Semanario Judicial de la Federación y su Gaceta*, Novena Época, tomo XXX, diciembre de 2009, p.1257.

11. Tesis 2a. /J. 142/2011, *Semanario Judicial de la Federación y su Gaceta,* Novena Época, tomo IV, septiembre de 2011, p.169.

12. Tesis P. /J. 201/2011, *Semanario Judicial de la Federación y su Gaceta,* Novena Época, tomo II, septiembre de 2011, p.3815.

13. Tesis P. /J. 8572011, *Semanario Judicial de la Federación y su Gaceta,* Novena Época, tomo I, septiembre de 2011, p.506.

14. Tesis 2a. /J. 144/2006, *Semanario Judicial de la Federación y su Gaceta,* tomo XXIV, octubre de 2006, p.35.

15. Tesis P.LXIX/2011, *Semanario Judicial de la Federación y su Gaceta,* Novena Época, Libro III, diciembre de 2011, p.552.

16. Controversia Constitucional 29/2000, *Semanario Judicial de la Federación y su Gaceta,* Novena Época, tomo XV, enero de 2002, p.919.

17. Tesis 2a./J. 219/2009, *Semanario Judicial de la Federación y su Gaceta,* Novena Época, tomo XXXI, enero de 2010, p.302.

18. Tesis 2a./J. 74/2004, *Semanario Judicial de la Federación y su Gaceta,* Novena Época, tomo XIX, junio de 2004, p.351.

19. Tesis 2ª XXX./2001, *Semanario Judicial de la Federación y su Gaceta,* Novena Época, tomo XIII, mayo de 2001, p.449.

20. Tesis P.VI /2003, *Semanario Judicial de la Federación y su Gaceta,* Novena Época, tomo XVIII, julio de 2003, p.28.

21. PC. I.A J. 49/A, *Semanario Judicial de la Federación y su Gaceta,* Decima Época, tomo III, octubre de 2015, p.2248.

22. Tesis PC. III AJ. /70 A, Semanario Judicial de la Federación y su Gaceta, Decima Época, tomo V, junio de 2019, p.4315.

23. Tesis P./J. 21/2008, *Semanario Judicial de la Federación y su Gaceta,* Novena Época, tomo XXVII, febrero de 2008, p.1791.

24. Tesis P./J. 6/2014, *Semanario Judicial de la Federación y su Gaceta,* Decima Época, tomo VI, mayo de 2014, p.1817.

25. Tesis P./J. 7/2014, *Semanario Judicial de la Federación y su Gaceta,* Novena Época, tomo III, octubre de 2014, p.2775.

26. Tesis P./J. 25/2016, *Semanario Judicial de la Federación y su Gaceta,* Decima Época, tomo XXII, octubre de 2005, p.65.

27.   Tesis 1. 4°o. P./56 TCC, *Semanario Judicial de la Federación y su Gaceta*, Octava Época, tomo XIV, noviembre de 1994, p.450.

28.   Tesis 1a. LXXXVII/2009, *Semanario Judicial de la Federación y su Gaceta*, Novena Época, tomo XXIX, mayo de 2009, p.851.

29.   Tesis 1a. LXXXVII/2009, *Semanario Judicial de la Federación y su Gaceta*, Novena Época, tomo XXIX, mayo de 2009, p.849.

30.   Tesis 1a. IV/2014, *Semanario Judicial de la Federación y su Gaceta*, Decima Época, Libro 2, enero de 2014, p.1112.

31.   Tesis 1a. CCLXIII/2016, *Semanario Judicial de la Federación y su Gaceta*, Decima Época, tomo II, noviembre de 2016, p.915.

32.   Tesis 1a. CXCII/2011, Semanario Judicial de la Federación y su Gaceta, Decima Época, Libro I, octubre de 2011, p.1094.

33.   Tesis I.13°o. A.20 K. TCC, *Semanario Judicial de la Federación y su Gaceta*, Novena Época, tomo XVII, marzo de 2003, p.1764.

34.   Tesis 1. 4o. /P. 56/1994, *Semanario Judicial de la Federación y su Gaceta*, tomo XIV, noviembre de 2005, p.450.

35.   Tesis 1. 6o. C. 30 K, *Semanario Judicial de la Federación y su Gaceta*, Novena Época, tomo IV, diciembre de 1996, p.479.

V.   SITIOS CONSULTADOS EN LÍNEA

1.   Ávalos Flores, Lucia, Protocolo de Investigación, Aspectos prácticos, en línea:

https://www.academia.edu/28269064/Protocolo_de_investigaci%C3%B3n.ppt

2.   Diccionario de la Lengua Española, Edición del Tricentenario, actualización 2018, en línea: https://dle.rae.es/?id=DgIqVCc

3.   Hermosillo, Hilda (2017, junio 20) *Falta de infraestructura retrasa consolidación del sistema Acusatorio*, La Jornada, en línea: https://www.lja.mx/2017/06/falta-infraestructura-retrasa-consolidacion-del-sistema-acusatorio/

4. Portal del Instituto de Investigaciones Jurídicas de la UNAM, en: http://www.juridicas.unam.mx/infjur/leg/constmex/pdf/f001.pdf

5. Sistema de Información Legislativa, en línea: http://sil.gobernacion.gob.mx/portal

6. Verdugo Castellanos, Mario, "La difusión de investigaciones y el fomento IMRyD: Una pesquisa a propósito de la lectura crítica de los artículos científicos", en Acirred Vancouver, 2007, en línea: http://eprints.rclis.org/8952/1/art%C3%ADculo_acimed.pdf

www.ingramcontent.com/pod-product-compliance
Lightning Source LLC
Chambersburg PA
CBHW082208290526

45794CB00009B/3468